W0047008

**BASTEI
LÜBBE**
TASCHENBUCH

Weitere Titel der Autorin: Die Unzerbrechliche

Über die Autorin:

Michelle Knight ist das erste und seit zwei spektakulären TV-Interviews mit »Dr. Phil« bekannteste Opfer der Cleveland-Entführung. Die Reaktionen auf ihre Interviews waren so außerordentlich, dass auch die deutschen Medien das Thema aufgriffen und namentlich die körperlich kleine und zarte Michelle Knight als »Die Unzerbrechliche« betitelten. Michelle Knight schrieb 2014 ihre Geschichte unter dem Titel DIE UNZERBRECHLICHE auf: Elf Jahre hielt der Täter Ariel Castro sie gefangen, zwei weitere junge Frauen kamen über die Jahre hinzu, alle wurden über diese enormen Zeiträume physisch und psychisch grausam misshandelt, doch Michelle traf es am härtesten. Dennoch: Sie überlebte und kehrte als starke Persönlichkeit in die Welt zurück. Heute lebt sie unter ihrem neuen Namen Lily Rose Lee mit ihrem Mann und mehreren Haustieren in den USA.

MICHELLE KNIGHT
inzwischen bekannt unter dem Namen
Lily Rose Lee

Leben nach der Dunkelheit

Wie ich nach der Cleveland-Entführung mein Glück fand

Aus dem Englischen
von Isabell Lorenz

BASTEI
LÜBBE
TASCHENBUCH

BASTEI LÜBBE TASCHENBUCH
Band 61043

Dieser Titel ist auch als E-Book erschienen.

Vollständige Taschenbuchausgabe

Deutsche Erstausgabe

Für die Originalausgabe:
Copyright © 2018 by Lily Rose Lee writing as Michelle Knight
Titel der amerikanischen Originalausgabe: »Life After Darkness«
Originalverlag: Hachette Book Group, Inc.

Für die deutschsprachige Ausgabe:
Copyright © 2019 by Bastei Lübbe AG, Köln
Titelillustration: © Deborah Feingold Photography, New York,
© Jacket design by Amanda Kain; Jacket © 2018 Hachette Book Group, Inc.
Umschlaggestaltung: Tanja Østlyngen
Satz: hanseatenSatz-bremen, Bremen
Gesetzt aus der Adobe Garamond Pro
Druck und Verarbeitung: CPI books GmbH, Leck – Germany
ISBN 978-3-404-61043-3

2   4   5   3   1

Sie finden uns im Internet unter
www.luebbe.de
Bitte beachten Sie auch: www.lesejury.de

Für Miguel, für alles, was er ist.
Und für Joey, wo immer er ist.

Inhalt

Vorwort

Ich bin stolz auf mein Herz und auf die Frau,
die ich geworden bin ...

Ich heiße Lillian Rose Lee – kurz Lily.

Das ist nicht der Name, den ich bei meiner Geburt erhielt. Es ist der Name, mit dem ich wiedergeboren wurde.

Den Namen Lillian Rose Lee gab ich mir selbst, als ich entschied, dass ich allein die Kontrolle über mein Leben haben sollte, als ich beschloss, dass nie wieder jemand Macht über mich ausüben würde.

Lillian Rose Lee ist die Frau, als die ich mich fühle.

Womöglich kennen Sie mich unter einem anderen Namen: Michelle Knight. Als Michelle Knight wurde ich im Alter von einundzwanzig Jahren von dem brutalen Ariel Castro, der wahrscheinlich geisteskrank war, entführt und gefangen gehalten. Knapp elf Jahre lang, fast viertausend Tage, war ich angekettet, wurde sexuell missbraucht und geschlagen – Tag für Tag, endlose Monate, Jahr um Jahr. Ich hauste im Schmutz in einem Haus ohne Fenster, bekam verdorbenes oder verfaultes Essen, wenn ich denn überhaupt etwas zu essen bekam. Und ich wurde abgeschottet von dem, was in der Welt draußen vor sich ging. Fünfmal war ich schwanger, und fünfmal schlug mich Castro oder ließ mich hungern, bis ich eine Fehlgeburt erlitt. Er entführte auch noch zwei andere Frauen. Mit einer der beiden war ich fast die ganzen elf Jahre lang zusammengekettet.

Am 6. Mai 2013 wurde ich gerettet. Ich verließ dieses dunkle, schmutzige Horrorhaus, trat ins Licht und fiel auf die Knie. Zum einen, weil ich nach elf Jahren Bewegungsmangel körperlich geschwächt war, zum anderen, weil das Sonnenlicht mich blendete. Vor allem aber sank ich auf die Knie, um Gott dafür zu danken, dass ich überlebt hatte. Ich war am Leben, und ich war frei.

Diese Freiheit fühlte sich an wie eine Explosion. Können Sie sich vorstellen, was das für mich bedeutete? Nach elf Jahren zu wissen, dass ich keine in Ketten gelegte Gefangene mehr war, dass ich nicht mehr um Erlaubnis bitten musste, wenn ich mich bewegen wollte? Dass ich furchtlos aussprechen konnte, was ich dachte, und keine Angst mehr haben musste, geschlagen zu werden? Auf mich allein gestellt, durfte ich nun frei entscheiden, ob ich sitzen oder stehen, bleiben oder gehen, reden oder schweigen wollte. Ich durfte darüber bestimmen, was ich tun und lassen wollte und wie ich lebte. Ich durfte sogar mein eigenes Leben gestalten, ein normales Leben vielleicht, ein Leben, in dem ich so etwas wie Glück finden würde.

Doch hätten Sie mich gefragt, wie ich das anstellen sollte – dem Grauen entfliehen und ein ganz gewöhnliches Leben beginnen –, hätte ich Ihnen darauf keine Antwort geben können. Ja, ich war frei. Frei in dem Sinn, dass ich wusste, es würde mich an diesem Tag niemand vergewaltigen. Oder am nächsten Tag. Oder am übernächsten. Oder überhaupt jemals wieder. Ich wusste, das Grauen war vorüber. Und das zu wissen fühlte sich an, als hätte man mir alle Last der Welt von den Schultern genommen. Doch als ich mir nach all der durchlittenen Dunkelheit ein Leben aufbauen sollte, musste ich ganz von vorn beginnen. Ich hatte keine Ahnung, wie ich dabei vorgehen sollte. Nichts in diesen elf Jahren und, um ehrlich zu sein, wenig in meinem Leben davor hatte mich darauf vorbereitet, mir ein normales, glückliches Leben zu schaffen. Ich hatte nichts außer meinem Mut und meinem Überlebensinstinkt.

∗∗∗

Fünf Jahre sind seit meiner Rettung vergangen, während ich diese Zeilen niederschreibe. Ich weiß, viele fragen sich, wie ich zurechtgekommen bin und was aus mir geworden ist. Regelmäßig erreichen mich Fragen von Menschen, die mein Buch *Die Unzerbrechliche* gelesen haben, die mich aus den sozialen Medien kennen oder sich an die Geschichte der »drei Mädchen« aus dem Horrorhaus in Cleveland erinnern. Sie möchten wissen, wie es mir ergangen ist und was ich derzeit mache. Sie erkundigen sich nach meinem Sohn Joey und nach meiner Beziehung zu Gina DeJesus und Amanda Berry, den beiden anderen Frauen, die mit mir gefangen gehalten wurden. Die Leute möchten wissen, ob ich mich mit meiner Familie ausgesöhnt habe. Berechtigte Fragen, aber die Antworten sind kompliziert.

Viele fragen sich auch, ob ich Probleme im Alltag habe, ob meine Wunden haben heilen können und ob ich Beziehungen zu Männern eingehen kann. In gewissem Sinn lautet die Antwort auf all diese Fragen »ja«. Aber die Geschichten hinter dem jeweiligen Ja sind ziemlich vielschichtig.

Mir wurde klar, ich müsste ein weiteres Buch schreiben, um diese und andere Fragen beantworten zu können – das Buch, welches Sie gerade in Ihren Händen halten.

∗∗∗

Die Welt, die ich betrat, als meine Gefangenschaft endete, hatte sich gut ein Jahrzehnt ohne mich weitergedreht. Es war eine fremde, neue Welt. Und ich hatte kaum etwas, das mir beim Navigieren durch all das Unbekannte helfen konnte.

Zunächst einmal war ich ziemlich krank. Gina, Amanda und ich waren in dasselbe Krankenhaus eingeliefert worden. Einen Tag später schon wurden Gina und Amanda entlassen. Ich musste im Laufe mehrerer Wochen immer wieder ins Krankenhaus.

Gina und Amanda konnten nach ihrer Entlassung aus dem Krankenhaus nach Hause gehen. Ihre Angehörigen begrüßten sie mit Spruchbändern und Willkommensfeiern, mit Umarmungen und unter Tränen. Ich hatte kein Zuhause, in das ich zurückkehren konnte, keine Angehörigen, die mich aufnahmen. Die meisten sehen Familienangehörige als die Menschen an, die einem am nächsten stehen und am liebsten sind, Menschen, die uns hegen und behüten. Sie glauben, ein Zuhause bietet Wärme und Schutz.

Solch eine Familie, solch ein Zuhause hatte ich nie. Nicht einmal annähernd. Das Haus, in dem ich aufwuchs, war zu keiner Zeit eine Zuflucht. Es war der Ort, an dem mir zum ersten Mal etwas angetan wurde. Meine »Familie« war eine Ansammlung von Leuten, die kamen und gingen, die sich um nichts kümmerten und die ohne Liebe waren. Aber an eine Erwachsene erinnere ich mich, die Mutter einer Mitschülerin, die freundlich und warmherzig zu mir war. Sie hieß Rose. Und Rose nenne ich mich in dem neuen Leben, das ich mir schaffe, nun auch.

Der einzige Angehörige, nach dem ich mich verzweifelt sehnte, war mein Sohn Joey. Er war dreizehn an dem Tag, an dem ich Castros Haus verließ. Aber schon bevor Castro mich entführte, hatte man mir den Jungen weggenommen. Tatsächlich war ich am Tag meiner Entführung auf dem Weg zu einer Anhörung, bei der ich das Sorgerecht für meinen Sohn beantragen wollte.

Unter Freiheit hatte ich mir immer vorgestellt, Joey endlich zu finden und wieder mit ihm vereint zu sein. Dann wäre ich wirklich zu Hause. Damals und auch noch Wochen später ahnte ich nicht, dass Joey schon Jahre zuvor von einer liebevollen Familie adoptiert worden war. Ich durfte nicht wissen, wo er lebte, und erfuhr auch nichts über seine neue Familie.

Ich war also ziemlich auf mich allein gestellt, als ich nach meiner Rettung im MetroHealth Medical Center in meinem Krankenhausbett lag. Auf mich allein gestellt und weitgehend mir selbst überlassen. Ja, unsere Rettung löste sogleich ein überwältigendes Echo in der Öffentlichkeit aus. In meinem Krankenzimmer häuften sich bald Geschenke und Blumen von völlig Fremden. Und auf dem neu eingerichteten Cleveland Courage Fund gingen so viele Spenden für Gina, Amanda und mich ein, dass Treuhandfonds geschaffen wurden, die uns immer noch finanzielle Unterstützung gewähren. Ich werde all diesen Menschen stets dankbar sein. Ihre von Herzen kommende Hilfe trug entscheidend dazu bei, dass wir wieder auf die Beine kamen. Zum ersten Mal spürte ich, dass sich Menschen, die mich nicht einmal kannten, sehr wohl um mich kümmerten.

Diese Erkenntnis wärmte und stärkte mich, aber anderes war weniger schön. Ich war zweiunddreißig, und die Jahre in den Zwanzigern – vielleicht die stabilsten Jahre in einem Menschenleben – hatte ich an Castro und die Gefangenschaft verloren. Mein Körper war gebrochen. Mein Herz war entzweigerissen. Mein Verstand war bis an seine Grenzen gefordert worden. Ich war geschwächt und erschöpft. Und ich war allein. Ein weiter Weg lag vor mir – und eine lange Phase der Genesung, wenn ich mir nach der Dunkelheit ein neues Leben aufbauen wollte.

Genesung geschieht nicht über Nacht. Es ist ein Prozess, der seine Zeit braucht und in verschiedenen Stadien abläuft. Ich musste zum Teil sehr tiefe Wunden pflegen, die weit in meine Kindheit zurückreichten. Ich musste Verletzungen von Jahren des Leids behandeln, wenngleich ich die Narben nicht verschwinden lassen konnte. Ich musste den Schmerz stillen. Und in manchen Fällen, wie dem Verlust meines Sohnes, musste ich lernen, mit dem Schmerz zu leben.

Auf diesem Weg habe ich einige Fehler begangen. Ich habe Menschen vertraut, denen ich nicht hätte vertrauen dürfen. Ich habe Dinge getan, die ich nicht ungeschehen machen konnte, habe Entscheidungen getroffen, die ich am liebsten rückgängig machen würde. Aber das kann ich nicht.

Doch der Überlebensinstinkt lehrt einen, wie man Schwächen in Stärken verwandelt. Ich habe mich aufgerappelt und bin weitergegangen. Dabei bekam ich Hilfe: juristische Hilfe, finanzielle Hilfe. Und ein ganzes Team unterstützte mich beim Schreiben meines Buches *Die Unzerbrechliche* und brachte mir Grundlegendes über Lesereisen, öffentliche Auftritte und die sich anschließende Bekanntheit bei.

Und da waren die Menschen mit den guten Wünschen. Die Menschen, die nach Vorträgen über Missbrauch, häusliche Gewalt oder vermisste Kinder auf mich zukamen und sich bei mir bedankten. Die Menschen, die mich auf der Straße anhielten und mich umarmten. Die Menschen, die mir sagten, ich hätte sie inspiriert. Die Menschen, die mir bis zum heutigen Tag die Hand schütteln und hoffen, dass ich mit meinem Sohn wiedervereint werde. Jeder gute Wunsch, jeder warmherzige Gedanke bedeuten mir immens viel.

***

Auch etwas anderes bedeutete mir sehr viel und trug zu meiner Stärkung und meiner Genesung bei: die wachsende Macht missbrauchter Opfer, die an die Öffentlichkeit gehen und deutliche Worte gebrauchen. Vor allem Frauen haben in den vergangenen Monaten ihre Stimme gefunden und jede Form von Belästigung, Übergriffen und Machtmissbrauch zur Sprache gebracht. Wohin man auch blickt, in die Unterhaltungsbranche, die Wirtschaft, die Regierung, die Politik, begegnet man Frauen und Mädchen, die all die mächtigen Männer beim Namen nennen, die sie klein gemacht, ihrer Karriere geschadet, vergiftete Arbeitsbedingungen geschaffen, ihr Vertrauen missbraucht, ihre Körper entehrt haben.

Ich heiße all diese Frauen und Mädchen zu jenem Kampf willkommen, den auch ich seit meiner Rettung vor fünf Jahren führe. Ich bin überzeugt, dieser anschwellende Chor aus Stimmen von Überlebenden hat das bewirkt, was ich als den Beginn einer tiefgreifenden Veränderung in der Wahrnehmung und Einstellung im ganzen Land und in der Welt sehe. Jetzt ist die Katze aus dem Sack. Jetzt kann keiner mehr sagen, er habe nichts von dem gewusst, was geschehen ist. Je mehr Frauen und Mädchen ihre Geschichte erzählen, desto mehr Frauen und Mädchen, die Opfer von Missbrauch wurden, werden davon hören. Je mehr sie hören, desto eher werden sie den Mut finden, für sich selbst das Wort zu ergreifen.

Wie Sie auf den folgenden Seiten lesen werden, habe ich es zu meiner Lebensaufgabe gemacht, für diejenigen Opfer von Missbrauch zu sprechen, die es selbst noch nicht können. Heute trete ich engagiert für diejenigen ein, die den gleichen körperlichen, sexuellen und seelischen Missbrauch erlitten haben oder derzeit erleiden wie ich. Ich bin entkommen und habe mir nach der Dunkelheit ein Leben geschaffen. Und so betrachte ich es als einen Segen, für Überlebende eintreten und ihnen Hoffnung geben zu können. Und das werde ich tun, solange es mir möglich ist.

***

Was wirklich meine Genesung gefördert und das Leben gekrönt hat, das ich mir nach der Dunkelheit geschaffen habe, ist die Liebe. Und deshalb ist dieses zweite Buch vor allem eine Liebesgeschichte. Nicht nur, weil es zeigt, wie ich meinen »Schatz«, die Liebe meines Lebens, meinen Seelengefährten, fand. Das hätte ich nach meiner Rettung nicht einmal in den schönsten Träumen für möglich gehalten. Aber es ist passiert, und es ist das größte Glück meines Lebens.

Dieses Buch ist aber auch deshalb eine Liebesgeschichte, weil es zeigt, wie die Liebe Leiden und Schmerz heilen, uns verwandeln und stark machen kann. Ich meine die Liebe, die Rose, die Mutter einer Mitschülerin, mir entgegenbrachte – ein Funken Licht in einer düsteren und ansonsten lieblosen Kindheit. Und diese Liebe machte mich stark.

Ich meine auch die Liebe zu meinem Sohn, die mich in den elf brutalen Jahren am Leben hielt. Die Liebe der echten Freunde, die ich schließlich fand und die jetzt solch ein Segen in meinem Leben sind, mein sicherer Kreis. Nichts ist besser als das Wissen, dass man um seinetwillen geliebt wird.

Vor allem aber meine ich die Liebe, für die ich mich habe öffnen können und die all die Liebe, die ich geben will, vervielfacht – die Liebe zu meinem Sohn, den ich eines Tages hoffentlich wiederfinde, zu meinen Freunden, zu meinem Ehemann und zu diesem anderen Menschen, der Liebe braucht: ich selbst. Die Liebe ist es, die mein Leben nach der Dunkelheit erhellt.

Kapitel 1

Frei!

Ich bin dankbar für jeden Morgen und für jeden Abend, an dem ich die Sonne auf- und wieder untergehen sehe ...

Wer elf Jahre in der Hölle verbracht hat, hält nie wieder etwas für selbstverständlich. Nicht das kleinste bisschen – ganz gleich, wie unbedeutend es auch sein mag.

Wenn ich in einem sauberen, warmen Bett in einem sicheren Zuhause aufwache, fühle ich mich wie im Himmel. Ich kann duschen, mir die Haare kämmen, die Zähne putzen, kann mir Zeit lassen, um die richtige Menge Sahne und Zucker für den Kaffee zu wählen, damit er genau so schmeckt, wie ich ihn mag – das ist das Paradies. Jeden Tag danke ich Gott für diese Segnungen. Ich genieße jede einzelne für sich.

Inzwischen beginne ich fast jeden Morgen den Tag mit Kaffeetrinken hinterm Haus, entweder auf der Terrasse, wo ich es mir im Schaukelstuhl bequem mache, oder im Garten. Ich nehme jedes Detail in mich auf, das ich um mich herum sehe, höre und spüre. Ich will mich versenken im Anblick und in dem Geräusch von allem, will die Freiheit spüren, noch das kleinste Vergnügen so intensiv wie möglich auskosten.

Ich nehme die Hunde mit raus und sehe zu, wie sie Fangen spielen: alle vier, die drei Mischlinge Rascal, Cupid und Faith, und Peanut, der reinrassige Pitbull. Sie sind niedliche, gutmütige Geschöpfe. Sie können sich aber auch ziemlich dämlich anstellen, wenn sie herumtollen, den Ball fangen und wieder fallen lassen. Das ist ihr Lieblingsspiel. Und wenn ich sie spielen sehe, durchzuckt mich Freude vom Kopf bis zu den Zehenspitzen.

Während sie herumrennen und spielen, sehe ich die Sonne aufgehen und horche auf die Vögel, die an mir vorbeifliegen oder in den Bäumen sitzen und zwitschern. Ich horche auf die Geräusche von lachenden Kindern auf der anderen Seite des Zauns und höre das Laub, das in dem leichten Wind raschelt. Womöglich sehe ich einen Hasen oder ein Reh, und ich spüre den Wind in den Haaren. All diese Empfindungen sauge ich mit meiner Haut in mich auf und genieße den Frieden solcher Augenblicke. Keiner weiß besser als ich, dass alles von einer Sekunde auf die andere verschwinden kann.

Ist es warm genug, sitze ich auf einem der Stühle, die wir um das herum arrangiert haben, was ich für das Herzstück unseres Gartens halte – einen selbst angelegten Teich voller Fische, mit einer kleinen Fontäne. Ganz oben thront die Statue eines Schutzengels mit einem kleinen Jungen. Sie soll mich daran erinnern, dass an meiner Stelle ein Engel über meinen Sohn Joey wacht, ganz egal, wo er sich auch befindet. Um den Teich herum stehen fünf weitere Engel. Sie stellen die Babys dar, die ich verloren habe. Diese Engel wachen über den Teich, die Fische und hoffentlich die Hunde und alle anderen Lebewesen, uns eingeschlossen.

Einer der Steine am Teich trägt die Inschrift »Willkommen«, und überall stehen Töpfe mit meinen Lieblingsblumen: Lilien, nach denen ich mich selbst benannt habe, dazu Wannen voller Rosen und Nelken. Meist findet man auf den Steinen auch irgendwelche Spielsachen von den Hunden. Um all das herum haben wir Sträucher gepflanzt, und jenseits der Sträucher haben wir einen Ring aus Bäumen setzen lassen, als Ergänzung zu den alten, richtig großen Bäumen, die schon dort wuchsen.

Einfach so dazusitzen, in den Händen eine Tasse Kaffee,

aromatisiert, wie ich es gern mag, klingt für die meisten Leute wahrscheinlich wie eine ganz normale Freizeitbeschäftigung. Aber für mich stellt das immer noch etwas völlig Außergewöhnliches dar. Dieser Moment der Ruhe ist für mich ein Gottesgeschenk. Hier kann ich ewig sitzen und dankbar sein für den Frieden. Ich weiß, ich kann schreiben und zeichnen, wann ich will und was ich will. Ich weiß, es gibt einen Laden, in dem ich kaufen kann, was immer ich brauche. Und ich kann zusehen, wie die Pflanzen, die ich selbst in die Erde gesetzt habe, Wurzeln schlagen und wachsen. Und jede ist einzigartig in Farbe und Form, wie auch jeder Mensch einzigartig ist.

Sogar in unseren kalten Cleveland-Wintern, wenn die Wettervorhersage vor arktischer Luft aus Kanada und vom Eriesee her warnt und es so frostig wird, wie man es sich kaum vorstellen kann, verbringe ich den Morgen möglichst draußen im Garten hinterm Haus. Ich nehme eine Heizdecke und wickle mich darin ein, sobald es so richtig eisig wird.

Und wenn es endgültig zu kalt ist, um draußen zu sitzen, kuschele ich mich drinnen vors Fenster und horche und schaue einfach nur. Für mich ist es wie ein erhörtes Gebet, dass ich aus brutaler Gefangenschaft gerettet wurde, dass ich lebendig und frei bin und dass ich genauso lebendig und frei am nächsten Morgen wieder aufwachen werde. Und diese Sicherheit weiß ich jeden Tag zu schätzen und beziehe meine Kraft daraus.

***

Die Gefangenschaft begann im Jahr 2002. Damals war ich Michelle Knight, einundzwanzig Jahre alt, alleinerziehende Mutter aus Cleveland, Ohio. Ich bemühte ich mich gerade darum, das Sorgerecht für meinen Sohn Joey wiederzuerlangen. Ich hatte es verloren, als ich Joey bei meiner Mutter ließ, um auf Jobsuche zu gehen. Der Freund meiner Mutter schlug auf meinen zweijährigen Jungen ein und brach ihm das Knie. Natürlich verständigte das Krankenhaus das Jugendamt. Das Jugendamt zog Erkundigungen ein. Joey wurde in Pflege gegeben, was bedeutete, sie schickten ihn von einer Pflegefamilie in die andere.

Es war August, und Ende des Monats sollte es eine Anhörung bei Gericht geben. Bei dem Termin wollte ich versuchen, Joey zurückzubekommen. Ich war auf dem Weg zu Joeys derzeitiger Pflegefamilie. Ich wollte ihn besuchen und mich mit den Leuten vom Jugendamt treffen, und ich verlief mich.

Die Adresse der Pflegeeltern führte mich in einen Stadtteil Clevelands, den ich kaum kannte. Es war heiß, und ich würde zu spät kommen, was ich unbedingt vermeiden musste, wenn ich meinen Sohn zurückhaben wollte. Ganz in der Nähe sah ich einen Laden der Family-Dollar-Kette, ging hinein, zeigte ein paar Verkäufern die Adresse und bat um Hilfe. Keiner wusste, wo die Straße sein sollte.

»Ich weiß, wo die ist«, hörte ich eine männliche Stimme. Ich drehte mich um und sah Ariel Castro, den Vater eines Mädchens, mit dem ich zur Schule gegangen war. Ich sagte Hallo zu ihm und rief ihm ins Gedächtnis, woher wir uns kannten. Castro bot an, mich zu dem Haus zu fahren, in dem Joey lebte. Stattdessen fuhr er mich zu seinem eigenen Haus. Es war umgeben von einem verriegelten Zaun und hatte dunkle Fenster, von denen manche so aussahen, als wären sie mit schwarzer Plastikfolie verklebt. Er müsse etwas holen, sagte er und schloss die Hintertür auf. Übrigens habe er ein paar Welpen, die ich mir vielleicht ansehen wolle. Vielleicht könnte er mir ja einen für meinen Sohn geben. Also, wieso käme ich nicht einfach mit herein. Das Ganze würde ja nur eine Minute dauern.

Es war der 23. August 2002. Bis zum 6. Mai 2013 war ich in dem Haus gefangen.

Elf Jahre lang, Monat für Monat, war ich gefesselt an dieses schmutzige Horrorhaus. Meistens war ich angekettet und konnte mich kaum bewegen. Jeden Tag schlug mich Castro und missbrauchte mich. 2003 entführte er Amanda Berry. 2004 entführte er Gina DeJesus. Nach Amanda und Gina suchte die Polizei. Ihre Familien sorgten sich um sie, vermissten sie und vergossen Tränen ihretwegen. Meine Angehörigen dachten, ich sei fortgelaufen oder hätte einfach die Stadt verlassen. Oder vielleicht dachten sie auch gar nichts und stellten einfach nur fest, dass ich nicht mehr da war. Jedenfalls suchte nach mir keiner.

Natürlich entstand zwischen Amanda, Gina und mir eine Beziehung. Alle drei waren wir Schachfiguren in Castros entsetzlichem Spiel, Schwestern im Leid in dem kleinen Königreich, über das er herrschte, dem wahnsinnigen Königreich aus Schmerz und Demütigung. Aber wir alle wussten, dass er mich am meisten quälte. Ich hatte den Großteil seiner Prügel zu ertragen. So schlug er mir eine Hantel gegen den Kiefer und an die Schläfe. Und als ich schwanger wurde – fünf Mal –, schlug er mich, ließ mich hungern und schleuderte mich einmal sogar die Treppe hinunter, bis ich eine Fehlgeburt erlitt. Als ich dreißig wurde, hatte ich sechs Babys verloren: meinen Joey und die fünf Föten, die Castro mir durch Folter abtrieb.

Als Amanda schwanger wurde, führte Castro bei ihr keine Fehlgeburt herbei. Und als bei ihr die Wehen einsetzten, ließ er mich die Hebamme spielen, denn ich war die Einzige, die etwas über die Vorgänge bei einer Geburt wusste. Die Niederkunft war schmerzhaft und heftig, brachte aber ein wunderhübsches Kind in unser Leben. Die Kleine war eine winzige Beteuerung von Leben in all dem Schmutz und Elend. Und sie erinnerte uns daran, dass es auf der Welt tatsächlich so etwas wie Freude geben konnte. Diese Erkenntnis hatten wir verzweifelt nötig.

Oft, sehr oft in diesen elf Jahren hatte ich Angst, ich würde sterben. Und ebenso oft war ich derart verzweifelt, dass ich fürchtete, ich würde nicht sterben. Was mich am Leben hielt, war meine Liebe zu meinem Sohn. Ich dachte an ihn, stellte mir vor, wie er aufwuchs, redete im Traum mit ihm, schrieb in Gedanken Gedichte für ihn und über ihn, und später schrieb ich die Zeilen auf Papierschnipseln auf, die Castro mir überließ. Am Ende konnte ich alles ertragen, solange ich nur die Hoffnung hatte, dass es meinem Sohn gut ging, dass sich irgendwo irgendwer um ihn kümmerte und ich ihn eines Tages wiedersehen würde.

Am 6. Mai 2013 wurden Gina, Amanda, Amandas inzwischen sechsjährige Tochter und ich befreit. Amanda riskierte viel und machte so unsere Flucht möglich. Sie entdeckte, dass Castro beim Verlassen des Hauses vergessen hatte, die Windfangtür zu schließen. Die Außentür war mit einer Kette verriegelt, aber sie ließ sich einen Spalt öffnen, gerade groß genug, dass sie einen Arm hindurchstecken konnte. Sie winkte, schrie um Hilfe und machte die Nachbarn auf der anderen Straßenseite auf sich aufmerksam. Zwei Männer kamen herbei und traten den unteren Teil der Haustür ein. Amanda kroch nach draußen und zog ihre Tochter mit sich. Jemand wählte den Notruf, und ein Streifenwagen hielt vor Castros Haus, in dem Gina und ich immer noch eingesperrt waren.

Wir befanden uns in unserem Zimmer im Obergeschoss und hatten keine Ahnung, dass der Lärm, den wir mit einem Mal unten hörten, von den Polizisten stammte. Wir wussten nicht, dass Amanda nicht länger im Haus war. Und ganz bestimmt wussten wir nicht, dass sie um Hilfe gerufen hatte. Der Stadtteil war eher übel, Drogenkriminalität überall. Als wir also die plötzliche, unerklärliche Betriebsamkeit im Erdgeschoss hörten und jemand »Polizei« rief, hatten wir keine Veranlassung, das zu glauben.

Ich war so verängstigt, dass ich ins Zimmer nebenan lief und mich hinter einer Kommode versteckte. »Ist da jemand?«, hörte ich eine Männerstimme von der Tür her. Dann ging die Tür auf. Der Mann und eine Frau kamen herein. Blaue Uniformen, Waffen an der Hüfte, silberne Abzeichen.

Ich weiß nicht – und ich glaube, ich werde mich auch nie mehr daran erinnern –, ob ich in dem Moment aufschrie oder überhaupt ein Geräusch von mir gab. Aber mein Körper stieß nach vorn wie eine Rakete, auf die arme Polizistin zu. Ich schlang ihr die Arme um den Hals. »Bitte lassen Sie mich nicht los«, bettelte ich und klammerte mich an sie, als ginge es um mein Leben.

Und um mein Leben ging es ja auch. Elf düstere, einsame Jahre voller Elend und körperlicher wie auch seelischer Schmerzen und ohne einen Funken dessen, was ein Leben lebenswert macht, gingen gerade zu Ende. Im Bruchteil einer Sekunde schien so etwas wie Glück wieder möglich.

Als ich die Polizistin endlich losließ und mich auf den Weg nach unten machte, sah ich einen weiteren Polizisten. Er machte die Vordertür auf. Ich ging durch die Tür und auf die Treppe der Veranda. Auf dieser Veranda war ich nie gewesen. Ich hatte sie kurz gesehen, als Ariel Castro vor dem Haus vorfuhr, »um rasch etwas zu holen« und mich dann zu meinem Sohn zu fahren. Zu dem Termin hatte ich es nicht geschafft, hatte meinen Sohn in den elf Jahren kein einziges Mal gesehen, und die ganze Zeit durchlebte ich die Hölle. Kein Wunder, dass ich auf die Knie fiel, kaum dass ich den Fuß auf die Veranda setzte. Ich dankte Gott für meine Errettung, dann kletterte ich durch die hintere offene Tür des Krankenwagens vor dem Haus.

Dort warteten schon Amanda und ihre Tochter. »Alles okay, Juju?«, fragte mich Amandas Tochter und nannte mich bei dem Spitznamen, den sie mir gegeben hatte. Es war eine so einfache, unschuldige Frage. Ich nickte, um zu zeigen, dass alles mit mir in Ordnung war. Dann fing ich an zu weinen.

Amanda packte meine Hand. »Wir sind frei!«, rief sie. »Jetzt sind wir frei! Wir dürfen nach Hause!« Dann kletterte Gina in den Krankenwagen, und wir drei lagen uns in den Armen und weinten.

Einer der Sanitäter maß Fieber bei mir, dann wickelte er mich in eine Decke und fragte nach meinem Namen. »Michelle Knight«, antwortete ich.

»Ich setze Ihnen jetzt eine Sauerstoffmaske auf, Michelle.« Mit Zeichen gab er mir zu verstehen, dass ich mich hinlegen sollte, dann drückte er mir eine Maske aufs Gesicht. Aber mein Gesicht war so geschwollen und so voller Blutergüsse, mein ganzer Kiefer war ein einziger blauer Fleck, dass mir die Maske tatsächlich wehtat. Ich atmete ein, und sofort war mir total schwindlig. Dann spürte ich eine Injektionsnadel im Arm – es war Epinephrin –, und ich ließ mich einfach fallen. Was ich an Brutalität vom vergangenen Vormittag immer noch in mir trug, strömte so schnell aus mir heraus, wie das Epinephrin in meine Adern schoss. Zum ersten Mal innerhalb von elf Jahren kümmerte sich ein freundlicher, fürsorglicher Mensch um mich. Der Albtraum war vorbei.

Kapitel 2

Eine ungeduldige Patientin

*Man weiß nie, wie stark man ist, bis man keine
andere Wahl hat, als stark zu sein – und aufgeben
nicht infrage kommt …*

Unsere Rettung schaffte es in die Nachrichten im ganzen Land
und auf der ganzen Welt. Die menschliche Faszination gegenüber dem Grauen ist so stark wie das menschliche Bedürfnis
nach einem sogenannten Happy End. Ich nehme an, das befeu-
erte die ganze Medienberichterstattung.

Am Abend unserer Befreiung waren wir definitiv die größte
Story im Mittleren Westen, so wie wir am nächsten Morgen die
auffälligste Schlagzeile in allen Zeitungen waren. Von der Be-
richterstattung bekam ich damals kaum etwas mit – ich war zu
weggetreten. Aber noch lange, sehr lange war unsere Rettung ein
Thema in den Medien, denn es folgten weitere Berichterstat-
tungen nach sechs Monaten und dann noch einmal am ersten
Jahrestag unserer Rettung. Und das ging noch mehrere Jahre so
weiter.

Wir sind nicht die einzigen Überlebenden von Entführun-
gen und Gefangenschaft, deren Leben auf diese Weise aufge-
arbeitet wird. Oft sieht man Sendungen darüber, wie es Menschen ergangen ist, die Ähnliches erlitten haben wie wir. Es wird
berichtet, wie es uns geht und wie wir mit unserem Leben zu-
rechtkommen, wenn überhaupt. Und wenn eine ähnliche Entführung bekannt wird, kann man sicher sein, dass unsere und

ähnliche frühere Geschichten als Hintergrundinformation wieder hervorgeholt werden.

Aber wenn man sich die Fernsehberichte von jenem Abend – dem 6. Mai 2013 – aus unserer Region auf YouTube ansieht, werden das Entsetzen und die freudige Erregung des Tages wieder lebendig. Es fühlt sich an, als hätte ganz Cleveland die Fernsehnachrichten gesehen. Die Berichterstatter waren alle außer sich. Das Entsetzliche, das uns dreien passiert war, schockierte jeden von ihnen. Triumphierend berichteten sie über die Rettung. Und endlos spielten sie Amandas Notruf ab, der bei der Polizei einging. Der Polizist am anderen Ende der Leitung schien verwirrt und verstand nicht ganz, was Amanda sagen wollte.

Das herzerwärmende Happy End, das alle sehen wollten, versöhnte die Leute mit der Geschichte. Das ging deutlich aus den Berichten der Fernsehleute hervor, die am Eingang der Notfallambulanz des MetroHealth Medical Center postiert waren, des großen Krankenhauses, in welches der Krankenwagen uns gebracht hatte. In den Stimmen der Reporter hörten wir die Erleichterung und die Begeisterung. Sie erzählten, wie die »drei Mädchen« mit ihren Familien wiedervereint wurden, mit Familien, die nie die Hoffnung aufgegeben hatten, die jährlich für ihre vermissten Töchter, Schwestern, Nichten, Cousinen bei Kerzenschein Nachtwache hielten. Familien, die ihre geliebten Kinder, die errettet und zu ihnen zurückgebracht wurden, mit »zärtlicher Aufmerksamkeit« überschütteten.

Meine Familie allerdings nicht. Schließlich hatten sie mich auch nicht mit zärtlicher Aufmerksamkeit überschüttet, als ich klein gewesen war und bei ihnen zu Hause gelebt hatte. Und es gab für sie keinen Grund, damit jetzt anzufangen. Soweit ich wusste, hatte meine Familie kaum bemerkt, dass ich weg war. Im Wartezimmer des Krankenhauses saßen keine Angehörigen von mir, jedenfalls nicht an jenem Abend.

Allerdings hätte ich es auch gar nicht mitbekommen, wäre

jemand von meiner Familie da gewesen. Wie gesagt, ich war ziemlich weggetreten. Bis heute weiß ich nicht, was man mir intravenös verabreichte. »Hochwirksame Antibiotika« war alles, was ich mitbekam. Später erfuhr ich, dass ich bei meiner Ankunft im Krankenhaus achtunddreißig Kilo wog. Elf Jahre Gefangenschaft, angekettet, Folter, Prügel und Schmutz hatten ganze Arbeit geleistet. Ich war sehr, sehr schwach und sehr, sehr krank.

Wer schon einmal im Krankenhaus war, weiß, dass ständig irgendwo ein Licht an ist. Es ist nachts also nie ganz dunkel. Und von irgendwoher hört man auch ständig Geräusche. Es ist also nie ganz still. In Fluren und Zimmern herrscht ein unterschwelliges Summen von Aktivität. Das Summen kann einen manchmal einschlafen lassen, einen irgendwie davon befreien, allzu intensiv sehen, zuhören oder denken zu müssen. Alle Sinne sind mehr oder weniger entspannt, ob man nun will oder nicht.

In dieser ersten Nacht außerhalb von Castros Haus war das Summen im Krankenhaus besonders heftig. Irgendwelche Medikamente flossen in mich hinein. Ich weiß nicht genau, was die Ärzte dachten oder taten. Und ich hatte überhaupt keine Ahnung, was als Nächstes mit mir passieren würde. Ich wusste kaum, wie spät es war oder ob wir Tag oder Nacht hatten. Aber durch den ganzen Schleier aus Lichtern, dem Hin und Her klackender Schritte auf dem Flur vor meinem Zimmer, durch die piependen Monitorgeräusche, durch die verschwommene Wahrnehmung einer Krankenschwester, die mein Handgelenk hielt und meinen Puls maß, war mir vor allem eines klar: Ich war frei. Dass ich gerettet war, nahm ich genauso bewusst wahr wie meinen eigenen Körper. Ich spürte, dass Castro jetzt für seine unaussprechlichen Verbrechen zahlen würde. Und wenn ich hätte schreien können, hätte ich es getan – und der ganzen Welt zugerufen, dass ich die Dunkelheit überlebt hatte.

Am Tag darauf erfuhr ich, dass Amanda und Gina aus dem

Krankenhaus entlassen und nach Hause gegangen waren. Ich war allein.

Es fühlte sich richtig an. Ich hatte die Dunkelheit überlebt. Und da draußen, im Licht, wartete ein Leben auf mich. Es war an mir, gesund und kräftig zu werden, damit ich hinausgehen und mir das Leben schnappen konnte.

Doch wie ich erst viel später erfahren sollte, war ich damals dem Tod näher als dem Leben. Mein Fieber wollte nicht sinken, mein Verdauungstrakt war eine einzige Katastrophe, und ich hatte solch heftige Schmerzen, dass ich beim Aufwachen das Gefühl hatte, jemand würde mit Messern auf mich einstechen.

Die Ärzte dachten tatsächlich, ich könnte sterben. Ich war anderer Meinung. An diesem Tag würde ich nicht sterben, sagte ich mir, und auch am nächsten nicht. Ich dachte, es müsste wohl einen Grund dafür geben, dass ich aus diesem Haus gerettet worden war. Und ich wollte unbedingt am Leben bleiben, um die Aufgabe zu erfüllen, die der Grund dafür sein musste, dass ich überlebt hatte.

Vor allem dachte ich, diese Aufgabe sei mein Sohn Joey. Er war der Grund dafür, dass ich überlebt hatte. Und er war der Grund dafür, dass ich wieder gesund werden musste. Als ich überzeugt war, ich könnte deutlich und sinnvoll sprechen, war das Erste, das ich eine Schwester fragte, ob jemand meinen Sohn finden könnte. »Ich muss meinen Sohn wissen lassen, dass ich am Leben bin«, sagte ich. Die Schwester rief einen Polizisten herein, der vor meinem Zimmer postiert war. Der Beamte wollte Joeys Namen und Geburtsdatum und noch ein paar andere Dinge wissen. Dann sagte er, er würde die Sache einem ermittelnden Beamten übergeben. Daraufhin sank ich zurück in den Halbschlaf.

Die Polizisten waren nicht die Einzigen, die in meinem Zimmer ein und aus gingen. Auch FBI-Agenten waren da. Ariel Castro war verhaftet worden, und das FBI sammelte Material für eine Anklageschrift gegen ihn. Nun hatte ich ein Problem. Die

Erfahrungen meiner Kindheit hatten mich gelehrt, dass Reden schlimmer war als Schweigen. Kinder sollte man sehen, aber nicht hören, hieß es ständig bei uns zu Hause. Man hatte mir das so oft gesagt, dass es sich mir fast ins Gehirn gehämmert hatte. Und man hatte es mir nicht nur gesagt, sondern mir auch tatkräftig demonstriert. Immer wenn ich als Kind Hilfe gesucht und mit einer Autoritätsperson gesprochen hatte, war ich auf die eine oder andere Weise bestraft worden. Stunden nach meiner Befreiung aus Castros Hölle hatte ich Angst zu sprechen, aber auch Angst zu schweigen.

Und sprechen sollte ich sehr viel. In den ersten Tagen im Krankenhaus stellte mir ein steter Strom von Polizisten, Beamten und Ärzten Frage um Frage. Oft handelte es sich um die gleiche Frage, nur anders formuliert. Nach einer Weile wollte ich einfach nur noch schreien. Ich war erschöpft und brauchte Ruhe und Frieden, wenn ich irgendetwas wahrnehmen wollte. Die sollten mich einfach nur in Ruhe lassen. Außerdem hatte ich ständig Angst, dass Castro irgendwie freikäme. Und ich wollte so verzweifelt wissen, wo Joey war. Natürlich wollte ich auch wieder gesund werden. Also antwortete ich, so gut ich konnte.

Die Ärzte stellten nicht nur Fragen, sie taten noch viel mehr. Ständig machten sie Untersuchungen. Aber ich konnte es nicht ertragen, dass ein Mann mich berührte oder überhaupt nur in meine Nähe kam. Und das machte es den Ärzten nicht gerade leicht. Also waren es etliche Ärztinnen und Schwestern, die Nadeln in mich stachen, verschiedene Stellen meines Körpers drückten und zwickten, mir befahlen, mich aufzusetzen oder mich zu bücken, hinauf- oder hinunterzuschauen. Es wurden Röntgenaufnahmen gemacht, Bluttests, Computertomografien, Augenuntersuchungen, Hörtests und vieles mehr. Ich weiß nicht mehr, wie viele und welche Diagnoseverfahren an mir durchgeführt wurden.

Ein richtiger Segen war, dass ich am zweiten Tag im Krankenhaus eine lange, heiße Dusche nehmen konnte. Meine erste richtige Dusche in zehn Jahren. Ich weiß noch, wie ich in diesem sauberen, dampfenden Badezimmer unter dem fließenden Wasser stand und wusste, dass ich so lange da stehen konnte, wie ich wollte. Es fühlte sich einfach herrlich an. Aber das Abschrubben machte etliche weitere Prellungen und Blutergüsse auf meinem ganzen Körper sichtbar.

Auch die Untersuchungen ergaben viel. Es zeigten sich zum Beispiel Schäden an meinem Kiefer. Deshalb dachten auch viele, ich würde seltsam sprechen. Wenn jemand einem wiederholt ins Gesicht schlägt oder einem mit der Hantel auf den Kiefer einhämmert, kann man irgendwann nicht mehr deutlich artikulieren. Elf Jahre lang war ich fast täglich am Fußgelenk, am Handgelenk, an der Taille oder am Hals angekettet, wurde Treppen hinuntergeworfen und durch Zimmer geschleudert.

Das Ergebnis waren ein beträchtliches Taubheitsgefühl und ein Schaden am Ischiasnerv vom Rücken bis hinunter zu den Hüften und Knien. Meine Zehen waren mehrfach gebrochen und nie richtig verheilt. Auch eine Hand war verletzt. Die Ärzte glaubten, der Daumen sei gebrochen und falsch verheilt. Bis heute habe ich Probleme mit dem Gefühl in der Hand. Gegenstände wie ein Telefon oder eine Kaffeetasse darf ich nur ganz vorsichtig hochheben, damit ich sie nicht fallen lasse.

Sehen konnte ich noch nie richtig gut. Aber elf Jahre im Dunkeln machten alles nur schlimmer. Unter den Linsen des einen Auges sind die Nerven geschädigt. Deshalb reagiere ich sehr empfindlich auf Licht.

Die Hörfähigkeit auf dem linken Ohr war fast verschwunden. Auf die linke Seite wurde ich viele Male geschlagen, auch mit einer Hantel. Manchmal muss ich mich zu einer Seite beugen, um besser zu hören. Die Leute denken dann, ich ignoriere sie oder höre nicht zu. Aber genau das Gegenteil ist der Fall. Ich beuge mich vor, weil ich mir große Mühe gebe zuzuhören.

Am schlimmsten stand es um meine Verdauung. Während

der ersten vier Tage im Krankenhaus machte eine ganze Reihe von Ärzten diverse Tests. Trotzdem konnten sie nicht genau sagen, was nicht stimmte.

Außerdem kamen ganze Heerscharen von Leuten in mein Krankenzimmer und brachten mir etwas – Blumensträuße, Luftballons und andere Geschenke. Ich war total fasziniert davon und so gerührt. Ich mochte kaum glauben, dass so viele Leute mir solche Freundlichkeiten erwiesen, dass so viele Leute mich wissen ließen, sie seien auf mich aufmerksam geworden und sorgten sich um mich. Für jemanden, dem nie Aufmerksamkeit geschenkt worden war, um den sich nie jemand gekümmert hatte, waren diese ersten Tage in Freiheit überwältigend.

Ich erfuhr auch, dass Leute uns drei Frauen Geld spendeten und dass ein Fonds zur Verwaltung aller Spenden eingerichtet worden war. »Nehmen Sie sich einen Anwalt«, sagte mir jemand. Ein FBI-Agent und jemand vom Krankenhauspersonal halfen mir dabei, einen zu finden.

»Helfen Sie mir bei der Suche nach meinem Sohn«, bat ich eine FBI-Agentin. Und sie sagte, sie wolle es versuchen.

Dass das Grauen vorüber war, konnte ich kaum fassen. Bald wurde mir alles ein bisschen zu viel. Schließlich hatte ich mich um lauter Dinge zu kümmern, die auf einmal passierten – meinen Gesundheitszustand, den ständigen Strom von Leuten, die ich nicht kannte, die Anwesenheit von Polizisten, FBI-Agenten, von Beamten und Anwälten. Das alles überstieg mein Verständnis. Elf Jahre lang hatte ich meine Tage gemessen an dem Missbrauch, der mir angetan wurde. Eine brutale, aber schlichte Routine. Ich wusste, womit ich zu rechnen hatte. Nicht zu wissen, was mich erwartete, kam wie ein Schock über mich.

An meinem zweiten Tag im Krankenhaus besuchte mich einer meiner Brüder. Ich hatte ihn zuletzt als kleinen Jungen gesehen. Jetzt war er ein erwachsener Mann.

Ich freute mich über seinen Besuch. Wir umarmten uns und

weinten, weil wir wieder vereint waren. Er erzählte mir, er habe nicht einmal gewusst, dass ich vermisst wurde. Meine Mutter hatte ihm gesagt, ich sei weggezogen. Meine Tante hatte ihm erzählt, ich sei wahrscheinlich weggelaufen. Er wusste nicht, wo Joey war, und hatte keine Ahnung, dass ich ihn nie freiwillig zurückgelassen hätte. Niemals. Er wusste bloß, dass sich keiner je die Mühe gemacht hatte, nach mir oder Joey zu suchen. Sie hatten ihr Leben einfach weitergelebt. So ungefähr nach dem Motto: Wie gewonnen, so zerronnen. Deine Schwester, deine Tochter und ihr kleiner Sohn tauchen eines Tages einfach nicht mehr auf – was macht das schon, kümmert euch nicht weiter drum.

Mein Bruder erzählte mir diverse Neuigkeiten über dieses oder jenes Mitglied unserer Familie, was mich bald sehr beunruhigte. So krank, wie ich ohnehin schon war, konnte ich das nun wirklich nicht gebrauchen. So ziemlich alles, was er mir erzählte, brachte wirklich schlimme Erinnerungen zurück. Die ganzen alten Fragen über mein Familienleben drängten wieder an die Oberfläche.

Es war einfach zu viel, und es kam zu früh. Ich war schon krank genug, dachte ich, auch ohne die Erinnerungen an eine erschreckende, trübe Kindheit. »Tut mir leid«, sagte ich zu meinem Bruder. »Du musst jetzt gehen. Es ist nicht deine Schuld. Ich brauche einfach Zeit. Zeit zum Nachdenken und Zeit, damit ich mich um mich selbst kümmern kann.« In dem Augenblick, in dem ich das sagte, begriff ich, dass es die reine Wahrheit war. Ich musste mich wirklich um mich kümmern.

Ich hatte ein schlechtes Gewissen, als ich ihn so wegschickte. Ich wusste nicht, dass er gerade eine sehr schlimme Zeit durchmachte. Er hatte kein Zuhause. Er war auf eine ziemlich schiefe Bahn geraten, weil er von dem Leid wegwollte, das auch er in unserer Kindheit durchgemacht hatte. Bis heute weiß ich nicht, wo mein Bruder ist und wie es ihm geht.

Ich hatte mich noch nicht ganz vom Besuch meines Bruders

erholt, als meine Tante auftauchte. Sie wollte ich nun wirklich nicht sehen. Sie war bloß eine weitere Erinnerung an eine entsetzliche Kindheit, die ich vergessen wollte. Aber schließlich ließ ich sie herein. Und sie erzählte mir, meine Mutter sei nach Florida gezogen. Die Cousine, bei der ich zum Zeitpunkt meiner Entführung gewohnt hatte, lebte inzwischen in New York. Und die anderen Familienmitglieder seien in alle Winde verstreut.

Das Haus, in dem wir gewohnt hatten, als ich klein gewesen war, sei abgerissen und durch eine Anlage mit Eigentumswohnungen ersetzt worden. Ein Glück, dass wir dieses Haus los waren, dachte ich. Es war es nicht wert, erhalten zu werden. Und jetzt waren alle aus diesem Haus fortgegangen, als hätte es mich nie gegeben. Na schön. Für diese Leute war sowieso kein Platz in meinem neuen Leben. »Nie mehr«, sagte ich zu meiner Tante. »Nie mehr Respektlosigkeit, nie mehr andere verletzen. Wenn du bereit bist, unter der Voraussetzung mit mir umzugehen, ruf mich an.«

Die Familienbesuche waren nervenzerfetzend. Nicht gerade die Art Medizin oder Therapie, die man einem Kranken verschreibt, der gerade einem Albtraum entflohen ist. Einer Krankenschwester, meiner Lieblingsschwester Marie, die sagenhaft freundlich und lieb war, sagte ich, ich sei durch mit meiner Familie. »Meine Liebe«, bat ich sie, »damit will ich nichts mehr zu tun haben. Ich brauche Zeit, um mit allem fertigzuwerden. Bitte lassen Sie keine Angehörigen mehr hier rein.« Sie gab mir ihr Versprechen, und sie hielt sich daran.

Zwischen den ganzen Besuchen von Beamten, Angehörigen und Ärzten freute ich mich über jeden Moment, den ich allein sein konnte. Ich spürte, dass ich das brauchte. Mein Kopf war ganz vernebelt von furchtbaren Erinnerungen und schrecklichen neuen Tatsachen – keine Nachricht über Joey, keine Familie, kein richtiges Zuhause, ein geschundener Körper, kein Mensch, dem ich vertrauen konnte.

Aber noch am selben Tag oder vielleicht auch einen Tag später spürte ich die Gegenwart eines anderen Menschen in meinem Krankenzimmer. »Ist es in Ordnung, wenn ich mich zu Ihnen setze?«, hörte ich eine sanfte Frauenstimme fragen. Ich öffnete die Augen und sah eine Frau, die zehn oder vielleicht auch zwanzig Jahre älter war als ich. Sie ließ mich wissen, sie sei als Anwältin in Sachen entführter Kinder hier.

Sie hieß Miss Pointer. Später erfuhr ich, dass sie aus einem schrecklichen Grund zu ihrer Arbeit gekommen war. Ihre eigene Tochter war entführt und ermordet worden. Tatsächlich hatte sie erst kurz zuvor, an dem Tag nämlich, an dem ich befreit worden war, erfahren, dass der Mörder ihrer Tochter endlich gefasst und in Gewahrsam genommen worden war. Aber als sie mich besuchte und sich zu mir setzte, ließ sie sich davon nichts anmerken. Sie sagte nur, sie sehe keine Familienmitglieder um mich herum und wolle mir Gesellschaft leisten, wenn ich wollte. Und dann fing sie einfach an zu singen, mit einer volltönenden, wunderschönen Stimme.

»Kennen Sie das Lied ›Lift Every Voice and Sing?‹«, fragte ich sie. Ich wusste, dass es als eine Art afroamerikanische Hymne galt. Und Miss Pointer ist Afroamerikanerin, also dachte ich, sie müsste es vielleicht kennen. Und das tat sie auch. Sie fing an zu singen, und ich sang mit ihr. Ich bin nicht sicher, ob unser Jubelgesang sich so »hoch erhob wie die lauschenden Himmel«, wie es in dem Lied heißt. Aber ich wusste, dass mein Krankenzimmer, solange wir sangen, »von den Wohlklängen der Freiheit« widerhallte. An dem Tag trat Miss Pointer mit vollendeter Anmut in mein Leben, und sie hat mich nicht mehr verlassen. Ich sei, so sagte sie, ihre »Sister from another Mister«, und wir seien seelenverwandt.

Im Ganzen verbrachte ich vier Tage im MetroHealth. Und es war harte Arbeit. Damit meine ich nicht nur die medizinischen Behandlungen, die mich schließlich zurück an den Punkt brachten, von dem aus ich meine Gesundheit und meine Kraft wiedererlangen konnte. Ich meine die seelische Mühe. Immerhin musste ich praktisch über Nacht versuchen, mit Freiheit statt mit Gefangenschaft zurechtzukommen. Ich musste lernen, dass ich nicht mehr gefoltert, sondern umsorgt wurde, dass ich ein Leben hatte statt nur ein Dahinvegetieren. Ich musste mit alldem umgehen und überdies versuchen, meinen Sohn zu finden, und damit klarzukommen, dass sich meine Familie wieder in mein Leben drängte. Das alles war eine schwere emotionale Last.

Eine der schwierigsten Prüfungen wartete gegen Ende des viertägigen Krankenhausaufenthalts auf mich. Ich wurde nämlich zu meiner ersten FBI-Befragung geladen. Sie fand in einem gesonderten Raum des Krankenhauses statt. Ich hing immer noch an Schläuchen, also ging ich langsam die Gänge hinunter und rollte das Gestell mit den Infusionsbeuteln neben mir her. Zwei FBI-Agentinnen stellten die Fragen, und ich glaube, weitere Beamte standen hinter einem Beobachtungsspiegel in einem Nebenraum.

Die Befragung dauerte Stunden. Die Notizbücher, die ich geführt hatte, waren aus Castros Haus geholt worden. Die Agentinnen leiteten mich durch alle elf Jahre, immer ein Jahr nach dem anderen. Sie waren geduldig, aber peinlich genau. Und sie stellten eine endlos erscheinende Zahl von Fragen. Ein bisschen fühlte es sich so an, als erlebte ich das ganze Grauen noch einmal. Aber was sie erfuhren, so wusste ich, würde ihnen helfen, Castro für immer einzusperren. Also hielt ich durch. Dies sollte nur die erste Befragung sein. Sie würden mich wieder einbestellen, um viele weitere Punkte zu klären. Aber diese erste Befragung war anstrengend und emotional extrem schwierig.

An meinem letzten Tag im Krankenhaus wollte mich meine Mutter besuchen. Ich wusste schon, dass sie aus Florida wieder nach Ohio gekommen war. Und damit war sie direkt in die

Schlagzeilen gesegelt, denn ihre Ankunft setzte eine ganz neue Flut von Pressegeschichten in Gang. Irgendein Reporter kramte eine Vermisstenmeldung hervor, die jemand aus meiner Familie aufgegeben hatte – wer das gewesen war, weiß ich bis heute nicht. Die Anzeige war elf Jahre zuvor erfolgt, als derjenige aus meiner Familie gemerkt hatte, dass ich nicht mehr da war.

Wer auch immer diese Vermisstenmeldung seinerzeit gemacht hatte, musste der Polizei erzählt haben, dass ich psychische Probleme hätte und mich häufig in meiner Umgebung desorientiert fühlte. Das veranlasste eine Reihe von Ärzten, zu mir zu kommen. Sie wollten Tests mit mir machen, um sich ein Bild von meinem Intelligenzquotienten und meiner geistigen Verfassung zu machen.

»Ich lasse diese Tests nicht durchführen«, sagte ich zu ihnen. »Weder Ihnen noch sonst jemandem muss ich etwas beweisen.«

Sie zogen sich zurück. Verstanden haben sie das Ganze allerdings nicht. Sie wussten nicht, was ich wusste. Die Tests würden nämlich ihre Meinung über mich nicht ändern. Das wusste ich, weil ich all das schon einmal durchgemacht hatte. Mein ganzes Leben lang hatte ich das durchgemacht.

Nie wieder. Nie wieder würde ich jemandem erlauben, Entscheidungen für mich zu treffen. Und mit meiner Familie wollte ich schon gar nichts mehr zu tun haben.

Als die Leute vom Krankenhaus mir sagten, meine Mutter wolle mich besuchen, weigerte ich mich, sie hereinzulassen. Es war das erste Mal, dass ich meiner Mutter etwas verweigert hatte. Und es fühlte sich gut an.

Nach vier Tagen im Krankenhaus hatte sich mein Gesundheitszustand gebessert, wenn auch nicht viel. Ich war etwas kräftiger, und es hatte den Anschein, als wollten die Prellungen und Blutergüsse allmählich abheilen. Aber immer noch lag keine endgültige Diagnose über meine Verdauungsbeschwerden vor. Und das war offenbar eine besonders große Sorge. Die Ärzte beschlossen, dass ich in ein Pflegeheim verlegt werden sollte. Sie überwiesen mich in eine Einrichtung für betreutes Wohnen in Hinckley, Ohio. Der Ort war etwa eine Autostunde von Cleveland entfernt, lag aber in einer recht ländlichen Gegend.

Meine Blumen, Luftballons und viele Geschenke verteilte ich unter den anderen Patienten, besonders unter denen, die nie Besuch bekamen.

Als es Zeit war, mich von Marie zu verabschieden, machte sie mir ein Geschenk: eine Kette mit einem Anhänger in Form eines Kruzifixes mit Herz. Diese Kette legte sie mir um den Hals. Und von da an umfasste ich jeden Tag das Kruzifix und betete, dass ich am Leben bleiben und gesund werden sollte und eines Tages meinen Sohn wiedersehen würde. Das mache ich seither jeden Abend vor dem Zubettgehen. Ich halte Maries Geschenk in den Händen und spreche mein Gebet. Es lautet:

Nun lege ich mich schlafen und bete, dass die Hoffnung mich nie verlässt und dass mein Glaube nie ins Wanken gerät. Ich bete, dass Gott der Herr mir den Schmerz nimmt und auch die Schmerzen so vieler anderer. Er möge Licht über unsere Dunkelheit verströmen, uns Herz und Hand führen und uns hellere Tage erblicken lassen.

Sollte ich diese Nacht sterben, ist meine einzige Bitte, dass Gott meinen Sohn sicher aufwachsen lässt. Herr, gib ihm das Leben, das ich nie hatte, erfüllt von Liebe, Glück und Gelassenheit. Das habe ich mir immer für dich gewünscht, mein kleiner Engel. Und ich habe alles in meiner Macht Stehende getan, um dir das zu geben.

Ich will stark bleiben bis zu dem Tag, an dem ich dich wiedersehe und die Lücke in meinem Herzen füllen kann.

Herr, ich erflehe von dir den Mut, mich meinen Dämonen zu stellen und sie zu besiegen. Lass mich aus den Fehlern lernen, die ich gemacht habe, damit ich meine Angst bezwinge und mein Leben mit Stolz und in tiefem Glauben führen kann. Und gib mir die Kraft, meine Erfahrungen zu teilen, damit andere wissen, dass nicht unsere Vergangenheit bestimmt, wer wir sind.

Die Fahrt zu der Einrichtung des betreuten Wohnens war eine Offenbarung. Meine Heimatstadt erkannte ich kaum wieder. Ganze Viertel waren neu errichtet worden. Es gab neue Häuser, Parks und Spielplätze. Das Zentrum von Cleveland mit Fußgängerpassagen, Hochhäusern mit Glasfassaden und neu gestalteten City-Bussen erschien mir beinahe futuristisch. Mir kamen die Tränen, als ich voller Entsetzen begriff, wie viel Leben ich versäumt hatte.

Kapitel 3

Übergang: Betreutes Wohnen

*Ich könnte Fehler machen. Ich könnte ein- oder
zweimal auf den Hintern fallen. Aber ich weiß, dass
ich wieder aufstehen, mir den Staub abklopfen und
mit Anstand weitermachen kann. Und ich weiß, dass
es hilfreiche Menschen in meinem Leben gibt, die
mich unterstützen und die mich verstehen ...*

Es mag merkwürdig erscheinen, sich in ein Pflegeheim zu begeben, wenn man nach elf Jahren Folter und Angst in die richtige Welt zurückkehren und sich ein neues Leben aufbauen will.
Und wenn ich an die sechs Monate zurückdenke, die ich in der
Einrichtung für betreutes Wohnen in Hinckley verbrachte, bin
ich tatsächlich selbst etwas skeptisch, wie ich diese Erfahrung
beurteilen soll.

Ich glaube, eine Pause war wahrscheinlich eine gute Idee.
Der Schock für Körper und Seele wäre wohl zu groß gewesen,
wenn ich direkt aus der Hölle, die ich durchlebt hatte, in eine
Welt gekommen wäre, die ich kaum mehr erkannte, eine Welt,
so ganz anders als die, die ich elf Jahre zuvor verlassen hatte. Ich
hätte versuchen müssen, wie alle anderen zu funktionieren, und
das wäre sicher nicht gegangen. Ich brauchte einen Übergang.
Und das Pflegeheim, in dem ich teils versorgt wurde, mich aber
auch teils selbst versorgen musste, war für den Zweck wohl so
gut wie alles andere.

Meine neue Anwältin fuhr mich in die Einrichtung. Der

Kofferraum ihres Wagens war bis an den Rand vollgestopft mit Geschenken und all den Karten, die ich im Krankenhaus von Hunderten Leuten geschickt bekommen hatte, die mir alles Gute wünschten. Kleidungsstücke hatte ich im Grunde gar keine. Aber ich hatte mehrere Dutzend Teddys. Nichts zum Anziehen, aber viel zum Kuscheln.

Als wir ankamen, warf ich einen eindringlichen Blick auf die »Einrichtung«, ein großes, irgendwie normal aussehendes Haus. Und da dachte ich: Das ist wohl mein Zuhause. Fürs Erste.

Wohin hätte ich sonst gehen sollen? Ein richtiges Zuhause, in das ich zurückkehren konnte, hatte ich nicht, auch keine Familie und keine Freunde, die mir geholfen hätten. Und ich war anfangs zu krank, um irgendetwas zu unternehmen. Ich war einfach nicht in der Lage, mir eine Wohnung zu suchen, über einen Job nachzudenken, Kontakt zu Menschen aufzubauen. Im Pflegeheim hätte ich Zeit, körperlich, aber auch seelisch kräftiger zu werden. Dann wäre ich eher in der Lage, allein zurechtzukommen – hoffte ich jedenfalls.

Da war noch etwas anderes. Das Heim bot mir eine Art Sicherheit, wie ich sie vorher im Grunde nicht gekannt hatte. Vor Gefahr oder drohender Gefahr hatte ich nie sicher sein können, als ich klein gewesen war. Als ich weggelaufen war und auf der Straße gelebt hatte, hatte ich zumindest in dem Sinn sicher sein können, dass niemand mich missbrauchte, wie das zu Hause der Fall gewesen war. Aber auf der Straße weiß man nie, was als Nächstes passiert. Und das kann man dann auch nicht gerade als Sicherheit bezeichnen.

In der Einrichtung für betreutes Wohnen fühlte ich mich sicher. Keiner wusste, wo ich war. Nur die Leiter der Einrichtung kannten meine Geschichte. Die anderen Bewohner hatten keine Ahnung, und es wäre ihnen auch egal gewesen. Ich wusste, keiner würde mir Gewalt antun. Und ich wusste auch immer genau, was am nächsten Tag passieren würde. Es war immer das

Gleiche. Das Leben dort war nie aufregend. Es war das Ewiggleiche. Ich konnte mich darauf verlassen, dass es jeden Tag so sein würde. Und das fühlte sich für mich wie Sicherheit an. Außerdem hatte das FBI ein Auge auf mich, und mehr Sicherheit als das konnte es wohl kaum geben.

So richtig vor der Öffentlichkeit versteckt hielt das FBI mich nicht. Aber auf jeden Fall sollte ich mich unauffällig verhalten und nicht die Aufmerksamkeit der Leute in Cleveland auf mich lenken – wenigstens bis zum Beginn der Anhörungen vor der eigentlichen Gerichtsverhandlung und bis die endgültige Anklage gegen Castro erhoben wurde.

Wenn ich mich in der Öffentlichkeit zeigte, so fürchteten die Leute vom FBI, könnte man mich erkennen. Jemand könnte mir folgen und meinen Aufenthaltsort entdecken. Die Folge wäre möglicherweise, dass eine ganze Horde von Leuten über mich hereinbrach – Journalisten, Fernsehleute und so weiter. Und die würden meine Geschichte hören wollen.

Das FBI wollte den Fall nicht vor Verhandlungsbeginn gefährden. Und ich wollte das natürlich auch nicht. Das FBI machte sich auch Sorgen, dass ein Reporter oder sonst irgendjemand ein Foto von mir schießen und es verkaufen könnte. Damit wäre meine Tarnung aufgeflogen und mein Privatleben vorbei. Ganz abgesehen davon, dass es schrecklich wäre, wenn jemand so etwas täte.

Von Anfang an baten mich die Leute vom FBI also, dass ich sie informierte, wenn ich mich etwas weiter vom Pflegeheim entfernte. Ich musste nicht direkt um Erlaubnis bitten, aber es ging darum, dass ich eine Weile in Sicherheit und so anonym wie möglich blieb.

Eine Gefangene war ich in dem Pflegeheim ganz bestimmt nicht. Ich durfte kommen und gehen, wie es mir beliebte, und ich hatte auch die Möglichkeit dazu. Ein Bankkonto war auf meinen Namen eingerichtet worden, und das Geld des Spen-

denkontos aus dem Cleveland Courage Fund war darauf einge-
zahlt worden. Und ich hatte eine Bankkarte, um Rechnungen zu
bezahlen, und eine Kreditkarte für Einkäufe.

Anfangs war das FBI nicht gerade versessen darauf, dass ich
mich in alle möglichen Geschäfte begab, um zu shoppen. Und
tatsächlich hatte auch ich keine große Lust, irgendwohin zu gehen. Ich war einfach zu krank. Aber das würde nicht ewig so
bleiben. Am Ende würde mich die Lust am Shopping wieder
packen. Eingekauft hatte ich immer schon leidenschaftlich gern.

***

In der Zwischenzeit konnte ich versuchen, meine Vergangenheit aufzuarbeiten und mich auf die Zukunft vorzubereiten.
Aus der Hölle war ich in ein Krankenhausbett gekommen, und
krank fühlte ich mich auch. Aber mir war klar, ich würde über
so manches nachdenken müssen, worüber ich vorher noch nie
nachgedacht hatte. Und ich würde eine Zukunft planen müssen, die sich vor mir wie ein unbeschriebenes Blatt erstreckte.
Zum ersten Mal in meinem Leben lag es in meiner Macht, auf
dieses unbeschriebene Blatt alles zu schreiben, was ich wollte.
Und diese sechs Monate im betreuten Wohnen kamen deshalb
wahrscheinlich gerade recht.

Die Einrichtung, in die man mich geschickt hatte, war für
mich ganz entschieden eine eigentümliche Wahl. Natürlich
hatte das Haus eine staatliche Genehmigung, und es fanden re-
gelmäßige Inspektionen statt. Alles war sauber, und die Familie,
die das Ganze leitete, kümmerte sich gut um alles. So gesehen
war nichts merkwürdig. Die Familie bestand aus Rachel und ihrem Mann, ihren beiden kleinen Kindern – einem Jungen von
zehn und einem Mädchen von etwa sieben Jahren – und Rachels
Eltern, die oft aushalfen.

Aber das Haus nannte sich Happy Days Elderly Care, und

genau das war es auch – ein Pflegeheim für Senioren. Abgesehen von Rachels Familie und den Pflegerinnen, die tagsüber in der Einrichtung arbeiteten, gab es dort nur hochbetagte Leute. Keiner schien unter fünfundachtzig zu sein. Lauter Menschen am Ende ihres Lebens, zu alt oder zu gebrechlich, um alleine zurechtzukommen. Sie warteten mehr oder weniger aufs Sterben.

Ich befand mich in einer ganz anderen Phase meines Lebens. Ich war zweiunddreißig Jahre alt. Das Schlimmste im Leben hatte ich hinter mir. Jetzt bereitete ich mich darauf vor, mit dem richtigen Leben überhaupt erst anzufangen. Anfangs war ich genau wie die anderen Bewohner, ich war krank und schwach. Aber im Gegensatz zu ihnen würde es mir bald besser gehen, und ich würde das Haus verlassen. Auf den ersten Blick stach ich wohl deutlich unter den ältlichen Bewohnern hervor. Wahrscheinlich nahmen sie kaum Notiz von mir. Aber ich fühlte mich einsam und fand es ein bisschen deprimierend, in einem Haus zu sein, in dem die Leute um mich herum starben. Schließlich sollte noch eine junge Frau einziehen, aber das war erst gegen Ende meines Aufenthalts.

Anfangs fand ich es auch deprimierend, dass ich mich immer noch so krank fühlte. Als ich aus der Klinik entlassen wurde, konnte ich aufstehen, wenn es sein musste. Aber ich nahm immer noch viele Medikamente, vor allem Antibiotika. An die Namen erinnere ich mich nicht mehr. Ich weiß noch, dass eine der Nebenwirkungen darin bestand, dass alles nach Metall schmeckte. Außerdem war ich immer ganz wacklig auf den Beinen.

Tatsächlich musste ich in den ersten Wochen im Pflegeheim in ziemlich regelmäßigen Abständen wieder ins Krankenhaus. Kaum hatte ich mich im Heim eingelebt, bekam ich wieder hohes Fieber und wurde schnell in die Notaufnahme gebracht, diesmal in die Cleveland Clinic. Da verabreichte man mir intravenös eine weitere Runde Antibiotika. Anschließend entließ man mich wieder ins Pflegeheim mit einem Antibiotikum mit dem Wirkstoff Azithromycin in hoher Dosierung. Aber essen mochte ich immer noch nichts, ich bekam ständig Erkältungen, und ich fühlte mich praktisch die ganze Zeit ziemlich krank.

Eines Tages hatte ich vierzig Grad Fieber. Besorgt rief ich Lisa an, die FBI-Agentin, die an der Anklageschrift gegen Castro arbeitete. Ich bat sie, mich in die Cleveland Clinic zu bringen. Als wir abfahren wollten, rief uns eine der Schwestern im Pflegeheim hinterher: »Die sollen sie auf C.diff testen.« Ich hatte keine Ahnung, was das war, aber Lisa merkte es sich und sagte es den Ärzten in der Klinik. Die untersuchten mich, und Clostridium difficile war genau, was ich hatte.

Umgangssprachlich nannten sie es C.diff, ein Bakterium, das zu einer Darmentzündung und schließlich sogar zum Tod führen kann. Man bekommt es durch mangelnde Hygiene – schlechte Luft, verschmutztes Wasser, Essen, das mit ungereinigten Händen zubereitet wird. Unter genau solch unhygienischen Zuständen hatte ich elf Jahre lang in Castros Haus gelebt. Mit an Sicherheit grenzender Wahrscheinlichkeit habe ich mir dieses Darmbakterium dort eingefangen. Die hohen Dosierungen Antibiotika, die man mir nach meiner Rettung aus dem Haus verabreichte, waren keine Hilfe. Denn Antibiotika töten oft auch einige der hilfreichen Bakterien im Darm ab, während sie die todbringenden Bakterien zerstören.

Tatsächlich stellte sich heraus, dass sich ältere Menschen in Krankenhäusern oder dauerhaften Pflegeeinrichtungen besonders häufig mit dem Bakterium infizierten. Deshalb wusste die Schwester im Pflegeheim auch Bescheid, und dafür war ich ihr dankbar. Denn die Ärzte in der Cleveland Clinic informierten mich, dass die Krankheit in meinem Fall ziemlich weit fortgeschritten war. Wäre ich noch länger in Castros Haus gefangen gehalten worden, so sagten sie, wäre ich bestimmt gestorben.

So kam es, dass ich nach der Diagnosestellung zwei volle Wochen in der Klinik bleiben musste. Die meiste Zeit hatte ich das Gefühl, ich müsse sterben. Aber immer wieder sagte ich mir: Heute sterbe ich nicht, und morgen sterbe ich auch nicht. Beides, so redete ich mir ein, musste wohl denselben Grund haben: dass ich aus Castros Haus herauskam, bevor mich das C.diff umbrachte, und dass ich das C.diff auch jetzt überleben würde.

Ganz sicher gab es etwas, das ich in meinem Leben zu erledigen hatte. Und was auch immer sich mir entgegenstellte, ich würde es überleben, damit ich diese Aufgabe erfüllen konnte.

Nach zwei Wochen in der Cleveland Clinic wurde ich »nach Hause«, ins betreute Wohnen, zurückgeschickt. Ich war immer noch sehr, sehr schwach und hatte wirklich nicht die Kraft, allein zurechtzukommen. Mir war oft schwindlig, ohne Hilfe konnte ich nicht duschen, und ich musste gefüttert werden. Rachel fütterte mich meist mit einer Art durchgesiebtem Haferbrei.

Erst später begriff ich, dass Rachel das aus einem ganz bestimmten Grund tat. Die Berichte im Fernsehen hatten nämlich nahegelegt, ich sei geistig zurückgeblieben und käme allein nicht zurecht. Am Tag, nachdem ich das herausgefunden hatte, ging ich in die Küche und fing an, für mich selbst zu kochen. Und damit will ich sagen, ich kochte eine regelrechte Flut von Gerichten – Chili, mein berühmtes Knoblauch-Käse-Kartoffel-püree, Steaks, Kuchen, Plätzchen. Ich fand, es war an der Zeit, allen zu beweisen, ich sei ganz und gar nicht geistig zurückgeblieben und käme sehr wohl allein zurecht, jawohl. Aber das war später. Fürs Erste war ich einfach noch nicht in der Lage dazu.

Ich war krank und gebrechlich, und das verschlimmerte meine Einsamkeit und meine Depression. Ich war umgeben von Leuten, die mit großer Sicherheit dieses Haus nicht lebend verlassen würden. Und so kämpfte ich gegen meine Gebrechlichkeit an, damit ich von hier fortkonnte.

Für diesen Kampf brauchte ich Privatsphäre, und die hatte ich einfach nicht. Zwar hatte ich mein eigenes, sehr nettes Zimmer mit zwei Betten und einem separaten Bad. Auf dem einen Bett reihte ich den ganzen Zoo von Plüschtieren auf, die wohlmeinende Leute mir geschenkt hatten. Und eine ganze Wand dekorierte ich mit all den Karten, die ich im Krankenhaus bekommen hatte. Das Zimmer hatte auch ein Fenster, aus dem man auf einen weitläufigen grünen Rasen, auf Bäume und einen Teich blicken konnte.

Allerdings herrschte in der Einrichtung für betreutes Wohnen eine Art »Politik der offenen Tür«. Die anderen Bewohner dachten sich nichts dabei, wenn sie zu Fuß oder auf Rollstühlen hereinkamen und sich umsahen. Wahrscheinlich wollten sie gar nicht neugierig sein. Aber ich war in einer Phase meines Lebens, in der ich dringend Raum für mich allein benötigte. Ich brauchte Grenzen, und ich brauchte Respekt. Beides nicht zu haben machte mir Angst, und ich fühlte mich sehr unwohl.

Hinzu kam, dass ich immer noch Fragen des FBI und meiner Anwältin beantworten musste, was immer wieder die schrecklichen Ereignisse an die Oberfläche brachte, die ich in Castros Haus erlebt hatte. Aber das waren die Beweise, die sie brauchten, um eine Anklage gegen ihn zu erheben. Mir war klar, wie wichtig es war, die ganze Geschichte zu erzählen. Aber es fiel mir schwer, alles immer wieder von vorn durchzugehen.

In diesen ersten Wochen im Happy Days waren meine Tage also alles andere als happy. Praktisch alles kam mir irgendwie merkwürdig vor, praktisch alles machte mir Angst. Ich stand am Beginn eines schwierigen, von Tag zu Tag fortschreitenden Prozesses. Ich musste nämlich lernen zu verstehen, dass nichts von dem, was ich erlebt hatte, meine eigene Schuld war und dass nichts davon mich als Mensch ausmachte. Es gab viel zum Nachdenken, und dazu brauchte ich Raum und Zeit.

Außerdem fiel es mir in diesen ersten Wochen der Freiheit nicht gerade leicht, mit Menschen umzugehen. Die vergangenen elf Jahre und ein großer Teil meines Lebens davor hatten in mir die Überzeugung geweckt, dass Menschen die schlimmsten Geschöpfe auf Erden waren. Sie waren gewalttätig, schikanierten andere und waren grausam – die einzigen Lebewesen, die bösartig um der Bösartigkeit willen sein können. Fast jedes Mal zuckte ich zusammen, wenn mein Blick auf irgendeinen Mann fiel. Überhaupt jemandem zu vertrauen, egal ob Mann oder Frau, war schwer.

In der Einrichtung waren mindestens zehn weitere Bewohner untergebracht, einige teilten sich ein Zimmer. Und für alle gemeinsam gab es einen Wohnbereich und ein Esszimmer. Manchmal saß ich mit den anderen auf dem bequemen Sofa und sah fern. Aber der Fernseher war für meine schwachen Augen zu klein, also kaufte ich mir einen eigenen, den Rachels Mann für mich anschloss.

Bei den Mahlzeiten im Esszimmer stellte ich fest, dass ich mir nicht allzu viel aus dem Essen machte, das Rachel und ihr Mann kochten. Aber natürlich wusste ich, dass ich so viel wie möglich essen musste. Erst als ich anfing, für mich selbst zu kochen, legte ich allmählich etwas an Gewicht zu. Trotzdem hielt ich mich weitgehend in meinem Zimmer auf. Mit anderen Menschen hatte ich kaum Umgang.

Langsam, ganz langsam fühlte ich mich kräftiger und besser. Eines Tages ging es mir so gut, dass ich meine Kleidung in den Waschraum brachte, sie in eine Waschmaschine steckte und die Maschine anstellte. Bei der Gelegenheit lernte ich Dorothy kennen, eine der ältesten Bewohnerinnen. Ihr Zimmer war ganz in der Nähe, und in diesem Zimmer hörte ich Leute Kirchenlieder singen. Ich steckte den Kopf hinein, und eine von zwei jüngeren Frauen, die sich als Dorothys Töchter herausstellten, sagte zu mir: »Kommen Sie rein und singen Sie mit uns.« Das tat ich dann. Und das war der Beginn einer echten Freundschaft.

Im Gegensatz zu vielen anderen Bewohnern war Dorothy fröhlich und freundlich. Nie sagte sie über andere ein böses

Wort. Und deshalb spürte ich in ihrer Gegenwart wohl auch ein Gefühl des Friedens. Sehr gern hatte sie Besucher in ihrem Zimmer. Wenn man hereinkam, leuchtete ihr Gesicht auf und verzog sich zu einem breiten, strahlenden Lächeln.

Sie war ziemlich alt, hatte längeres, dünnes Haar und blassblaue Augen. Und sie war fast völlig bettlägerig. Nur manchmal setzte man sie in den Rollstuhl und fuhr sie aus dem Zimmer, damit sie sich die Haare waschen lassen konnte. Oder man brachte sie in den Wohnbereich. Da saß sie dann und sagte: »Wie geht es denn allen so?« Sie hatte irgendeine Form von Demenz, konnte sich deshalb kaum an etwas erinnern. Wenn ihre Töchter kamen, mussten die beiden ihr jedes Mal sagen, wer sie waren.

Auch an meinen Namen konnte sie sich meist nicht erinnern, aber immer schien sie sich zu freuen, wenn sie mich sah. Und ich fühlte mich vollkommen wohl bei ihr – ein Gefühl, das ich lange nicht mehr gespürt hatte und auch sonst keinem im Heim gegenüber empfand. Wenn wir eine Unterhaltung begannen, fragte sie mich, wieso ich da sei. Dann antwortete ich ihr, ich sei sehr krank. Zu der Zeit hielten die Ärzte es immer noch für möglich, ich könnte sterben, und das sagte ich ihr auch.

»Aber Herzchen, Sie sind viel zu jung zum Sterben«, antwortete sie. »Sie haben doch Ihr ganzes Leben noch vor sich.« Und weil sie das sagte, glaubte ich es auch.

Ihre Töchter waren wundervolle Frauen, genauso freundlich wie ihre Mutter und gute Menschen obendrein. Regelmäßig sahen sie nach ihrer Mutter, und ihre Besuche machten das ganze Haus heller und hoben die Laune aller Bewohner und aller Mitarbeiter im Umkreis der beiden. So ziemlich jedes Mal sangen sie mit ihrer Mutter, und mich luden sie auch immer dazu ein. Da saßen wir dann – Dorothy, ihre Töchter und ich – und sangen aus vollem Herzen Kirchenlied um Kirchenlied über die Güte des Herrn.

Eines Tages sprach Dorothy mit mir über ihre Töchter. Sie

meinte, es sei so lieb von ihnen, dass sie eine kleine alte Dame wie sie besuchen kämen. Dann drehte sie sich zu mir um und sagte: »Sie sind auch so etwas wie meine Tochter.« Ich lächelte. »Danke«, erwiderte ich. Die freundliche, liebevolle Dorothy schien das genaue Gegenteil meiner richtigen Mutter zu sein.

Und mit noch einer Frau freundete ich mich an: Anita. Sie war keine Heimbewohnerin, sondern eine Freundin von Rachel, die einfach gern zu Besuch kam und sehr nett war. Damals war sie schon in Rente und hatte vorher als Flugbegleiterin gearbeitet, was ich richtig cool fand. Anita hatte keine eigenen Kinder, aber sie behandelte uns wie einen Sohn oder eine Tochter. Sie hatte alle Heimbewohner gern. Und auch sie war eine besondere Freundin von Dorothy.

Als ich schließlich das Heim verlassen und kurze Ausflüge machen konnte, ging ich abends oft mit Anita aus. Wir besuchten ein Restaurant oder einen Club und tranken ein oder zwei Margarita. Manchmal tanzten wir auch ein bisschen und redeten über unser Leben. Sie erzählte mir von einigen berühmten Leuten, die sie als Flugbegleiterin kennengelernt hatte. Und beide liebten wir Tiere. Zusammen entspannten wir einfach und hatten Spaß.

Ich glaube, Anita war damals in ihren Sechzigern. Benommen hat sie sich aber wie jemand in meinem Alter. Es machte großen Spaß, mit ihr zusammen zu sein. Ein Abend mit Anita ließ mich locker und unbefangen ins Pflegeheim zurückkehren, und zwar immer kurz bevor das Haus über Nacht abgeschlossen wurde. Solch ein Abend spülte die Traurigkeit darüber fort, dass ich umgeben war von Sterbenden. Anita erwärmte mir das Herz, und ich empfand sie als Inspiration.

Sie half mir auch durch die Entzündung mit den Darmbakterien hindurch, was einige Zeit dauerte. Die Ärzte gaben mir Medikamente gegen die Schmerzen und probierten gleichzeitig verschiedene Therapien gegen die Krankheit aus. Es dauerte eine Weile, bis sie die richtige Behandlung für mich gefunden hatten.

Und Anita half mir dabei, diesen Kampf durchzustehen. Sie war an meiner Seite, wenn ich sie am meisten brauchte. Auch ist sie eine der Freundinnen, die mich nie im Stich ließen. Und sie war damals ein gutes Mittel gegen meine Niedergeschlagenheit. Das sage ich heute noch.

Ich lernte auch eine von Anitas engen Freundinnen kennen, Erna. Erna begleitete Anita manchmal bei den Besuchen. Die beiden waren wirklich zum Schreien komisch. Sie waren etwa gleich alt, aber in der Gegenwart der jeweils anderen benahmen sie sich wie alberne Teenager. Mit den beiden zusammen zu sein war wie eine Energiespritze, gemischt mit Freude.

Und ich freundete mich mit Rachels Kindern an. Sie waren beide blond und blauäugig und sehr niedlich. Ich nannte sie die kleinen Marshmallows – der Junge war Marshmallow Nummer eins, und das Mädchen war Marshmallow Nummer zwei. Die Kleine war ziemlich schüchtern. Aber einmal brachte sie ihren Hamster mit, stellte ihn mir vor und ließ mich ihn halten. Ich hatte schreckliche Angst, ich würde ihn fallen lassen. Er war ziemlich wild und verspielt und wollte ganz offensichtlich weg aus meiner Hand. Er war der erste Hamster, den ich kennenlernte, aber bei Weitem nicht der letzte.

***

Kaum ging es mir gut genug, drängte es mich nach draußen. In dem Sommer verbrachte ich richtig viel Zeit im Freien. Wie auch früher schon brachte mir der Aufenthalt in der Natur Frieden. Der Teich auf dem Grundstück war groß und wunderschön. Ein unbefestigter Pfad lief den ganzen Weg ums Wasser herum. Als die Medikamente endlich wirkten und dem C.diff den Garaus machten, als ich kräftiger und gesünder wurde, fing ich an, regelmäßig um den Teich zu spazieren.

Die frische Luft war eine Erleichterung nach der bedrückenden Atmosphäre im Pflegeheim. Das Haus wirkte einfach düster, als wäre der Tod überall um mich herum. Draußen in der Natur zu sein, wo alles lebendig war, empfand ich als gutes Gegenmittel.

Der Teich hatte einen Durchmesser von rund vierhundert Metern, und ich gewöhnte mir an, ihn viele Male am Tag im Schritttempo zu umrunden. Als ich noch kräftiger wurde, joggte ich schließlich um den Teich. Als Kind war ich eine ziemlich gute Läuferin gewesen. Natürlich war ich immer schon klein gewesen und hatte kurze Beine gehabt. Deshalb nannten mich die Kinder in der Schule Minnie Mouse. Aber meine kurzen Beine konnten sich richtig gut bewegen, und ich wurde ziemlich schnell.

Gesundheitlich war ich auch im Sommer immer noch nicht in bester Verfassung. Als Folge der Folter litt ich unter Nervenschäden in beiden Beinen. Ich war also nicht mehr ganz so schnell wie früher, aber ich war froh, als ich feststellte, dass ich immer noch laufen konnte. Rachels Mann arbeitete draußen und sah mich an diesem ersten Tag um den Teich rennen, als ich glaubte, ich joggte in gemäßigtem Tempo.

»Haben Sie Feuer unter den Schuhen?«, rief er mir zu, als ich um den Teich herumgelaufen war. »Sie sind dermaßen schnell gerannt! Wenn Sie so schnell laufen können, sind Sie wohl nicht mehr so krank.«

Vielleicht hatte mich ja das Adrenalin vorwärtsgetrieben. Nachdem ich elf Jahre gefangen und ans Haus gefesselt gewesen war, mich kaum hatte bewegen können, war ich nun draußen, lief, spürte den Wind auf dem Gesicht. Und das war wie ein Motor, der mich antrieb. Kein Wunder, dass ich noch einmal um den Teich rannte, und dann noch einmal und noch einmal. Sechs Mal um den Teich. Wenn ich lief, fühlte ich mich lebendig.

Aber dann waren da die Gänse. Es gibt eine große Population von Kanadagänsen in meinem Teil des Landes, also in Ohio und der Region der Großen Seen. Und der Teich in Hinckley schien ein bevorzugtes Habitat für eine beträchtliche Schar von ihnen zu sein. Auf dem Teil des Pfades, den die Gänse kreuzten, um den Teich zu erreichen, war das Vorwärtskommen schwierig. Ob ich ging oder lief, ich musste meine Schritte vorsichtig setzen, um den glitschigen Hinterlassenschaften auszuweichen. Und so manches Mal musste ich den Gänsen selbst aus dem Weg gehen.

Ich nehme an, die Gänse hatten auch ihre Probleme mit mir. Manchmal liefen sie nämlich einfach hinter mir her, um mich aus ihrem Territorium zu verjagen. Ich fragte mich allmählich, ob mein Joggen vielleicht ein Spiel für sie geworden war. An einigen Tagen schossen sie hinter einer Reihe von Kiefern hervor, hinter denen sie sich versteckt hatten, und stürzten sich auf mich, wenn ich vorbeilief. Ich hielt immer Ausschau nach ihnen, aber das Gras um den Teich herum war hoch. Deshalb sah ich sie oft nicht.

Eine der Mitarbeiterinnen bei Happy Days machte sich Sorgen um mich. »He«, sagte sie eines Tages und deutete auf den Vorrat an Krücken und Spazierstöcken, die im Haus bereitstanden, »nehmen Sie zum Schutz doch einen von den Stöcken mit nach draußen, denn eines schönen Tages werden die Gänse Sie noch erwischen!« Ich bedankte mich, erklärte ihr aber, dass ich mich mit einem Stock in der Hand beim Laufen nicht wohlfühlen würde. Ich nehme an, ich war außerdem überzeugt davon, dass ich einer Gruppe von Gänsen jederzeit davonlaufen könnte. Also zog ich ohne Stock los.

Es war ein warmer Sommertag. Der Teich lag ruhig da, das Laub hatte immer noch die hellgrüne Farbe des Hochsommers, und das Laufen fühlte sich gut an. Mein Körper war allmählich lockerer geworden, und ich spürte, dass sich meine Muskeln, die so lange untätig gewesen waren, streckten und wieder beweglich wurden.

Mir fiel auf, dass sich im Teich etwas regte, und als ich hinblickte, sah ich kleine Fische aus dem Wasser und wieder hinein springen. Aber weil ich die Fische beobachtete, bemerkte ich die Gänse nicht, die aus dem Unterholz auftauchten. Gras ist die übliche Leibspeise von Gänsen, aber sie fressen auch Fische, wenn sie welche bekommen können. Und plötzlich stand ich ihrem Sturm auf die begehrte Mahlzeit im Weg, die gerade in dem Moment aus dem Teich aufschnellte. Ich beeilte mich und dachte schon, ich sei der Schar Gänse davongelaufen, als ich eine große weibliche Gans mit vier oder fünf Küken im Schlepptau sah, die geradewegs auf den Teich zustolzierten.

Ich weiß, dass eine Regel für so ziemlich alle Tiere auf der Welt gilt: Sie wollen nichts zwischen eine Mutter und ihre Jungen kommen lassen – weder zwischen eine Löwin und ihre Jungen, eine Elefantenkuh und ihr Kalb, noch zwischen eine Gans und ihre Küken. Denn wenn eine Mutter annimmt, man will ihren Jungen etwas zuleide tun, wird sie nichts unversucht lassen, um einen aufzuhalten. Diese Mutter jedenfalls lief mit ziemlich unangenehmem Ausdruck in den Augen schnurstracks auf mich zu. Ich machte einen großen Satz, um ihr zu entkommen, rutschte aus und stürzte direkt in den Teich.

Das Problem war: Ich konnte nicht schwimmen. Was das Ganze noch schlimmer machte: Ich geriet in Panik. Der Teich war tiefer, als ich gedacht hatte, und ich schlug wild mit den Armen um mich, um an der Oberfläche zu bleiben. Zum Glück bekam ich ein Büschel Gras zu fassen, das am Ufer des Teiches wuchs, und konnte mich daran festhalten. Dann fing ich an, wie verrückt zu kreischen. Marshmallow Nummer eins, Rachels Sohn, hörte mich und rief seine Eltern. Die beiden hievten mich aus dem Wasser.

Nach diesem Vorfall hatte ich beim Joggen immer einen Stock dabei.

Das Laufen war nicht mein einziges Training oder meine einzige Freizeitbeschäftigung. In ziemlich großem Stil fing ich mit dem Boxen an. Berichtigung: Ich fing *wieder* mit dem Boxen an.

Diesen Sport habe ich schon als kleines Mädchen geliebt. Ich war ein großer Fan von Manny Pacquiao, einem der größten, berühmtesten, siegreichsten Boxer aller Zeiten, und so gut ich konnte, habe ich seine Karriere und den Sport verfolgt. Auch das Schlagen mochte ich. Nicht Menschen schlagen, keine Verletzungen verursachen. Aber ich schlug aus Wut. Wenn ich als kleines Mädchen von jemandem aus der Familie missbraucht wurde, ging ich nach oben und schlug auf mein Kopfkissen ein. Neben dem Tagebuchführen war das Boxen in der Zeit, als ich aufwuchs, tatsächlich der einzige Weg für mich, meine Wut, meine Angst und meinen Kummer auszudrücken.

Aber natürlich hatte ich elf Jahre lang das Boxen nicht weiterverfolgen, ja nicht einmal darüber nachdenken können. Einmal erwähnte ich Manny Pacquiao, als Castro in Hörweite war.

»Pacquiao?«, fragte Castro. »Der Typ ist doch tot!« Er nannte Pacquiao selbstverständlich nicht »Typ«, sondern gebrauchte irgendein hässliches rassistisches Schimpfwort. Allerdings glaubte ich ihm, dass Pacquiao gestorben sei, und war sehr traurig. Später erfuhr ich, dass das total gelogen war. Castro konnte einfach nicht ertragen, wenn jemand einen anderen mochte. Er vermutete, es würde mich verletzen, wenn ich von Pacquiaos Tod erfuhr. Und wenn es irgendeine Möglichkeit gab, mir wehzutun, dann nutzte er sie.

Beinahe durch Zufall fand ich meinen Weg zurück zum Boxen. Meine Kauflust war wieder erwacht. Und weil ich elf Jahre lang nicht einmal in der Nähe eines Geschäfts gewesen war, wollte ich unbedingt sehen, was so angeboten wurde, und mir einfach irgendetwas kaufen können, wenn mir der Sinn danach stand. Inzwischen gab es nicht mehr so viele Nachrichten über uns drei Frauen, unser Schicksal und unsere Rettung. Unsere Gesichter und unsere Namen gingen kaum noch durch Presse und Fernsehen. Also fand ich, es sei an der Zeit, dass Rachel mit dem FBI Kontakt aufnahm und fragte, ob sie mit mir einkaufen fahren könne.

Das tat Rachel und erhielt die Auskunft, das FBI sähe es lieber, wenn ich noch ein wenig wartete. Die Agenten arbeiteten nach wie vor an ihrer Anklageschrift gegen Castro. Sie waren besorgt, ich könne erkannt werden, wenn ich mich in der Öffentlichkeit sehen ließe. Es konnte etwas im Internet durchsickern, was den Fall gefährden würde. Also würde ich geduldig abwarten, aber inzwischen wollte ich wirklich und ganz unbedingt wieder in die Welt hinaus. Allmählich fühlte sich mein Leben im Heim wie eine weitere Gefangenschaft an. Es drängte mich danach, flügge zu werden.

Schließlich gab das FBI seine Zustimmung, und wir machten uns auf den Weg zu einem dieser riesigen Läden, wo es einfach alles gab. Er kam mir nicht so sehr wie ein Laden vor, sondern eher wie ein Warenlager. Die Vielfalt des Angebots und das Aussehen der Produkte verblüfften mich. Glühbirnen, Kopfhörer, Rucksäcke: Sogar ganz normale Dinge wirkten auf mich neu und anders.

Was schon bald meine Aufmerksamkeit erregte, war ein Sandsack, eines dieser Teile, die man an der Decke befestigt und dann endlos darauf einschlägt. Rachel war mit diesem Modell nicht einverstanden. Der Sack müsste nämlich an einem Stützbalken befestigt werden, sonst würde er die Decke beschädigen und jeden darunter in Gefahr bringen. Und extra einen Stützbalken einzubauen war eine allzu einschneidende Veränderung. Stattdessen entschieden wir uns für einen auf dem Boden stehenden Sack, dessen Unterkonstruktion mit Sand gefüllt war. So etwas hatte ich gehabt, als ich klein gewesen war, und ich hatte es geliebt. Begeistert griff ich also zu. Ein Paar Boxhandschuhe kaufte ich dazu.

Wir brachten alles nach Hause und stellten den Sandsack draußen auf. Ich zog die Boxhandschuhe an, platzierte mich vor den Sack, starrte ihn eine Weile an, und dann schlug ich so hart zu, wie ich konnte – mit so viel Kraft, dass ich den Sandsack direkt zu Boden schickte.

»Woran haben Sie gedacht«, fragte mich Rachel, »als Sie den Schlag landeten?«

»Ach, Herzchen«, antwortete ich. »Ich habe mir einfach sein Gesicht vorgestellt.«

Rachel wusste, dass ich Ariel Castros Gesicht meinte. Weil die Verhandlung gegen ihn noch nicht begonnen hatte, galt er vor dem Gesetz noch als unschuldig. Aber in meinen Augen war er das natürlich nicht. Ich kannte seine Schuld aus erster Hand. Allein schon der Gedanke an ihn erfüllte mich mit so viel Hass und Wut, dass ich einen Vierhundert-Pfund-Sack so heftig zu Boden warf, dass die Sprungfeder im Gelenk beinahe kaputtging.

Danach benutzte ich den Sandsack ziemlich regelmäßig alle drei Tage. Nicht nur, um zuzuschlagen, sondern auch, um in Form zu bleiben. Es fühlte sich gut an, und es half mir, wieder zu Kräften zu kommen.

***

Wenn ich schon den Laden, in dem Rachel und ich eingekauft hatten, so neu und so anders fand, war das nichts verglichen mit den anderen Veränderungen, die ich im Fernsehen und überall um mich herum hörte und sah. Ich hatte viel versäumt. In der Zeit, in der ich »weg« gewesen war, hatte das Land Krieg geführt, das Internet war explodiert, es hatte eine globale Finanzkrise gegeben, wir hatten den ersten afroamerikanischen Präsidenten gewählt, und der Planet hatte verheerende Stürme und Erdbeben erlebt. Davon hatte ich kaum etwas mitbekommen.

Auch die Musik, die ich jetzt zu hören bekam, war völlig neu – und nach meinem Geschmack nicht einmal annähernd so gut wie die der Achtziger- und Neunzigerjahre. Die neuen Songs schienen keine Bedeutung zu haben, für mich hörte sich alles gleich an. Und so sehe ich das immer noch. Jederzeit würde ich die Musik der Achtziger und Neunziger vorziehen. Mein Lieblingssong wird wohl immer »My Heart Will Go On« sein, gesungen von Céline Dion. Dieses Lied aus den Neunzigern hat mir während meiner Gefangenschaft und auch danach sehr viel bedeutet. Eines meiner größten Erlebnisse war es, etwa ein Jahr nach meiner Zeit im Pflegeheim Céline Dion zu begegnen und ihr zu erzählen, wie wichtig ihr Song und ihre Stimme für mein Leben waren.

Aber wenn mich schon die Musik verwirrte, verstörte mich die ganze neue Technologie nur noch mehr – iPhones, Tablets, YouTube und etwas namens Facebook. Wie die Leute inzwischen kommunizierten und Unterhaltung nutzten, war einfach verrückt.

Ich weiß nicht mehr, wer mir mein erstes Smartphone gab. Es war ein iPhone 5, und es dauerte nicht lange, bis ich es am liebsten gegen die Wand geknallt hätte. Ich hatte keine Ahnung, wie das Ding funktionierte. Ich fand nicht einmal heraus, wie man es anstellte. Ich musste die FBI-Leute bitten, mich in den Laden zu fahren und eine allgemein verständliche Bedienungsanleitung holen zu lassen. Und dann kam ich immer noch nicht damit klar.

Zugegeben, das war in meiner Anfangszeit im Happy Days. Ich war also immer noch ziemlich krank und desorientiert. Ich funktionierte einfach noch nicht so gut. Aber ich kämpfte mich durch die Bedienungsanleitung. Und immer wenn ich dachte, ich hätte das Ding überlistet, stellte sich das als Irrtum heraus. Wieso musste das bloß so kompliziert sein?, fragte ich mich. Wieso kapierte ich das nicht?

Einmal war ich ausnahmsweise froh darüber, dass die Leute in mein Zimmer spazierten, als wäre es das Normalste der Welt. Denn da kam Marshmallow Nummer zwei hereinmarschiert und sah mich mit dem iPhone kämpfen. Sie war sieben Jahre alt und wusste natürlich ganz genau, wie man das Ding benutzte. Und sie hatte auch die Geduld, mich zu unterweisen. Außerdem machte sie mich mit Facebook bekannt. Anfangs fand ich das für eine Siebenjährige doch etwas zu verfrüht.

Was ich auf Facebook an Negativem sah, verblüffte mich, und das tut es noch immer. Aber ich begriff auch, wie nützlich es sein kann, einen Kreis von Freunden miteinander zu verbinden. Und das Internet insgesamt – das World Wide Web – sah ich definitiv als Zugang zu Information und als Möglichkeit, mit anderen in Verbindung zu treten und den eigenen Lebenshorizont zu erweitern.

Und genau darüber dachte ich inzwischen oft nach – ich wollte meinen Lebenshorizont erweitern. Ich hatte vor, mir eine eigene Wohnung zu suchen, ein kleines Apartment vielleicht. Ich weiß noch, dass ich das einmal Dorothy gegenüber erwähnte, und sie bestärkte mich in meinem Vorhaben.

Aber bevor ich mich darauf konzentrieren konnte, hatte ich noch etwas anderes zu erledigen.

***

Am 7. Juni 2013 war Castro offiziell verschiedener Verbrechen angeklagt worden. Bei fünf Anklagepunkten ging es um Mord in besonders schweren Fällen, weil er meine Schwangerschaften mit Gewalt abgebrochen hatte. Am 12. Juli kamen weitere Anklagepunkte hinzu: Entführung, Vergewaltigung, schwerer sexueller Missbrauch, schwere Körperverletzung, Gefährdung des Kindeswohls und mehr – insgesamt 977 Anklagepunkte.

Am 26. Juli erklärte Castro sich für schuldig, woraufhin einige Anklagepunkte fallengelassen wurden. Seine Strafe belief sich auf mehrere lebenslängliche Verurteilungen plus eintausend weitere Jahre im Gefängnis. Es gab für ihn keine Möglichkeit, vorzeitig auf Bewährung entlassen zu werden. Außerdem würde sein Haus abgerissen werden. Die Urteilsverkündung war für den 1. August angesetzt.

Ich erhielt einen Anruf des für die Verhandlung zuständigen Richters. Man wollte wissen, ob ich bei der Urteilsverkündung eine Erklärung abgeben wolle. Ich müsse nicht persönlich erscheinen, versicherte mir der Richter. Ich könne meine Anwältin verlesen lassen, was immer ich aufgeschrieben hatte. Amanda und Gina hatten nicht vor zu erscheinen. Angehörige würden ihre jeweiligen Erklärungen an ihrer Stelle verlesen.

So hatten es die beiden für sich entschieden, und das respektierte ich. Ich hatte jedoch keine Angehörigen, die an meiner Stelle hätten sprechen können. Ich wollte mich nicht davon abhalten lassen, vor Gericht zu erscheinen, meinem Peiniger gegenüberzutreten und meinen Text zu sprechen.

Ich schrieb eine Erklärung. Und als der Tag kam, fuhr ich zum Gericht, betrat den Gerichtssaal und stand vor dem Richter. Neben mir war meine Anwältin. Auf der anderen Seite stand Lisa, die FBI-Agentin, die den Fall so gut kannte und eine Freundin geworden war. Während ich sprach, fühlte ich von beiden ab und zu eine tröstliche Hand auf der Schulter.

Ich spürte, dass ich zitterte. Ich sagte, was zu sagen ich mir vorgenommen hatte. Und immer wieder musste ich mir die Tränen verbeißen, die meine Worte zu ersticken drohten. Ich stand in einem Gerichtssaal, dem Hort von Recht und Gerechtigkeit, und nichts sollte mich daran hindern, jedes Wort klar und deutlich auszusprechen. Nichts würde mich davon abhalten, gehört und verstanden zu werden. Dies waren die Worte, die ich dem Richter und der Welt sagte:

Guten Tag. Ich heiße Michelle Knight. Und ich würde Ihnen gern erzählen, wie das alles für mich gewesen ist.
Tag für Tag habe ich meinen Sohn vermisst. Ich fragte mich, ob ich ihn je wiedersehen würde. Er war zum Zeitpunkt meiner Entführung erst zweieinhalb Jahre alt. Ich blickte in mein Herz, und ich sah meinen Sohn. Jede Nacht habe ich geweint. Ich war so allein. Jeden Tag machte ich mir Sorgen darüber, was mit mir und den beiden anderen Mädchen geschehen würde.
Die Tage waren immer lang. Die Tage gingen über in Nächte.

Die Nächte gingen über in Tage. Die Jahre gingen über in eine Ewigkeit.

Ich wusste, dass sich niemand um mich sorgte. Er sagte mir, dass meine Familie nicht einmal an den Feiertagen an mich dachte. Weihnachten war die traumatischste Zeit, weil ich sie nie mit meinem Sohn verbringen durfte. Niemand sollte je durchmachen, was ich zu erleiden hatte, nicht einmal mein schlimmster Feind.

Gina war meine Gefährtin. Sie ließ mich nie im Stich. Ich ließ sie nie im Stich. Sie pflegte mich wieder gesund, wenn ich durch seine Folter und seinen Missbrauch beinahe gestorben wäre. Meine Freundschaft zu ihr war das einzig Gute an meiner Lage. Wir versprachen uns, wir würden es eines Tages lebend da rausschaffen. Und wir schafften es.

Ariel Castro, ich erinnere mich an die vielen Male, als du nach Hause gekommen bist und Gott und die Welt beschuldigt hast, so vieles falsch zu machen. Was du alles falsch gemacht hast, hat dich nicht gekümmert. Du hast gesagt, wenigstens habe ich dich nicht getötet. Du hast mir elf Jahre meines Lebens gestohlen, und ich habe mein Leben zurückbekommen. Elf Jahre verbrachte ich in der Hölle, und jetzt beginnt deine Zeit in der Hölle. Ich werde überstehen, was passiert ist. Aber du wirst für alle Ewigkeit in der Hölle schmoren.

Von jetzt an werde ich dir nicht mehr erlauben, mich als Mensch zu definieren oder zu beeinflussen, was für ein Mensch ich bin. Du wirst leben – ich werde weiterleben. Du wirst jeden Tag ein bisschen mehr sterben.

Wenn du an die elf Jahre und die Abscheulichkeiten denkst, die du uns angetan hast, was mag Gott dann darüber denken, dass du heuchlerisch jeden Sonntag in die Kirche gegangen und anschließend nach Hause gekommen bist, um uns zu quälen? Die Todesstrafe wäre so viel einfacher. Die verdienst du nicht. Du verdienst es, den Rest deines Lebens im

Gefängnis zu verbringen. Ich kann dir vergeben. Vergessen werde ich nie. Mit Gottes Hilfe werde ich durchhalten und Menschen helfen, die durch die Hand anderer leiden.

Diese Erklärung zu schreiben gab mir die Kraft, eine stärkere Frau zu sein. Und ich weiß, es gibt das Gute. Es gibt mehr Gutes als Böses.

Ich weiß, viele Leute durchleben schwere Zeiten. Aber wir müssen einander die Hand reichen, müssen die anderen festhalten und sie wissen lassen, dass sie gehört werden.

Nach elf Jahren werde ich endlich gehört. Und das ist eine Befreiung.

Ich danke Ihnen allen. Ich liebe Sie alle. Gott segne Sie.

Sechs Tage später war ich anwesend, als man das Haus an der Seymour Avenue, das Haus, in dem ich gefangen gehalten und gefoltert worden war, abriss. Ich ließ etliche gelbe Ballons in die Luft aufsteigen. In einer Erklärung für die Reporter sagte ich, die Ballons ständen »symbolisch für die Millionen von Kindern, die nie gefunden wurden, und die anderen, die starben, ohne je gehört zu werden.« Ich drückte meine Hoffnung aus, dass Gott »allen Vermissten und Entführten Kraft und Stärke geben möge«.

»Sie alle sind Raupen«, sagte ich. »Sie warten darauf, dass sie sich in Schmetterlinge verwandeln. Sie werden nie vergessen werden, sie werden geliebt.«

Dann sah ich Ginas Tante in die Kabine des Abrisskrans klettern und den ersten Schlag gegen das Haus ausführen. Viel länger blieb ich nicht mehr. Mit den Kameras, den Reportern und dem Lärm des Abbruchs war das alles zu chaotisch für mich. Der gesamte Abbruch dauerte über eine Stunde, und man sagte mir, dass gegen Ende Kirchenglocken läuteten.

***

Ein paar Tage darauf rief mich meine Anwältin an und fragte, ob ich interessiert daran sei, ein Buch über das zu schreiben, was mir passiert war. Eine Literaturagentur war in Kontakt mit ihr getreten – ich wusste kaum, was das war –, und sie hätten Interesse, mir beim Aufschreiben meiner Geschichte zu helfen. Sie hielt es für eine wichtige Geschichte, die für andere hilfreich sein könnte.

Die Idee verwarf ich fast sofort. Ein Buch zu schreiben erschien mir verrückt. Zwar schrieb ich gern, aber ich schrieb nur für mich. Ich brachte zu Papier, was ich an Gedanken und Gefühlen klären wollte. Für mich war das eine Möglichkeit, mit mir selbst, mit meinem Sohn, mit Gott zu sprechen. Ein Buch wäre etwas ganz anderes.

Aber meine Anwältin und die Literaturagentin baten mich, darüber nachzudenken. Und das tat ich dann. Lange und intensiv. Ich dachte an die vermissten Kinder überall auf der Welt und an ihre Eltern. Ich dachte an sexuell missbrauchte Kinder, die nie die Hilfe bekamen, die sie bekommen sollten. Ich habe das alles erlebt, dachte ich. Ich weiß, wie ihr euch fühlt. Ihr seid ohne Hoffnung, ihr glaubt, da kommt nichts mehr. Aber das stimmt nicht. Ihr könnt das überstehen. Ihr könnt euch ein Leben aufbauen. Ihr könnt das Glück finden. Ich weiß, es ist möglich.

Ich glaube, da begriff ich, dass ich möglicherweise doch ein Buch schreiben sollte. In meiner Erklärung vor Gericht hatte ich gesagt, ich wolle all jenen helfen, die durch die Hand anderer litten. Ein Buch war vielleicht die Möglichkeit dazu. Zumindest wäre es ein Anfang.

***

In jenem September ereigneten sich zwei wichtige Todesfälle. Spät abends am 3. September rief mich Gina an und sagte, sie habe gerade in den Nachrichten gehört, Castro habe in seiner

Gefängniszelle Selbstmord begangen. Die Vorstellung, dass er auf einmal tot sein sollte, raubte mir fast den Verstand. Ich begriff nicht, wie das hatte geschehen können. Wurde er denn nicht bewacht, um zu verhindern, dass er sich umbrachte? Waren die Behörden auf so etwas denn nicht vorbereitet?

Am nächsten Morgen kam Rachel zu mir ins Zimmer und setzte sich auf das zweite Bett. »Ich weiß nicht, ob Sie die Neuigkeit schon gehört haben.« Ich antwortete, ich hätte es gehört. »Was denken Sie darüber?«, fragte sie mich. »Wie fühlen Sie sich? Ist alles in Ordnung mit Ihnen?«

»Wie ich mich fühle?«, erwiderte ich. »Ich kann doch keine Gefühle haben für einen, der mich so gequält hat. Seine Familie tut mir wohl leid. Schlimm, dass er sie noch einmal verletzt hat. Aber traurig bin ich bestimmt nicht.«

Ich bat darum, einen Moment allein gelassen zu werden. Ich saß einfach nur da und weinte, während ich die Information verdaute. Dieses Ungeheuer war ungefähr einen Monat im Gefängnis gewesen. Ich hatte sein Gefängnis um elf Jahre überlebt. In einer Nachrichtensendung hieß es, er habe sich ein paar Tage zuvor beklagt, dass die Wärter ihn drangsalierten. »Ich weiß nicht, ob ich diese Vernachlässigung noch lange ertrage. Und die Art, wie man mich behandelt«, schrieb er in sein Tagebuch.

Ich wünschte bloß, man hätte ihn gezwungen, alles noch viel länger zu ertragen. Er hatte den egoistischen Ausweg gewählt, dachte ich. Ich war wütend, weil er sich der verdienten Strafe entzogen hatte. Seine Strafe war nicht annähernd so hart wie die Strafe, die er mir, Amanda und Gina auferlegt hatte.

Kurz darauf starb Dorothy im Schlaf. Es war ein echter Verlust. Meine einzige wahre Freundin in der Einrichtung für betreutes Wohnen und damals das hellste Licht in meiner Welt. Ich betrauerte ihren Tod.

Inzwischen neigte sich der Sommer schnell dem Ende zu. Mit meiner Gesundheit ging es definitiv bergauf. Mehr und mehr war ich überzeugt davon, dass ich meinen nächsten Schritt planen sollte. Ich wollte weg, hatte aber überhaupt keine klare Vorstellung davon, wohin ich gehen und was ich tun sollte. In dem Pflegeheim fühlte ich mich immer noch nicht wohl, auch wenn Rachel einige jüngere Frauen mit verschiedenen Problemen aufgenommen hatte. Immerhin waren sie mir im Alter etwas näher.

Mit einigen der jungen Frauen freundete ich mich an. Eine hatte vor allem und jedem Angst, eine andere fantasierte davon, Justin Bieber zu heiraten. Mehrere Unsicherheiten plagten sie. Sie kamen sich wertlos vor, waren verzweifelt über ihr Aussehen. Sie sahen weder ihre eigene Schönheit noch ihren inneren Wert. Wer sie tief im Innern waren und was sie aus ihrem Leben machen wollten, war doch das Einzige, was zählte. Aber das begriffen sie nicht.

Diese Unsicherheiten kannte ich gut. Unzählige Male hatte man mir im Leben gesagt, ich sei ein Niemand, und wie einen Niemand hatte man mich auch behandelt. Aber nachdem ich all diese Dinge überlebt hatte, verstand ich allmählich, dass ich echte Stärke besaß. Langsam begriff ich, dass ich auf diese Stärke vertrauen konnte. Vor allem erkannte ich, dass ich meiner Vergangenheit nicht erlauben durfte zu bestimmen, was für ein Mensch ich war. Ich war nicht das, »was mir passiert war«. Ich war ein Mensch mit Gefühlen und Gaben und Eigenschaften, die auf eine Weise auf die Probe gestellt worden waren, wie es nur wenige erlebten. Ich war ich, und ich hatte die Kontrolle über mein Schicksal.

Das versuchte ich den beiden jungen Frauen zu vermitteln. Sie sollten wissen, dass das Leben, das sich vor ihnen erstreckte, eine leere Leinwand war. Und dass es an ihnen war, ein Bild des Lebens darauf zu zeichnen, das sie leben wollten. Und das galt auch für mich.

Gemeinsam arbeiteten sich die beiden Frauen und ich durch

diese Unsicherheiten, wodurch eine echte Verbindung zwischen uns entstand. Ich wollte sie davon überzeugen, dass ihr Leben in ihren eigenen Händen lag. Und ich rief mir ins Gedächtnis, dass das ebenso für mich galt. Langsam fand ich, es sei an der Zeit, dass ich den nächsten Schritt machte, dass ich mein Leben weiterlebte. In dieser Phase war der nächste Schritt ein Ort, an dem ich mich wohlfühlte, ein Ort, an dem ich eine Privatsphäre hatte, ein Ort für mich ganz allein. Ich spürte, ich war bereit dafür.

Dann kam Lisa, meine Lieblings-FBI-Agentin, ins Pflegeheim und sagte, sie hätten etwas über Joey herausgefunden.

***

Lisa und ich gingen in mein Zimmer, und sie schloss die Tür hinter sich. Ich war furchtbar erschrocken. Sie wollte es mir vorsichtig beibringen, aber Tatsache war, dass das FBI die Familie hatte ausfindig machen können, die Joey neun Jahre zuvor adoptiert hatte. Da war er fünf gewesen. Und die Familie wollte nicht, dass ihre Identität oder ihre Adresse bekannt wurde.

War ich froh, als ich erfuhr, dass es ihm gut ging? Mehr, als Sie sich denken können. Froh und dankbar vor allem anderen. Von dem Tag an, als ich Castros Haus betrat, hatte ich keine Ahnung, wo mein Junge war oder wie es ihm ging. Ich konnte nicht in Erfahrung bringen, ob er noch bei Pflegeeltern lebte. Ich hatte nur das Gebet einer Mutter und die Hoffnung, dass er irgendwo in Sicherheit war. Meine Hoffnung hatte sich erfüllt. Ich stieß einen tiefen Seufzer der Erleichterung aus.

Dass die Adoptivfamilie darauf beharrte, ihre Identität geheim zu halten, versuchte ich zu verstehen. Gleichzeitig erschreckte und entsetzte mich diese Haltung aber sehr. Ich hatte die Verrücktheit der Medienberichterstattung erlebt, die unsere Rettung begleitet hatte. Und nicht nur unsere Rettung, auch

Castros Gerichtsverhandlung, den Abbruch des Hauses und seinen Selbstmord.

Ich verstand, dass auch nur ein Fünkchen dieser öffentlichen Aufmerksamkeit die Ruhe einer Familie stören oder auflösen konnte. Außerdem sah ich ein, dass das Ganze höchst verwirrend und beunruhigend für Joey sein könnte. Ich mochte seiner neuen Familie nicht vorwerfen, dass sie so weit wie möglich von dem fernbleiben wollten, was sich für mich wie eine Art Zirkusatmosphäre anfühlte.

Aber bedeutete das, ich könnte meinen Sohn nicht sehen, nicht mit ihm in Kontakt treten? Ich spürte, wie mir bei dem Gedanken schier das Herz zerreißen wollte. Seit seiner Geburt war mein Sohn der Mittelpunkt meines Lebens gewesen. Kein Tag war vergangen, an dem ich nicht an ihn gedacht, mich nicht um ihn gesorgt, nicht für sein Wohlergehen gebetet hätte. Daran würde sich auch nichts ändern. Dass ich nun erfuhr, er würde nicht mehr – vielleicht sogar nie mehr – Teil meines Lebens sein, war niederschmetternd für mich. Ich glaubte nicht, dass ich das ertragen könnte.

Ein Tag verging. Zwei Tage vergingen. Ich rief Lisa an und bat sie, noch einmal ins Pflegeheim zu kommen. Sie sollte die Familie wissen lassen, dass ich nicht die Absicht hatte, ihnen Joey fortzunehmen. Mir war bewusst, das wäre für keinen von uns das Richtige. Joey sollte einfach nur wissen, dass ich nicht davongelaufen war, dass ich, die Mutter, die ihn zur Welt gebracht hatte, ihn definitiv nicht im Stich gelassen hatte. Er sollte wissen, dass schreckliche Dinge in meinem Leben passiert waren, die mich von ihm ferngehalten hatten.

Ich wollte Joey auch übermitteln, dass ich eines Tages liebend gern mit ihm in Kontakt treten würde, zu seinen Bedingungen, auf seinen Wunsch hin. Ich bat Lisa, seiner neuen Familie all das mitzuteilen.

Was Lisa in die Wege leiten konnte, war, dass ich Joeys Adoptiveltern einen Brief schreiben durfte. Ich schrieb ihn blind. Ich hatte ja keine Ahnung, wer sie waren, wie sie aussahen, wo sie wohnten, wie sie ihren Lebensunterhalt verdienten, was sie in ihrer Freizeit machten. Gar nichts wusste ich über sie. Das FBI würde dafür sorgen, dass der Brief zugestellt würde.

In dem Brief bedankte ich mich bei den Adoptiveltern dafür, dass sie für meinen Sohn sorgten, und berichtete so viel über Joey, wie ich wusste – von seinen Vorlieben und Abneigungen, seinen Freunden, seinen liebsten sportlichen Aktivitäten, seiner Persönlichkeit. Und ich fragte, ob sie so freundlich wären und mir ein Foto schicken könnten.

Sie taten noch mehr als das. Sie schickten mir mehrere Fotos, die Joey in verschiedenen Phasen der Entwicklung zeigten. Das war großzügig von ihnen, und ich respektiere ihren Wunsch, die Fotos für mich allein zu behalten und sie sonst keinem zu zeigen. Aber ich sehe sie mir jeden Tag an. Es ist mir eine große Freude, mich in meinem Jungen wiederzuerkennen. Und natürlich sehne ich mich nach wie vor danach, ihn eines Tages zu treffen.

Was ich jetzt über Joey wusste, beantwortete wenigstens meine drängendsten Fragen über sein Leben und sein Wohlergehen. Immerhin wusste ich nun, dass es ihm gut ging und er Teil einer Familie war, die ihn liebte und sich um ihn sorgte. Vielleicht wird es mir Gott eines Tages ermöglichen, die Antworten auf all meine Fragen von Joey selbst zu bekommen.

Aber nun war es wirklich höchste Zeit für mich, das Pflegeheim und das betreute Wohnen hinter mir zu lassen. Ich machte mich daran, die Immobilienangebote zu durchforsten und im Zentrum von Cleveland nach Mietwohnungen zu suchen. Ich wollte den nächsten Schritt tun.

Aber zunächst erklärte ich mich einverstanden, in landesweiten Fernsehsendungen aufzutreten und vor Millionen von Zuschauern die Geschichte meiner Gefangenschaft und meiner Qualen zu erzählen.

Kapitel 4

Auf mich gestellt –
und auf der Suche nach Freunden

Ängste habe ich immer noch, aber ich lasse nicht zu,
dass sie bestimmen, wie ich lebe ...

Von Dr. Phil McGraw hatte ich vor meiner Entführung noch
nicht einmal gehört. Nach mehreren Jahren in Castros Haus,
als wir drei Frauen Fernsehen schauen durften, sah ich ab und
zu Ausschnitte aus seiner Show, ein paar Minuten hier, ein paar
Minuten da. Allerdings durften keine Afroamerikaner auftre-
ten. Castro war ein Rassist, der alle schwarzen Menschen verab-
scheute und uns bestrafte, wenn wir uns im Fernsehen Sendungen mit Afroamerikanern ansahen.

Aber wenigstens hatte ich von Dr. Phil gehört, als mir meine
Anwältin mitteilte, der Sender habe angefragt, ob ich bereit sei
zu einem Interview. Schritt für Schritt sollte dabei durchge-
gangen werden, was mir angetan worden war. Ich dachte lange
darüber nach. Mir war klar, der Bericht über meine Erlebnisse
wäre heftig, aber ich war immer überzeugt davon, dass meine
Geschichte erzählt werden musste. Hier bot sich nun eine weitere Möglichkeit dazu. Es wäre anders als bei einem Interview
mit Reportern, die aufschreiben, was man sagt. Anders auch als
das Schreiben eines Buches. Ich müsste nur Fragen beantworten.
Ich sagte zu.

Das Gespräch sollte in Kalifornien stattfinden, an einem ruhigen, abgelegenen Ort, an dem ich mich sicher fühlen könnte. Wie die meisten wissen, ist Dr. Phil ein großer Mann mit einer tiefen Stimme und einer direkten Art. Neben ihm kam ich mir wie eine Ameise vor. In Gegenwart von Männern fühlte ich mich immer noch unwohl. Aber er ist solch ein freundlicher, Vertrauen einflößender Mann, dass er mich voll und ganz beruhigte.

Die Aufzeichnung fand im Lauf von zwei Tagen im Oktober statt. Das Studio war wie ein Wohnzimmer dekoriert. Ich setzte mich mit verschränkten Beinen auf das Sofa, und Dr. Phil nahm mir gegenüber auf einem Stuhl Platz. Natürlich war ich anfangs nervös. Er stellte Frage um Frage. Sprach mit sanfter, leiser Stimme. Und er reagierte ruhig, aber mit Gefühl. Mit jeder Frage fiel mir das Gespräch leichter. Ich fühlte mich sicher. Es war in Ordnung für mich, meine Lebensgeschichte mit ihm zu teilen.

Zuerst sprachen wir darüber, wie Castro mich entführte. Wie ich in dem schmutzigen Keller des Hauses an eine Stange geketttet war. Wie er mich wie einen Fisch zusammenschnürte und an ein orangefarbenes Verlängerungskabel hängte. Wir sprachen davon, wie ich schon in den ersten Monaten der Gefangenschaft begriff, dass mich Castro niemals gehen lassen könnte, ohne selbst im Gefängnis zu landen.

Später redeten wir darüber, wie erst Gina und danach Amanda ins Haus kamen. Wie die Verbindung zwischen Gina und mir immer enger wurde. Ich beschrieb, wie Castro immer mich für die schlimmsten Prügel auswählte – und zwar deshalb, wie wir alle wussten, weil ich mich nicht brechen lassen wollte, egal was er mir antat.

Diese beiden Tage des Interviews waren eine heftige Zeit, auch wenn ich damit gerechnet hatte. Aber ich war froh, dass ich es getan habe. Hinterher sagte Dr. Phil etwas zu mir, das mir viel bedeutete. »Anfangs habe ich gedacht, ich setze mich zusammen mit einer tapferen, mutigen jungen Frau«, meinte er. »Aber nach diesen zwei Tagen mit Ihnen weiß ich, dass die Wörter tapfer und mutig nicht annähernd ausreichen, um Sie zu beschreiben.«

Angesichts seiner Worte fühlte ich mich fast so groß wie er. Ich meinerseits hatte verstanden, dass es ihn wirklich interessierte, wie ich lebte und was ich mit meinem Leben anfing. Als er zu mir sagte, ich könne ihn jederzeit anrufen, glaubte ich ihm. Es war ehrlich gemeint.

Auch im Fernsehen wurde das Interview an zwei Tagen ausgestrahlt. In der ersten Stunde, die am Dienstag, den 5. November gesendet wurde, drehte sich das Gespräch um meine Entführung und die Jahre vor Gina und Amanda. Der zweite Teil wurde am Mittwoch, den 6. November ausgestrahlt. Jetzt ging es um die Beziehung zwischen uns drei Frauen und darum, dass ich für besondere Brutalitäten ausgewählt wurde, weil ich unzerbrechlich war.

Am 9. November, den Samstag darauf, wurden beide Teile als zweistündige Sondersendung gezeigt. Die Einschaltquoten überall im Land waren gewaltig, vor allem aber im Nordosten von Ohio. Gerade wollte ich in meine neue Wohnung ziehen und ein normales Leben beginnen. Aber die Ausstrahlung im Fernsehen bedeutete nun, dass ich der Bekanntheit nicht entfliehen konnte.

Und das war eine ziemlich komische Bekanntheit. Ich hatte weder durch Begabung noch durch harte Arbeit etwas geleistet. Ich bin kein Filmstar, und was das sportliche Talent angeht, nun ja, mit LeBron James kann man mich nicht gerade vergleichen. Solch eine Berühmtheit bin ich also nicht. Ich bin bekannt dafür, dass ich etwas Furchtbares überlebt habe. Dafür, dass ich von einem menschlichen Ungeheuer gequält worden bin und mich geweigert habe, ein Opfer zu sein. Jetzt wollte ich mein Leben zurück. Aber dass die Leute mich jedes Mal anstarrten, wenn ich das Haus verließ, war nicht gerade hilfreich. Im Gegenteil, es jagte mir Angst ein.

Als ich mich auf Wohnungssuche begab, war meine Hauptsorge die Sicherheit. Und das brachte viele verschiedene Aspekte mit sich. Zunächst einmal wollte ich in eine belebte Gegend ziehen, wo es viele Menschen, viel Aktivität und eine gute Beleuchtung gab. Schatten und leerer Raum waren ein Ausschlusskriterium. Vor allem beschloss ich, nach kürzlich erst erbauten Häusern zu suchen, die viele moderne Einrichtungen und Annehmlichkeiten haben würden. Ich ging davon aus, dass solche Häuser auch in puncto Sicherheitstechnik auf dem neuesten Stand sein würden.

Was mir auf den ersten Blick an dem Haus gefiel, in das ich schließlich einziehen sollte, war die Tatsache, dass es ein ganzer Gebäudekomplex voller Sportler war. Eine Reihe Profisportler aus Baseball-, Football- und Basketball-Teams aus Cleveland war dort eingezogen. Den Verwaltern des Gebäudes war sehr daran gelegen, die Privatsphäre dieser Leute zu wahren und eventuelle »Fans« von den Bewohnern und dem Grundstück fernzuhalten.

Die Sicherheitsmaßnahmen waren umfangreich: Schlüssel extra für den Eingangsbereich, vierundzwanzig Stunden am Tag ein Wachmann in der Eingangshalle des Gebäudes, Kameras, die Hereinkommende und Hinausgehende erfassten. Das allein machte die Anlage schon attraktiv. Als man mir die Wohnung zeigte – Schlafzimmer, Wohnzimmer, Landhausküche –, war ich sicher, mein Zuhause gefunden zu haben. Ich unterzeichnete einen auf ein Jahr befristeten Mietvertrag, packte meine wenigen Habseligkeiten und zog ein – gerade rechtzeitig zu Thanksgiving.

Zum Möbelaufstellen und zum Dekorieren der Wohnung brauchte ich immer noch Hilfe. Und wissen Sie, wer diese Hilfe leistete? Dr. Phil. Er ging sozusagen mit mir einkaufen. Nicht persönlich natürlich. Das wäre kaum möglich gewesen, er war schließlich Gastgeber einer täglichen Fernsehshow, aber er arrangierte alles. Er schickte zwei Assistentinnen – blond, hübsch, unglaublich tüchtig. Und die halfen mir bei allem. Und glauben Sie mir, wenn Sie Assistentin bei Dr. Phil sind, wissen Sie, wie man Dinge erledigt.

Die beiden mieteten einen Wagen, und schon fuhren wir los. Viele Stunden verbrachten wir bei Macy's und Value City und kauften Möbel, Töpfe und Pfannen, sogar neue Kleidung – einfach alles, was man brauchte. Hauptziel war es, zu allem etwas Passendes zu finden. Und das galt auch für die Möbel im Essbereich, im Wohnzimmer und im Schlafzimmer. Ich wollte keine Unordnung, kein Chaos. Und das gab es auch nicht. Dr. Phil bat, Fotos meiner »herrlichen neuen Wohnung« zu schicken, und das tat ich natürlich. Ich werde ihm ewig dankbar sein, dass er mir beim Start in mein neues Leben half.

**

Und Hilfe brauchte ich. Sosehr ich mich danach gesehnt hatte, im Stadtzentrum zu leben und unabhängig zu sein, war das alles doch nicht so einfach. Mir fehlte das, was die Leute »ein Netzwerk an Unterstützung« nennen. Ich hatte gedacht, es sei nur ein anderes Wort für Familie und Freunde. Dass von meiner Familie keine Unterstützung kommen würde, wusste ich, aber als ich noch in der Einrichtung für betreutes Wohnen untergebracht war, setzte ich mich in Verbindung mit einigen alten Freunden aus der Kinderzeit.

Vor allem wollte ich mit meiner besten Freundin aus der Highschool wieder in Kontakt treten. Als ich mich auf die Suche nach einer Wohnung begab, bot sie mir ein Zimmer bei sich zu Hause an. Sie war damals alleinerziehende Mutter, und so wie sie es ausdrückte, wäre eine Wohngemeinschaft für uns beide eine gute Sache.

»Ich könnte Hilfe bei der Miete brauchen«, sagte sie. »Und du hättest Platz für dich und deine Sachen. Und dann machst du dich auf die Suche nach einer permanenten Bleibe.« Für mich klang das nach einem guten Geschäft. Und was wäre einfacher, als ein Geschäft mit jemandem zu machen, den man noch aus der Kinderzeit kennt?

Aber es funktionierte nicht. Mir kam es so vor, als hätte sie in Wirklichkeit nur mein Geld als Zuschuss zur Miete interessiert. Das Ganze ging hässlich zu Ende. Manche Leute kommen als Lektion in dein Leben. Meine »beste Freundin« von der Highschool lehrte mich, dass man nicht allein schon deshalb jemandem trauen kann, nur weil man einen Teil der Kindheit und Jugend mit ihm verbracht hat.

Meine sogenannte Cousine war eine weitere Lektion. Sie wollte auch ein Buch über »unsere« Familie schreiben. Aber statt mir zu helfen, hatte ich den Eindruck, dass sie nur an meiner Berühmtheit interessiert war. Diesen Kontakt brach ich ziemlich schnell wieder ab.

Diese beiden unschönen Erlebnisse empfand ich als Betrug. Das ist ein hartes Wort, aber so fühlte ich nun einmal. Schließlich denkt man doch automatisch, dass eine alte Freundin und eine Cousine einem nur allzu bereitwillig in einer Notlage helfen würden, oder? An wen sonst sollte man sich wenden, wenn man Unterstützung braucht? Vor allem, wenn man alleine kaum klarkommt, nachdem man ganz unten gewesen ist. Beide Erfahrungen fühlten sich wie heftige Schläge an. Danach war ich entschlossener als je zuvor, mit allem aus meiner Vergangenheit zu brechen. Ich wollte ein neues Leben finden, mit neuen Freunden.

Die Anlage, in der sich meine Wohnung befand, bot so ziemlich alles, was man brauchte: Restaurants, Sportstudios, sogar einen Friseur. Man musste die Anlage kaum je verlassen. Aber wenn man es tat, gab es alle möglichen Geschäfte und Märkte in der Gegend in bequemer fußläufiger Entfernung. Weil ich nicht Auto fahren konnte und immer noch Angst hatte, in ein Taxi zu steigen, war das sehr nützlich.

Ich weiß noch, wie ich an dem ersten Tag, nachdem alles geliefert worden war, die Tür zu meiner Wohnung aufmachte. Ich stand da, betrachtete meine blitzblanke Einrichtung und atmete den Geruch des neuen Sofas ein. Ich freute mich so, dass ich eine eigene Wohnung hatte.

Ich hatte es geschafft! Ich hatte endlich die Privatsphäre, nach der ich mich so gesehnt hatte. Ich musste mich niemandem gegenüber rechtfertigen und mich keinem fügen. Keiner sagte mir, was ich wann zu tun hatte. Keiner ging bei mir ein und aus, als ob ihm meine Wohnung gehörte. Keiner kommentierte meine Gewohnheiten, meine Aktivitäten. Keiner sprach mit mir oder redete auf mich ein, aus welchem Grund auch immer.

Und kaum war ich eingezogen, bekam ich entsetzliche Angst. Endlich hatte ich, was ich wollte. Ich war allein, aber jetzt fühlte ich mich einsam. Ich grüßte jeden, dem ich im Gebäude oder in der Wohnanlage begegnete. So manch einer muss mich für eine Spinnerin gehalten haben.

Allmählich begriff ich, dass die Freiheit etwas Seltsames ist. Ich war frei, weil ich dem Grauen in Castros Haus und dem Missbrauch in meiner Familie entkommen war. Und ich war frei in dem Sinn, dass ich mir aussuchen durfte, wo und wie ich leben wollte. Ich konnte alles tun, wozu ich fähig war. Ich konnte spazieren gehen, fliegen lernen, mir ein Haustier anschaffen, singen, tanzen, wählen gehen. Aber eines konnte ich nicht. Ich konnte nicht das Haus verlassen, ohne erkannt zu werden.

Die Leute starrten mich an. Als ich zum ersten Mal etwas zum Anziehen kaufen wollte, fiel mir eine andere Kundin auf. Sie schoss Fotos von mir mit ihrem Handy, als ich in der Umkleidekabine war. Ich bat sie höflich, damit aufzuhören.

»Das ist öffentliches Gelände«, erwiderte sie. »Sie haben mir nicht zu sagen, was ich tun soll.«

»Wie würden Sie das finden«, fragte ich sie, »wenn einer Sie fotografiert, während Sie Kleider anprobieren?«

»Mir ist egal, was die Leute über mich denken«, gab sie zurück.

Ich musste die Geschäftsführerin kommen lassen. Sie bat die Frau, das Kaufhaus zu verlassen. Das verdarb mir gehörig mein Einkaufserlebnis.

Aber es war meine erste Lektion und bei Weitem nicht die letzte, die mich Folgendes lehrte. Wenn man in der Öffentlichkeit steht, meinen die Leute manchmal, man gehört ihnen oder man schuldet ihnen etwas. Weil meine Geschichte im ganzen Land, und sogar im Ausland, in den Nachrichten war, konnte ich wohl kaum völlige Privatsphäre erwarten. Aber jeder Mensch braucht Raum zum Atmen. Wenn ich spürte, dass Kameras auf mich zukamen, war es fast wieder, wie gefangen zu sein. Und das machte mir Angst.

So erging es mir schließlich auch mit den wohlmeinenden Leuten, die auf mich zukamen, wenn ich das Haus verließ, nur um mir in der näheren Umgebung die Beine zu vertreten.

»Ich will Ihnen bloß sagen, wie sehr ich mich freue, dass man Sie gefunden hat«, sagten die Leute oft. Oder sie kamen zu mir und ließen mich wissen, ich sei eine »Inspiration« für sie. Viele sagten, sie beteten für mich.

Ich war dankbar für die freundlichen Gefühle. Die guten Wünsche bedeuteten mir viel. Aber wenn man weiß, die Leute starren einen die ganze Zeit an, kann das trotzdem einen enormen Druck ausüben, wenn man nichts anderes will, als einen netten Spaziergang an der frischen Luft zu unternehmen. Die Aufmerksamkeit macht einen auch verletzlich. Und schließlich hatte ich immer mehr Angst, die sicheren Grenzen der Wohnanlage zu verlassen.

Was ich noch nicht begriffen hatte, war die Verantwortung, die mit der Freiheit kommt. Man hat die Verantwortung, dem wirklichen Leben gegenüberzutreten, an etwas anderes als das Böse zu glauben. Ich musste lernen, wie ich schädliche Leute aus meinem Leben fernhielt und die positiven Leute wieder hereinließ. Dieses innere Steuerungssystem zu entwickeln würde seine Zeit brauchen.

Also blieb ich anfangs meist zu Hause. In der Wohnung packte ich den neuen Künstlerbedarf aus, den ich gekauft hatte, und hatte meinen Spaß am Malen und Zeichnen. Oder ich schrieb in mein neues rosa Tagebuch. Wenn mich der Bewegungsdrang überkam, ging ich in eines der Restaurants auf der Anlage, aß und trank etwas, und dann ging ich einfach wieder nach Hause.

Ich richtete eine Facebook-Seite ein, mit Foto, mit Profil, mit allem Drum und Dran. Die Seite war ein sensationeller Erfolg. Hunderte von Leuten besuchten sie jeden Tag, nahmen mich in ihre Liste von Freunden auf und schickten mir ermutigende Botschaften. Facebook machte mir keine Angst. Die Leute, die auf Facebook mit mir in Kontakt traten, kamen von woandersher. Sie lebten im Cyberspace, nicht in der Straße, über die ich spazierte. Es gab genug Abstand zwischen uns, sodass ich mich nicht bedroht fühlte.

In dem Monat, in dem ich in die Wohnung zog, schloss ich auch den Vertrag ab, das Buch zu schreiben, das *Die Unzerbrechliche* heißen würde. Ich hatte keine Ahnung, wo und wie ich anfangen sollte, aber der Verleger stellte eine professionelle Lektorin ein, die mit mir arbeiten sollte. Das bedeutete lange Telefonate und viele E-Mails hin und her, und viel Nachdenken darüber, wie man das erzählen sollte, was mir im Lauf von elf Jahren Gefangenschaft passiert war.

Das Leid dieser Jahre lag immer dicht unter der Oberfläche, und sich darauf zu konzentrieren, wie man das beim Schreiben eines Buches tun muss, brachte alles ziemlich intensiv zurück. Immer wieder nahm ich tagsüber, zu Hause, ein paar Schlucke Wein, statt abzuwarten und in ein Restaurant zu gehen. Das betäubte den Schmerz ein wenig, gerade genug, dachte ich, um über den Tag zu kommen. Vorübergehende Betäubung, mehr war es nicht.

Ich fand, ich müsste mich auf etwas Neues konzentrieren, und beschloss, mir einen Job zu suchen. Aber wo ich mich auch bewarb, überall sagte man mir, meine »Berühmtheit« sei eine Ablenkung. Wie die Frau in der Boutique würden die Leute versuchen, mich zu fotografieren, oder mich um ein Selfie bitten, und die Arbeit bliebe liegen. Potenzielle Arbeitgeber waren freundlich bei der Absage, aber eine Absage erteilten sie mir dennoch.

Stattdessen fing ich als freiwillige Mitarbeiterin in einem Tierheim an. Aber auch da war meine Bekanntheit ein Handicap. Trotzdem war ich froh, wenn ich etwas Zeit hinten in dem Tierheim verbringen konnte. Ich shampoonierte die Hunde, schnitt ihnen die Krallen und kümmerte mich um sie, wobei ich nicht gesehen werden musste.

Zur gleichen Zeit beschloss ich, an Kochkursen teilzunehmen. Ich koche leidenschaftlich gern und mache gern künstlerische Sachen mit Lebensmitteln. Ich schnitze Blumen aus Zwiebeln, gestalte Tomatenrosen und verwandle wellige Pommes frites in Schlangen. Brandt Evans ist ein berühmter Chefkoch in Cleveland. Als er mich in einem Fernsehinterview sagen hörte, dass ich gern koche, lud er mich in seinen Kochkurs ein.

Ich fand es wunderbar, was ich dort lernte, aber mit einigen Teilnehmern fühlte ich mich unwohl. Einige wollten gar nicht aufhören, mir wirklich persönliche Fragen über meine Qualen in Castros Haus zu stellen. Gelinde gesagt störte das meine Konzentration und lenkte mich von der Arbeit ab, die wir alle machen wollten. Hinzu kam, dass ich immer noch allergisch auf viele Zutaten reagierte – Senf zum Beispiel und sogar Salz. Deshalb war mir im Kurs oft schlecht. Auch Essensgerüche konnten manchmal Übelkeit bei mir auslösen. Der Geruch von Bohnen, Reis und Fleisch, gemischt mit gewissen Gewürzen, brachte schlimme Erinnerungen zurück und löste oft Hustenanfälle aus, die beinahe dazu führten, dass ich mich übergeben musste.

Wieder und wieder von einigen Kursteilnehmern belästigt und über Dinge ausgefragt zu werden, die ich vergessen wollte, war da nicht gerade hilfreich. Alles erinnerte mich ständig daran, dass der Versuch, ein normaler Mensch mit einem normalen Leben zu werden, für mich unerreichbar war, vorerst wenigstens. Zögerlich und voller Dankbarkeit für Brandt verließ ich den Kochkurs und beschloss, in Zukunft nur noch zu Hause zu kochen.

Zusätzlich zu den Allergien litt ich immer noch unter fürchterlichen Phobien, in die Castro mich getrieben hatte. Die Reaktion auf bestimmte Essensgerüche war schon schlimm genug. Aber ich hatte auch furchtbare Angst vor Motorradhelmen, weil Castro einen eingesetzt hatte, um meine Sicht und meine Beweglichkeit zu behindern.

Außerdem hatte ich schreckliche Angst vor Stoffservietten. Das ganze erste Jahr nach meiner Rettung bat ich, wenn ich einmal in ein nettes Restaurant ging, um eine Papier- anstelle von einer Stoffserviette. Es war Stoff gewesen, den Castro mir in den Mund gezwängt hatte, damit ich nicht schreien konnte, wenn er Besuch im Haus hatte. Einmal steckte er mir ein Stück Stoff so tief in die Kehle, dass ich kaum Luft bekam. Ich fing an zu weinen. Und das machte es nur schlimmer, denn beim Weinen verengte sich meine Kehle um den Stoff herum. Als er mir die Stoffserviette endlich aus dem Mund zog, war sie blutgetränkt.

Es sollte lange dauern, bis ich diese Ängste überwand. Ich musste langsam, schrittweise vorgehen. Bei den Servietten bestand der erste Schritt darin, dass ich sie beim Essen auf dem Tisch liegen ließ. Im nächsten Schritt berührte ich sie dann. Nach einigen weiteren Versuchen konnte ich sie mir endlich auf den Schoß legen.

Mit dem Motorradhelm lief es genauso. Zunächst zwang ich mich, einen anzusehen, ohne eine Panikattacke zu bekommen. Und so ging es weiter: Ich stellte sicher, dass der Helm nicht so nah war, dass ich danach greifen konnte. Er war einfach ein Gegenstand in Sichtweite. Langsam, schrittweise, konnte ich Helme ansehen, nach einer Weile dann einen berühren und schließlich einen aufsetzen und auf einem Motorrad fahren – ein Riesenerlebnis für mich. Nach und nach gewöhnte ich mich auch an einige der Essensgerüche.

Diese Phobien zu überwinden war für mich ein Sieg über meinen Peiniger. Ich konnte mir sagen, dass er schließlich doch nicht gewonnen hatte. Er hatte mich nicht gebrochen. Er hatte verloren. Ich hatte gewonnen. Die Angst, die er als Waffe benutzt hatte, würde mich nie wieder beherrschen.

***

An meinem ersten Weihnachtsfest als freie Frau kaufte ich mir einen weißen Weihnachtsbaum und dazu viele Kerzen und beleuchtete meine Wohnung wie verrückt. Es waren ruhige Feiertage. Und natürlich war ich mit dem Herzen bei Joey, wo immer er sein mochte. Aber schließlich konnte ich von Glück reden. Ich war frei. Ich war ungebrochen. Und ich schuf mir ein neues Leben.

Anfang des neuen Jahres machte ich sogar mit meiner Anwältin eine erste Reise nach New York City, um meinen Verleger kennenzulernen. Es war außerdem mein allererster Flug. Und noch ehe ich überhaupt ins Flugzeug stieg, hatte ich ein leicht verstörendes, vor allem aber komisches Erlebnis. Ich geriet am

Flugplatz von Cleveland nämlich mit den Sicherheitsleuten an-
einander.

Die Reise sollte einige Tage dauern, gepackt hatte ich genug
für einen Monat. Trotzdem gelang es mir irgendwie, meine Reisetasche aufs Laufband zu stellen, und schon ging es ab damit
durch die Röntgenmaschine. Das Gerät gab ein fürchterlich
brummendes Geräusch von sich. Eine der Sicherheitsbeamtin-
nen bat mich, beiseitezutreten.

»Sie haben Flüssigkeiten in Ihrem Koffer«, verkündete sie
mir. Natürlich hatte ich das. Ich hatte eine Flasche Mineral-
wasser, eine Flasche Mundwasser und dazu noch eine Tube
Zahnpasta eingepackt. Alles Gegenstände, die man nicht in ein
Flugzeug mitnehmen durfte. Nicht, weil sie als solche gefährlich waren, sondern weil die Behälter einen Inhalt von jeweils
über einhundert Milliliter fassten. Das hatte ich alles nicht gewusst.

Die Sicherheitsbeamtin überließ mir die Entscheidung.
»Entweder müssen Sie den Koffer am Schalter aufgeben, oder
ich bin gezwungen, diese Gegenstände zu konfiszieren und zu
entsorgen.«

Wieder zurückgehen und den Koffer aufgeben? Das Zeug
entsorgen? Ich konnte das nicht fassen. Wozu? »Ich wusste nicht,
dass ich keine Flüssigkeiten mitnehmen darf«, protestierte ich.

Einen Moment lang war die Beamtin sprachlos. Sie starrte
mich einfach nur an. In einem Tonfall, der so klang, als glaubte
sie mir nicht oder als wollte ich sie belügen, erwiderte sie schließlich: »Das, Ma'am, ist Vorschrift seit gut zehn Jahren!«

An der Stelle übernahm meine Anwältin. »Sie haben ja keine
Ahnung«, erklärte sie der Beamtin, »wo diese Frau die vergangenen zehn Jahre verbracht hat.«

Schließlich erklärte meine Anwältin der Beamtin alles. Natürlich kannte sie mich, Gina und Amanda und die ganze Geschichte. Sie wirkte peinlich berührt, aber am Ende mussten wir

alle kichern. »So ein Mist aber auch. Tut mir leid, dass ich Sie so geängstigt habe«, sagte sie.

»Ist schon in Ordnung«, erklärte ich. »So ein Mist passiert eben manchmal.«

Ich überreichte die verbotenen Gegenstände, und wir konnten die Sicherheitskontrolle passieren. Ich ging davon aus, dass es in New York alles geben würde, was ich brauchte. Und so war es natürlich auch. Es war sensationell dort. In der feudalen Umgebung einer echten Verlagsfirma lernte ich meine Agentin kennen sowie das Team, das mir beim Schreiben und Veröffentlichen des Buches helfen würde.

Ich besichtigte die Sehenswürdigkeiten. Und ich sah sogar meine erste Broadway-Show – Kinky Boots. Danach traf ich hinter der Bühne die Darsteller. Echt sensationell!

Bald nach meiner Rückkehr nach Cleveland rief mich eine Freundin an. Sie lud mich zu einer Geburtstagsparty ins Stadtzentrum ein, ganz in der Nähe von dem Gebäudekomplex, in dem ich wohnte. Diese Freundin, Gina Baker, hatte ich während meiner Zeit im Pflegeheim kennengelernt. Mit ihr, Anita und Erna war ich damals schon in verschiedene Clubs gegangen.

Gina gehörte zu einer kleinen Gruppe Menschen, in der ich mich wohlfühlte. Ich mochte sie sehr. Und ich fand, es sei wohl an der Zeit, dass ich neue Leute kennenlernte. Mit dieser Truppe war es genau das Richtige. Ich sagte zu.

Es wurde mein erster richtiger »Ausgehabend«, seit ich in meine Wohnung gezogen war, und ich hatte einen Riesenspaß. Nach der Highschool war ich sofort Mutter geworden, und dann kam direkt die Gefangenschaft. Ich hatte also nie die Erfahrung gemacht, wie toll es sein kann, auf Partys zu gehen und sich zu amüsieren. Es war eine echte Entdeckung für mich, und zwar eine, die mir richtig gut gefiel.

Von dem Zeitpunkt an konnte mich nichts mehr aufhalten. Ich lernte neue Leute kennen, und es machte mir großen Spaß.

Obwohl die Leute natürlich neu für mich waren. Ich hingegen war für sie nicht »neu«. Sie hatten alle die Interviews mit Dr. Phil gesehen, hatten die Schlagzeilen und die Hintergrundstorys gelesen. Und sie waren mit vielen Einzelheiten über meine Gefangenschaft und meine Rettung vertraut.

Aber es fühlte sich gut an, in lärmende Clubs zu gehen, mit Menschen zusammenzukommen, die feste Bekannte wurden, und Abend für Abend neue Leute zu treffen. Ich nehme an, so etwas machen Menschen, wenn sie am Ende der Teenagerzeit und in den Zwanzigern sind. Sie gingen abends und am Wochenende auf Partys und taten all das, was ich versäumt hatte. Und ich schätze, dass ich das in dieser Zeit nachholte. Man kann sagen, ich stopfte die Jahre zwischen zwanzig und dreißig in mein erstes Jahr nach der Rettung. Vielleicht habe ich manchmal zu viel hineingestopft, aber es war eine wertvolle Erfahrung.

So ziemlich mein Lieblingsclub war das Corner Alley in der Nähe meiner Wohnanlage. Es ist eine Bowlingbahn, Sportbar, ein Restaurant, eine Räumlichkeit für Computerspiele – alles in einem. Und es macht Riesenspaß, dort zu sein. Besonders gut für mich war, dass die Angestellten mich allmählich kennenlernten und mich regelrecht beschützten.

Eines Abends brachte mich einer der Angestellten nach Hause, als draußen eine ziemlich lärmende Truppe herumlungerte. An anderen Abenden checkten die Leute, die im Club arbeiteten, draußen die Gegend ab, ehe ich mich auf den Nachhauseweg machte. Deprimierend zu denken, dass diese Art Schutz nötig war. Andererseits fühlte es sich gut an zu wissen, dass es diesen Schutz gab.

Eines Abends zog ich nach ein paar Runden Bowling weiter ins House of Blues, die Karaokebar in der Nähe meiner Wohnung. Ungefähr eine Million Mal war ich daran vorbeigegangen. Aber an dem Abend, als ein großes Getümmel in der Innenstadt herrschte, hörte ich von drinnen lautes Singen. Das wollte ich doch genauer hören, also zog ich die Tür auf und ging hinein. Es stellte sich als eine der besten Entscheidungen meines Lebens heraus, denn ich lernte dort zwei meiner engsten und liebsten Freunde kennen.

Als ich hineinging, sah ich einen Mann, der in den Fünfzigern zu sein schien, auf mich zukommen. Ich wurde immer noch nervös, wenn Menschen auf mich zutraten. Ich fragte mich ständig, was sie wohl von mir wissen wollten und wie sie sich verhalten würden.

»Ich bin Jim«, sagte er. »Was wollen Sie heute Abend singen?«

Es gibt nur ein Wort für den Blick, mit dem Jim einen ansieht: freundlich. »Oh«, sagte ich, »ich weiß nicht. Ich bin mir nicht einmal sicher, ob mir im Moment überhaupt nach Singen ist.«

»Aber ich weiß, dass Sie eine hübsche Stimme haben«, erwiderte Jim. »Gehen Sie da rauf und singen Sie. Hier brauchen Sie vor keinem Angst zu haben. Wir alle mögen Sie.«

Leise antwortete ich, dass ich Probleme mit den Augen hätte. »Ich bin nicht mal sicher, ob ich den Text lesen könnte.«

Er nickte, dann grinste er. »Da gibt es so einen Song. Ich wette, den kennen Sie. Wollen Sie mit mir singen?« Es war der Song »Summer Nights« aus dem Musicalfilm »Grease«. Wir sangen ihn zusammen – mein Karaoke-Debüt. Ich glaube kaum, dass sich John Travolta und Olivia Newton-John Sorgen machen mussten, eine Konkurrenz für die beiden waren wir nicht. Aber es war erhebend, dort zu stehen und den Song mit diesem wunderbaren Mann zu singen. Das meiste sang ich aus dem Gedächtnis, denn ich sah nicht alles und hörte auch den Text nicht gut.

Als das Lied zu Ende war, rief mir jemand aus der Zuhörerschaft zu: »Singen Sie ›Roar‹! Können Sie ›Roar‹ für mich singen? Das bringen Sie bestimmt richtig kraftvoll rüber.« Das Lied kannte ich kaum, aber die Frau unter den Zuhörern kreischte: »Sie wird mein Lied singen, sie wird mein Lied singen!«

Kenny, der DJ im House of Blues, hatte mein Problem erkannt und ahnte, was ich brauchte, um dem Song folgen zu können. Er spielte das Lied so leise, dass ich die Vibrationen spürte und manches vom Text hörte. Und als ich zu singen anfing, begriff ich, dass wirklich Kraft in dem Song steckte. Er erzählte meine Geschichte. Ich war ganz unten, und ich war aufgestanden. Ich war eine Kämpfernatur, und ich war ein Siegertyp. Und als ich dastand und sang, fühlte ich, dass ich tatsächlich das Auge des Tigers hatte und wie ein Löwe brüllte. Und ich glaube, alle, die mich an dem Abend dieses Lied singen hörten, empfanden genauso.

An Karaoke-Abenden singe ich mit Freunden immer noch »Roar«. Und wenn ich das tue, weint Jim. Aber er versichert mir, dass seine Tränen Freudentränen sind.

Nach unserem kleinen Auftritt setzten sich Jim und ich hin und redeten. Und redeten und redeten. Vier Stunden lang. Es fühlte sich an, als hätte ich ihn immer schon gekannt. Aber diesem Gefühl konnte ich kaum trauen. Zunächst einmal war er ja ein Mann, und da fiel es mir immer schon schwer, ruhig zu bleiben. Außerdem fürchtete ich wie viele Leute, dass er irgendetwas von mir wollen könnte.

Einen Vater hatte ich im Grunde nie gehabt. Aber während Jim und ich redeten, kam mir genau dieses Wort in den Sinn. Und an das Wort Vater musste ich umso mehr denken, als er mich nach Hause brachte. Er erklärte, es sei zu spät für mich, um noch allein unterwegs zu sein. Als wir zu meinem Haus kamen, fragte er: »Kommen Sie nächste Woche wieder zum Karaoke?«

»Wieso nicht?«, erwiderte ich. Und ich kam tatsächlich. Während der nächsten Wochen und Monate wurden Jim, Kenny und ich gute Freunde.

Damals war ich so eine richtige Partymaus. Jim und Kenny hatten ein Auge auf mich und kümmerten sich um mein Wohlergehen. Jim achtete immer darauf, dass ich sicher nach Hause kam, und passte besonders gut auf, wenn ich mal einen Drink zu viel hatte. Sie beide bewiesen mir, dass es Männer auf dieser Welt gibt, die Frauen keine Gewalt antun und ihr Vertrauen nicht missbrauchen.

Jahre später schrieb Jim darüber, wie er bei unserem ersten Kennenlernen sofort das Bedürfnis hatte, mich zu beschützen, »wie ein älterer Bruder oder ein Dad«. Weiter schrieb er: »Obwohl sie extrovertiert und lebhaft wirkte und bereit schien, sich ins Leben zu stürzen, spürte ich, dass es tief innen drin das genaue Gegenteil war. Immer noch lebte sie in Furcht, traute anderen, vor allem Männern, nur zögerlich.« Ganz eindeutig konnte mir Jim damals in die Seele blicken. Das kann er immer noch.

Gemeinsam sangen wir manchmal das Lied, das mir mehr als alle anderen bedeutete: »My Heart Will Go On« von Céline Dion. Dieses Lied rettete mir das Leben, als ich in Castros Haus war. Ich hatte damals den wohl tiefsten Punkt in den elf Jahren der Qual erreicht. Ich wollte einfach nicht mehr weiterleben. Ich überlegte, wie ich mich am besten umbringen könnte. Und da wurde plötzlich dieses Lied im Radio gespielt.

Ich hörte auf den Text und fragte mich, was wohl Joey denken würde, wenn er erfuhr, dass seine Mutter Selbstmord begangen hatte. Könnte sein Herz noch weiterschlagen, wenn er wüsste, dass sich seine Mutter das Leben genommen hatte? Wenn er überzeugt sein müsste, dass er für seine Mutter nicht Grund genug gewesen war, um am Leben zu bleiben? Dieser Gedanke, dieses Lied, hielt mich vom Selbstmord ab. Es symbolisierte für mich meinen Sohn. Es symbolisierte meine Liebe zu ihm. Das hatte ich Dr. Phil in unserem Interview erzählt. Und das erzählte ich auch Céline Dion persönlich, als wir uns kennenlernten.

Als ich Jim zum ersten Mal die Geschichte erzählte, die mich mit diesem Lied verband, drängte er mich, es zu singen. Er sprach so, als müsste ich es einfach singen – für mich, und für meinen Sohn. Also sang ich.

Kenny übernahm wieder die Musik, langsam, damit nur ich sie hören konnte. Man kann nicht singen, wenn man weint. Also hielt ich die Schluchzer aus meiner Stimme, trotzdem liefen mir beim Singen die Tränen über das Gesicht. Die Tränen waren für Joey, den ich so vermisste. Und es waren Tränen der Erleichterung darüber, dass ich mich nicht in den Tagen, als ich sterben wollte, der Dunkelheit überlassen hatte.

Ich lebte. Und ich hatte Freunde, nämlich diese beiden wunderbaren Männer, die an meiner Seite waren, als ich dieses Lied sang, als hinge mein Leben davon ab. So wie es ja auch gewesen war. Es gab viel, wofür ich dankbar sein konnte.

***

Nicht alle Leute, die ich in dieser Partyzeit traf, waren genauso wunderbar. Nicht einmal annähernd. Als die Wochen und Monate vergingen, wurden mir tatsächlich einige wichtige Dinge klar. Zunächst einmal trank ich zu viel mit meinen neuen Freunden. Und auch ohne sie trank ich zu viel. Außerdem waren viele der neuen Leute in meinem Leben nur dann meine Freunde, wenn wir zusammen waren, nicht aber hinter meinem Rücken.

Schließlich wurde mir klar, dass ich mich mit vielen Menschen nur dann traf, wenn sie sich bei mir meldeten. Jemand rief an. Ich hatte nichts zu tun und fühlte mich einsam. Also verabredete ich mich einfach, statt allein zu Hause zu bleiben.

Sie alle wollten, dass ich »meine Geschichte« erzählte. Aber wenn ich glaubte, ich könnte mich anderen anvertrauen, und sie würden verständnisvoll reagieren und mich unterstützen, irrte ich mich gewaltig. Viele Leute wollten einfach nur angeben. »Guckt mal, mit wem ich unterwegs bin. Das ist Michelle Knight.« Aber hinter meinem Rücken nannten sie mich dumm, weil ich, wie einer es ausdrückte, das mit mir hatte machen lassen.

Ich begriff, dass diesen Menschen nicht wirklich etwas an einer Freundschaft mit mir lag, sondern an dem, was sie aus dem Zusammensein mit mir herausholen konnten. Neue Freunde, so lernte ich, konnten mich genauso enttäuschen, wie die alten es getan hatten.

Ich glaube, das erste Mal verstand ich das so richtig eines Abends im House of Blues. Ich war mit einer ganzen Truppe von sogenannten Freunden da. Wir saßen alle um einen Tisch herum. Einer nach dem anderen gingen sie auf eine Zigarettenlänge nach draußen – behaupteten sie jedenfalls. Das war mir nicht neu, also schöpfte ich keinen Verdacht. Die meisten dieser neuen Freunde rauchten. Deshalb gingen sie oft hinaus und kamen dann wieder herein. Aber an diesem Abend blieben alle länger weg, als man für eine Zigarette brauchte. Fünfzehn Minuten. Zwanzig Minuten. Dreißig.

Also ging ich nach draußen, um nachzusehen – und sie alle waren verschwunden. Ich ging wieder hinein und zahlte, was ich schuldig war. Der Geschäftsführer im House of Blues kannte mich damals schon gut. Ich erklärte ihm: »Sie kennen mich. Ich bezahle immer korrekt. Aber die Rechnungen von anderen Leuten begleiche ich nicht. Wenn Sie die Leute das nächste Mal sehen, verlangen Sie von denen, was sie Ihnen schuldig sind.« Der Geschäftsführer war einverstanden.

Das war es dann mal wieder gewesen. Ist man berühmt, so heißt es ja, dann ist man ein Ziel. Ich war berühmt dafür, dass ich elf Jahre lang missbraucht und gefoltert worden war. Und das versuchten die Leute jetzt wieder. So sah das in meinen Augen aus. Sie wollten einen Vorteil aus mir herausschlagen. Und sie dachten, sie könnten das. Das machte mich wütend, und ich fühlte mich unsicher.

Ich war es leid, dass sich Menschen in mein Leben drängten,

die eine Maske trugen. Eine Maske, die verbarg, wer sie wirklich waren. Sie fanden es völlig in Ordnung, Vorteile aus der Bekanntschaft mit mir zu ziehen und mich zu verletzen. Aber das war nicht in Ordnung. Trotzdem, ich musste loslassen, musste anderen ihre Grausamkeit und mir selbst mein schlechtes Urteilsvermögen verzeihen. Ich durfte nicht zulassen, dass mich das auffraß.

Nicht lange nach dem Vorfall im House of Blues war ich auf dem Weg in meinen Lieblings-Cupcake-Laden, um mir etwas Süßes zu gönnen. Ich hatte gerade die Straße überquert, als ich dieses schreckliche Geräusch vieler hupender Autos hörte. Ich drehte mich um und sah, dass nach mir eine junge Frau die Straße überqueren wollte, allerdings bei Rot. Sie trug ausgebeulte Hosen und ein ausgeleiertes T-Shirt. Um den Hals hatte sie einen riesigen Schal gewickelt. Sie war gestolpert und gefallen. Deshalb waren die Autofahrer stehen geblieben und hupten.

Ich lief zu ihr hin, um nachzusehen, was los war. Ihr ging es gut. Rasch stand sie auf und klopfte sich den Staub ab. Wir gingen zusammen über die Straße. Sie redete wie ein Wasserfall und erklärte, sie habe schon lange versucht, mich zu finden, um mit mir zu reden. Wir betraten den Cupcake-Laden gemeinsam.

»Ach, Michelle Knight, Michelle Knight«, sagte sie in einem fort. »Sie sind meine Heldin. Ich musste Sie einfach kennenlernen! Wo wohnen Sie denn?«, wollte sie wissen.

»Nicht weit von hier«, sagte ich und beließ es bei dieser vagen Antwort. Wir bestellten Cupcakes und redeten eine Weile. Besser gesagt, sie redete, und dabei aßen wir. Sie sagte, sie sei gerade in die Gegend gezogen und wüsste nicht so recht, was man hier unternehmen könne. Ich erzählte ihr vom Corner Alley und ein paar anderen Lokalen.

Nach einer Weile nahm ich meine Sachen, sagte ihr, ich müsse jetzt gehen, und wünschte ihr alles Gute.

»Kann ich mit Ihnen kommen?«, fragte sie.

Irgendetwas schien da nicht zu stimmen. »Ich habe einen Termin«, antwortete ich. »Das wird also nicht möglich sein.«

»Wie wäre es mit einem Foto von uns beiden?«

Daran war ich schon gewöhnt, also sagte ich: »Na klar.« Sie machte ein Selfie, ehe ich schnell den Laden verließ. Als ich die Straße überquert hatte, drehte ich mich um. Und da stand sie, in dem Cupcake-Laden am Fenster, und starrte mich an. In Wahrheit war ich auf dem Nachhauseweg. Schnell betrat ich verschiedene Gebäude, damit sie meine Spur verlor. Nur für den Fall, dass sie mir folgte.

Ein paar Tage später verließ ich früh morgens mein Gebäude. Mein Buch *Die Unzerbrechliche* war gerade erschienen, und ich war auf dem Weg zu einem Interview. Ich hatte ein richtig hübsches Kleid an und trug High Heels. Ich fühlte mich wohl.

Es war Hauptverkehrszeit, und auf den Straßen drängten sich die Leute auf dem Weg zur Arbeit. Sogar in dem Menschengetümmel fiel mir auf, dass Leute stehen blieben und mich anstarrten. Ich war einigermaßen gewöhnt daran, trotzdem machte es mich immer noch nervös. Alle Leute auf der Straße durften anonym bleiben – wieso ich nicht? Ich ging schneller in dem sinnlosen Versuch, den starrenden Blicken zu entgehen, und um rechtzeitig zu meinem Interview zu kommen. Da blieb ich plötzlich mit einem Absatz in einem Riss im Asphalt stecken. Ich wusste kaum, wie mir geschah, da lag ich auch schon der Länge nach auf dem Boden.

Die Leute blieben stehen. Viele machten Fotos. Einer zeigte auf mich und lachte. »Die ist betrunken!«, sagte er voller Schadenfreude. Ich stufte ihn ein als übergroßes Kind, das andere auf dem Spielplatz terrorisierte.

Was stimmte bloß nicht mit manchen Leuten? Wollten sie, dass ich stürze und gedemütigt wurde, damit sie die Fotos ins Internet stellen konnten? Wieso? Fühlten sie sich dann besser in ihrer Haut?

Mein Problem in dem Moment war jedoch, wie ich – möglichst anmutig – aufstehen könnte. Da streckte mir jemand die Hand entgegen. Dankbar griff ich danach, stand auf und blickte in das Gesicht der Frau aus dem Cupcake-Laden. Mein Herz fing an zu rasen.

»Michelle Knight! Wie schön, Sie wiederzusehen!«, sagte sie. »Ich habe nach Ihnen gesucht!«

»Ich bin spät dran«, antwortete ich. »Danke für Ihre Hilfe. Ich muss jetzt los.« Wie verrückt schoss ich zwischen den morgendlichen Pendlern hindurch, um ihr zu entkommen.

Bis zu dem Tag hatte ich mich in meiner Wohnanlage sehr sicher gefühlt. Aber ein paar Abende später kam ich nach Hause und erfuhr, dass eine fremde Frau in der Lobby gewesen war. Sie hatte ohne Schlüssel hereinkommen können, als ein anderer Mieter eben das Gebäude verließ. Die Frau war durch die Flure gelaufen und hatte mehrere Mieter gefragt, welches meine Wohnung sei.

Der Hausmeister, der gerade Dienst hatte, erklärte ihr, ich sei nicht da. Aber die Frau zeigte ihm mein Buch und sagte: »Michelle Knight muss es mir signieren! Unbedingt!« Er wiederholte, ich sei nicht da, und fragte sie, ob sie eine Nachricht hinterlassen wolle. Wütend lehnte sie ab und ging. Noch ehe er mir das Überwachungsband zeigte, wusste ich, um wen es sich handelte. Ganz genau. Die Frau aus dem Cupcake-Laden.

Als ich das nächste Mal ins Corner Alley zum Bowling ging, sagte man mir, eine Frau sei da gewesen und habe sich nach mir erkundigt. An dem Abend brachte mich einer von den Angestellten nach Hause. Dass jemand mit mir gehen und auf mich aufpassen musste, war nicht unbedingt nach meinem Geschmack. Aber an jenem Abend brauchte ich das.

Von da an begleitete mich immer jemand, wenn ich ausging. Jim, Kenny und die Angestellten vom Corner Alley wechselten sich ab. So ziemlich immer, wenn ich mich in die Öffentlichkeit begeben musste, benachrichtigte ich einen von ihnen, der dann auf die Menge achtete. Einer von ihnen musste sogar mal jemanden von mir wegschieben.

Ich konnte das nicht ausstehen. Mein ganzes Leben lang war ich verletzlich gewesen. Ich weiß, man soll Stalker bemitleiden und nicht verachten. Ich weiß, dass sie schrecklich einsam sind und unter Zurückweisung leiden. Aber ich war es satt, zu leiden und Angst zu haben. Mich frei fühlen, das war alles, was ich jetzt wollte. Aber sogar in meinem Wohnblock fing ich an, mich wie ein Tier im Käfig aufzuführen.

Das sollte sich ändern – in großem Stil. *Die Unzerbrechliche* wurde am 6. Mai 2014 veröffentlicht, auf den Tag genau ein Jahr nach meiner Rettung. Mein ganzes Leben hatte ich innerhalb weniger Quadratmeilen von Cleveland, Ohio, verbracht. Und den größten Teil meines Lebens hatte ich ziemlich still verbracht, sowohl körperlich als auch seelisch zum Schweigen verurteilt.

Doch jetzt ging es für mich auf Lesereise. Ich sollte die Welt kennenlernen, jawohl. Außerdem hielt ich mich bereit, über mein Leben zu sprechen. Bereit, wieder und wieder und wieder zu erzählen, was mir passiert war. Und das vor den Millionen von Menschen, die das hören wollten.

Kapitel 5

Genesung nach dem Trauma

*Ich lernte mich lieben, um andere lieben zu
können ...*

Irgendwann im vergangenen Jahr um die Urlaubszeit herum
sagte jemand zu mir – vielleicht war es Jim oder Anita oder
Erna, ich weiß es allerdings nicht mehr genau –, ich wirke so
viel stärker, körperlich und seelisch, als sie mich je erlebt hätten.
Und diese drei müssen das wissen, denn sie haben mich erlebt,
als ich so ziemlich auf dem Tiefpunkt war. Als ich sie kennenlernte, war ich noch im Pflegeheim in Hinckley oder war gerade
herausgekommen, war in gewissen Abständen immer wieder im
Krankenhaus, immer noch körperlich krank und geschwächt.
Auch seelisch war ich ziemlich gebrochen.

Aber fast vier Jahre später, als ich diese Worte hörte – »viel
stärker, körperlich und seelisch« –, empfand ich das sogleich als
zutreffend. Ich war nach meiner Rettung einen weiten Weg gegangen, und seit meiner Zeit im Pflegeheim war ich deutlich
genesen. Hinzu kam, dass ich fortwährend das Gefühl hatte,
mit jedem Tag körperlich und seelisch stärker zu werden. Das
beweist mir, dass der Genesungsprozess nach dem Trauma an-
dauerte. Mein Genesungsprozess könnte gut und gern den Rest
meines Lebens dauern, das wäre mir recht.

Aber zu der Zeit, als ich entführt wurde, hätte ich wohl kaum
gewusst, was die Wörter Trauma und Genesung tatsächlich bedeuteten. Fünf Jahre nach meiner Rettung kannte ich die Be-

deutung beider Wörter aus erster Hand – von Nahem und sehr persönlich.

Jede Körperverletzung, die einen ins Krankenhaus bringt, kann ein Trauma sein.

Und davon hatte ich reichlich. Am Tag, als wir gerettet wurden, war ich dem Tod näher als dem Leben. Ich kletterte in diesen Krankenwagen und verbrachte mit Unterbrechungen viele Wochen im Krankenhaus. Ärzte, Schwestern und die Behandlungen bestimmten die ersten Tage meiner Freiheit. Stiche, Nadeln, Kanülen gingen in mich rein, Kanülen gingen wieder aus mir hinaus. Innerlich und äußerlich hatte ich Wunden. Es gab nicht viele Stellen meines Körpers, die keiner medizinischen Aufmerksamkeit bedurften.

Aber es gibt auch diese andere Art von Trauma: die Verletzung der Seele. Solche Wunden entstehen, wenn man etwas so Entsetzliches erlebt, dass man im Grunde nicht damit klarkommen kann. Die Belastung ist zu gewaltig, um damit fertigzuwerden. Man hält nicht Schritt mit dem, was die Belastung mit einem anstellt. Das Grauen gewinnt die Oberhand. Und man hat einfach nicht die seelische Kraft, es wieder in Ordnung zu bringen.

Alle möglichen Erlebnisse können einem Menschen das antun: sexueller und körperlicher Missbrauch, während man noch ein Kind ist, Schikanen, verbaler Missbrauch, einen Alkoholiker zum Vater haben, entführt werden, Gewalt. Tatsächlich habe ich alles auf der Liste erlebt. Und mein ganzes Leben habe ich versucht, davon wegzukommen. Den Missbrauch habe ich den Behörden gemeldet. Ich bin von zu Hause weggelaufen und habe auf der Straße gelebt. Und ich habe mich geweigert, mich brechen zu lassen. Sogar als Castro dachte, er hätte mir meine ganze Kraft geraubt.

Aber die Erfahrung all dieser entsetzlichen Erlebnisse hat mich geprägt. Das alles hat seine Spuren auf meinem Körper, in meinem Geist, in meiner Seele hinterlassen. Und sogar als diese

Erfahrungen zu Ende waren, beeinträchtigten ihre Spuren die Art, wie ich mit dem Überleben umging.

Eines wusste ich mit Sicherheit: Ich konnte die Dinge, die mir geschehen waren, nicht ungeschehen machen. Sie konnten nicht rückgängig gemacht werden. Aber ich wusste auch, dass ich Hilfe brauchte, um mit dieser Tatsache zu leben und nach vorn zu blicken.

Natürlich versuchte ich es mit Gesprächstherapie. Zweimal. Ich lebte damals allein in der Wohnung und versuchte, mir ein Leben aufzubauen, einen Punkt zu erreichen, von dem aus ich weitermachen konnte. Die erste Therapeutin, die ich aufsuchte, vermittelte mir den Eindruck, ich sei einfach nicht deprimiert genug.

Ich weiß noch, dass ich ihr eines Tages erzählte, ich sähe mich und meine Zukunft tatsächlich recht positiv.

»Wirklich?«, fragte sie. »Das zeigt mir, dass Sie wahrscheinlich nicht hart genug daran arbeiten zu verstehen, was mit Ihrem Leben schiefgegangen ist.« Sie gab mir das Gefühl, die Konsultation sei ihre Zeit nicht wert, wenn ich nicht gänzlich gebrochen wäre.

Das war keine gute Erfahrung.

Der nächste Therapeut war ein Mann. Und das war womöglich keine gute Idee von mir. Noch nicht einmal mit meinen engsten männlichen Freunden hatte ich über das geredet, was mir passiert war. Mich diesem Mann zu öffnen war also nicht möglich. Außerdem verteilte er gerne Schuld. Und vor allem wies er die Schuld an allem, was in meinem Leben passiert war, gerne mir zu. Ich war schuld daran, dass ich nicht früher von meiner Familie fortgegangen war. Ich war schuld daran, dass ich das Sorgerecht für mein Kind verloren hatte. Bald würde er mir wohl sagen, ich sei schuld daran, dass ich entführt wurde. Und als ich das dachte, entschied ich, das nicht hören zu müssen. Ich beendete die Therapie. Gefühlloser Dummkopf.

Vorerst jedenfalls gab ich den Gedanken an Therapie auf.

Ich sollte wohl lieber sagen, ich gab es auf, mit Therapeuten zu reden. Tatsache ist, dass ich jedes Mal, wenn ich meine Geschichte jemandem erzählte, meine eigene Form der Therapie betrieb. Und meine Geschichte erzählte ich auf der Lesereise wieder und immer wieder. Praktisch den ganzen Monat Mai verbrachte ich damit, Interviews zu geben, oft mehrere am Tag.

Den Anfang machte ein Interview in der Fernsehsendung Today am 5. Mai mit Savannah Guthrie. Es fand einen Tag, bevor das Buch offiziell erschien, statt. Zu sagen, ich sei nervös gewesen, beschreibt meine Gefühle nicht einmal annähernd. Ich schwitzte, ich war total zittrig. Und ich versuchte verzweifelt, mir alle Leute um mich herum als Minion aus »Ich – einfach unverbesserlich« vorzustellen, oder besser noch als überdimensionales Kuchenstück mit Cremefüllung, das in einem Overall steckte und Werbung für Hostess Twinkies machte. Das ist meine ureigene Methode, alles, was mich überwältigt, auf handhabbare Dimensionen zu reduzieren. Außerdem war ich so verängstigt, dass ich dauernd auf die Toilette laufen musste.

Savannah redete ganz ruhig auf mich ein, ehe es mit dem Interview losging. Ich bekam also schon mal eine Ahnung davon, dass sie ein Mensch war, der mit beiden Beinen auf dem Boden stand. Und als das Interview erst einmal begonnen hatte, war alles in Ordnung.

Es gab dreiunddreißig weitere Interviews für Fernsehen und Radio, für Zeitungen und Zeitschriften im Lauf der Lesereise. Und ich kann nicht einmal zählen, wie viele Fragen ich beantwortete, ehe wir am 26. Mai, dem letzten Tag der Reise – na ja, jedenfalls dem letzten Tag dieser Reise –, ein Interview für das Fernsehen in Paris hinter uns brachten.

Zum ersten Mal war ich außerhalb der Vereinigten Staaten gewesen. Mein erster Aufenthalt im Ausland war Toronto, Kanada, das mir gar nicht so sehr wie Ausland vorkam. London, die nächste Station, war allerdings sehr fremd. Ich hoffe, meine britischen Leser werden nicht beleidigt sein, wenn ich sage, ich hatte größere Probleme, die Leute dort zu verstehen, als in Deutschland oder Frankreich. Sowohl in Deutschland als auch in Frankreich begleitete mich ein Dolmetscher. Den hätte ich allerdings in London auch gut gebrauchen können. Dem britischen Akzent konnte ich nur mit Mühe folgen, vor allem, wenn die Leute so schnell redeten, dass ich fast nicht mehr Schritt halten konnte. Aber in London zu sein, umgeben von so viel Geschichte, war aufregend.

Als Nächstes kam Deutschland, dort hatte ich zwei Aufenthalte, und zwar München und Köln. Ich schien allergisch auf das meiste Essen zu reagieren. Aber fast alles, was ich aß, fand ich köstlich. Ich konnte kaum aufhören, etwas in mich reinzustopfen.

Der wichtigste Auftritt in Deutschland fand in einem Fernsehstudio statt. Es war ein Interview mit den Familien verschiedener vermisster Kinder. Die Leute liebten ihre Kinder sehr und wollten sie auf alle nur denkbare Weise unterstützen. Aber eine der Geschichten an diesem Abend war meiner eigenen so ähnlich, dass ich eine totale Leere im Gehirn hatte. Ich musste aufstehen und für ein paar Minuten hinausgehen.

Dann fuhren wir weiter nach Paris, wo wir all die großartigen Zeugnisse der Geschichte sahen und wo alle diese wunderschöne Sprache sprachen. Ich fand es sensationell, so viel Kunst überall zu sehen. Und den Klang der Sprache fand ich oh, là, là.

Auch nach der Rückkehr in die USA war die Lesereise noch nicht zu Ende. Nach kurzer Verschnaufpause zu Hause in Cleveland ging es im August und September wieder auf Tour, zunächst nach Puerto Rico. Und im Oktober hatte ich meine erste professionelle Rede über das Thema zu halten, bei dem ich leider Expertin bin: Missbrauch.

Ich »sprach« auch auf andere Weise, so wie ich das als Kind

immer gemacht hatte, wenn ich eine Zuflucht und etwas Trost brauchte – ich schrieb und zeichnete, drückte mich mit Gedichten und Bildern aus. Dass ich meine Geschichte immer wieder erzählte, ob mir selbst oder anonymen Zuhörern überall auf der Welt, trug letztlich dazu bei, dass mir viel Schmerz von den Schultern genommen wurde.

Es war wichtig, die Worte zu finden und das zu beschreiben, was mir passiert war. Und jeder neue Bericht schien den Schmerz ein wenig zu lindern. Trotzdem begriff ich, dass ich noch nicht geheilt war. Ich hatte wieder Anspruch auf mein Leben erhoben. Aber die Vergangenheit hatte ich immer noch nicht vollständig auf ihren Platz verwiesen. Ganz in der Gegenwart konnte ich also nach wie vor nicht leben.

Dazu kam, dass die Lesereise richtig anstrengend war. An manchen Tagen gab ich ein halbes Dutzend Interviews – am Telefon oder persönlich, eines nach dem anderen. Nicht ein einziges Interview wollte ich absagen. Ich war immer überzeugt, dass irgendjemand dabei war und zuhörte, der Hilfe brauchte, die ich ihm geben könnte. Aber es war ein sehr ermüdender Zeitplan.

Manche Gespräche waren härter als andere. In einem Interview bei einer Radiostation fragte mich ein männlicher Reporter, wie es für mich gewesen sei, in Castros Haus all die Jahre vergewaltigt zu werden. Diese Frage machte mich fuchsteufelswütend. Eine dümmere Frage konnte wohl keiner stellen. Und diese Frage von einem Mann gestellt zu bekommen war eine echte Beleidigung für mich.

»Wie können Sie so etwas überhaupt fragen?«, schrie ich ihn an. »Wie können Sie von jemandem, der so etwas durchgemacht hat, darauf eine Antwort erwarten? Das ist eine dermaßen unzulässige Frage. Die werde ich nicht beantworten!«

Das war das Schlimmste, der absolute Tiefpunkt des ganzen Monats. Das Buch hingegen verkaufte sich immer weiter. Aber es war alles sehr kräftezehrend. Ich trank zu viel, ich aß zu viel

Junkfood, ich schlief schlecht, wenn überhaupt. Ich fühlte mich einsam inmitten von Menschen. Ganz allgemein führte ich ein ungesundes, unglückliches Leben. Und das wusste ich auch. Wie hätte ich es nicht wissen können?

Eines Tages richtete ich einfach ein Gebet an Gott. Ich sagte ihm, ich verlöre die Kontrolle über mein Leben, und bat um ein Zeichen, das mir deutlich machen sollte, ob ich mich auf dem falschen Weg befände. Am nächsten Tag fuhr ich zu einem weiteren Interview. Eine Frau im Publikum stand auf, erzählte ihre Geschichte und beschrieb exakt, was ich auch fühlte. Das deutete ich als das erbetene Zeichen. Jetzt musste ich nur den richtigen Weg finden.

All das vertraute ich meiner Anwältin an und erzählte ihr, dass ich das Bedürfnis hätte, etwas zu tun, irgendetwas zu verändern. Ich hätte nämlich das Gefühl, dass ich mich auf diesem falschen Weg verlor.

Irgendwie glaube ich, dass sie Kontakt mit Dr. Phil aufnahm. Er hatte gesagt, ich könne ihn jederzeit anrufen. Und das hatte er nicht einfach nur so dahingesagt, um einen Gast seiner Show zu verabschieden. Er hatte es wirklich so gemeint. Das weiß ich, denn wir sprachen oft über meinen »Prozess« der Genesung, an guten wie an schlechten Tagen. Dieser Mann, so spürte ich, sorgte sich tatsächlich um mein Leben. Ich weiß, dass er das tat, denn er hatte es mir gezeigt – in Worten und in Taten.

Dr. Phil war außerdem in Kontakt, sogar eng verbunden, mit vielen »Behandlungsquellen«, wie er das nannte. Eine davon ist Onsite, wo therapeutische Workshops veranstaltet werden, darunter auch für Menschen, die traumatische Erfahrungen durchlebt haben.

Dr. Phil empfahl mir, das Onsite-Zentrum außerhalb von Nashville, Tennessee, aufzusuchen und bei ihrem Programm für die Genesung von Traumata mitzumachen. Vor allem sollte ich, weil ich Tiere doch so sehr liebte, an der Pferdetherapie teilnehmen. Tatsächlich trafen Dr. Phil und meine Anwältin sämtliche Vorkehrungen für meine Teilnahme dort.

Ich stieg ins Flugzeug nach Nashville. Ich hatte einen Fensterplatz, und neben mir saß eine sehr lieb aussehende alte Dame. Wir begrüßten uns, und sie erzählte mir, sie habe mich von all den Nachrichtenmeldungen erkannt. Das Flugzeug startete und stieg höher und höher durch die Wolken, bis wir den Boden nicht mehr sehen konnten, nur noch den blauen Himmel über uns.

Ich drehte mich zu der alten Dame um und sagte ganz spontan: »Jetzt bin ich dem Himmel näher.«

Und genauso plötzlich fing sie an zu weinen. »Das sind Freudentränen«, versicherte sie mir. »Ich freue mich so, dass ich neben einem Engel sitze.«

Dass ich solch eine kleine Sache tun und damit solch eine große Wirkung erzeugen konnte, schien mir ein gutes Omen für das zu sein, was mich erwartete.

Ein Mitarbeiter von Onsite holte mich bei meiner Ankunft in Nashville ab und brachte mich auf den atemberaubend schönen Campus des Zentrums. Es war riesig, unglaublich weitläufig. Hektarweise grüne Grasflächen und Ansammlungen hoher Bäume erstreckten sich über eine wellige Hügellandschaft. Das mächtige, zweigeschossige schöne Hauptgebäude hatte eine umlaufende Veranda, rote Fensterläden und eine eingezäunte Plattform auf dem oberen Teil des Daches.

Für mich sah alles genau so aus, wie ich mir Anwesen im Süden des Landes vorstellte. Zusätzlich gab es noch verschiedene Außengebäude, darunter eine rötlich braune Scheune. Was immer hier ablief, dachte ich, es war der ideale Platz, um etwas Zeit zu verbringen.

Ein Monat verging, und die Tage waren angefüllt. Der Morgen begann immer mit Yoga, Tiefenatmung, Aromatherapie, Meditation, Bewegungstraining, Akupunktur, Kunsttherapie –

allerlei unterschiedliche gesundheitsfördernde Übungen und Aktivitäten. Es gab Spiele und Trainingseinheiten, in denen meine Gruppe – alles in allem etwa fünfzehn Teilnehmer – lernen sollte, anderen zu vertrauen. Andere Übungen sollten uns helfen, im Team zu arbeiten. Es fanden Sitzungen statt, in denen es um die Wirkung traumatischer Erfahrungen ging. Und in diesen Sitzungen erzählten die Leute einer nach dem anderen ihre Geschichte.

Wie Sie wissen, war ich auf so etwas nicht gerade versessen. Ich fühlte mich einfach nicht wohl dabei, vor einer ganzen Gruppe zu sprechen. Zwar hatte ich meine Geschichte oft erzählt, als ich auf Lesereise war. Aber das hier war einfach anders.

Anfangs hatte ich immer nur über das Buch gesprochen. Die elf Jahre in Castros Haus hatte ich dort in allen Einzelheiten beschrieben. Ich beantwortete einfach wieder und wieder Fragen zu den Ereignissen dieser Jahre. Und ich sprach vor einem Publikum, meist namenlosen Menschen, die auch kaum zu sehen waren.

Hier bei Onsite saßen wir alle zusammen in ein und demselben Raum, gemeinsam, Seite an Seite. Alles Menschen, die von vergangenen Traumata geschädigt waren. Es war viel intimer, und es fühlte sich einfach anders an.

»Ich spreche über dieses Zeug nicht mal mit meinem Bruder«, sagte ich zu den Leuten. »Wieso sollte ich gerade jetzt und hier über meine Probleme reden?«

»Na schön«, erwiderte der Diskussionsleiter. »Wenn Sie über Ihre Probleme nicht reden wollen, wieso erzählen Sie uns dann nicht einfach, wie Sie sich fühlen.«

»Mir geht es total mies«, sagte ich. »Ich habe den Eindruck, ich werde dazu gedrängt, vor einem Haufen Fremder über mein ganz privates Leben zu reden. Und das passt mir gar nicht.«

»Gute Verarbeitung«, erwiderte der Diskussionsleiter. Ich

nehme an, sie verarbeiteten die Information, die ich ihnen gerade gegeben hatte. Ich selbst hatte nicht das Gefühl, dass ich irgendetwas verarbeitete.

***

Schließlich ging ich zu meiner ersten Übungseinheit bei der Pferdetherapie.

Ich hatte absolut keine Ahnung, was ich erwarten sollte. Ungefähr zehn aus unserer Gruppe hatten sich für die Pferdetherapie angemeldet, und wir wanderten alle zu der Scheune, die als Pferdestall diente. Wenn ich sage, wir wanderten, meine ich auch wandern. Das Gelände war so riesig, so weitläufig, dass es eine ganze Weile dauerte, bis wir ankamen. Aber es war ein herrlicher Tag. Das Laub der Bäume verfärbte sich, die Sonne schien hell, und die Luft war kühl. Pulloverwetter. Alles, was ich brauchte, um mich wohlzufühlen, war eine leichte Strickjacke.

Als wir zur Scheune kamen, führten die Viehhirten alle Pferde nach draußen auf die umzäunte Koppel, wo wir warteten. Die Pferde fingen an, Heu und Gras zu kauen. Dann verlangte der Seminarleiter, der Verantwortliche für die Pferdetherapie, dass wir uns unter die Pferde mischen sollten.

Ich hatte noch nie in meinem Leben auf einem Pferd gesessen. Und ich glaube, ich war vorher einem Pferd auch noch nie so nah gewesen. Aber ich liebe alle Tiere, also fing ich an, die Pferde der Reihe nach zu tätscheln. Sie schienen nett und passiv, ein bisschen weniger beängstigend von Nahem als von Weitem.

»Also schön«, sagte der Seminarleiter. »Jetzt suchen Sie sich ein Pferd aus, das für den Rest Ihrer Zeit hier Ihr Pferd sein soll.«

Alle machten sich daran, ihr Pferd auszusuchen, wohl nach der Farbe. Ich hatte mich auf einen schönen Braunen festgelegt, der außerdem ziemlich klein war. Eines wusste ich nämlich mit Sicherheit: Ein riesiges Pferd wollte ich nicht.

Aber schließlich wählte »mein« Pferd mich aus, nicht andersherum. Er hieß Waylon, und er kam hinter mir her, senkte den Kopf und rieb sein Gesicht an meinem. Ich fand das richtig niedlich. Aber ich gestehe, ich hatte Angst vor seiner Größe – vor allem, wenn man bedenkt, dass ich nur einen Meter vierzig groß bin. Daran konnte ich allerdings nichts ändern. Er hatte mich nicht nur ausgesucht, er war auch das letzte Pferd, das noch übrig war. Und er war der dickste und größte. Alle anderen Pferde waren schon vergeben.

Auf jeden Fall war er ein schönes Tier. Alles an ihm war golden – sein Fell in cremigem Gold, die goldbraune Mähne und der goldbraune Schweif, der im Wind zu schweben schien. Und wunderschöne goldbraune Augen hatte er auch.

Anfangs hatte ich richtig Angst, er würde auf mich treten. Und da hätte auch nicht viel gefehlt, bedenkt man die Größe. Aber natürlich passierte das nicht. Stattdessen passierte etwas ganz anderes.

Tiere hatte ich immer geliebt, weil sie nicht über einen urteilen. Sie kritisieren nicht, und missbraucht wird man von ihnen definitiv auch nicht. Ich sagte es bereits: Die einzigen Lebewesen, die andere aus reiner Lust verletzen, sind Menschen. Kein Tier würde so etwas je tun. Aber als ich Waylon kennenlernte, hatte ich trotzdem das Gefühl, dass er irgendwie auf Distanz zu mir ging. Er hatte mein Gesicht mit seinem berührt, aber als wir schließlich miteinander arbeiteten, schien er irgendwie distanziert. Es kam keine Kommunikation zwischen uns zustande, bis ich endlich begriff, dass er nur deshalb distanziert war, weil ich es war.

Das Pferd hatte es verstanden. Ich war distanziert. Und ich wollte mich distanzieren – von jedem. Ich wollte meine Geschichte für mich behalten. Es hatte gereicht, das Buch für ein Publikum zu schreiben, das unsichtbar war und das ich auch nie kennenlernen würde. Ich wollte mit dem Ganzen einfach nichts mehr zu tun haben. Ich wollte nur mein Leben weiterleben.

Nehmen Sie bitte zur Kenntnis, dass ich nie auf diesem Pferd geritten bin. Während meines ganzen Aufenthaltes bin ich nicht auf seinen Rücken gestiegen. Und darum ging es bei diesem Therapieprozess auch nicht. Das Pferd und ich – beide blieben wir die ganze Zeit für uns, ich auf meinen zwei Beinen, er auf seinen vier. Ich fütterte ihn, ich striegelte ihn. Wie gern bürstete ich ihm Mähne und Schweif. Und ich mistete seine Box aus.

Ich kümmerte mich um ihn, verdiente mir sein Vertrauen. Und dieses Kümmern gab mir das Gefühl, etwas geleistet zu haben. Im Gegenzug lehrte er mich Geduld. Und er brachte mir bei, mir selbst zu vertrauen.

Die Therapie, die das Zusammensein mit Pferden bietet, und der Grund dafür, dass Rehabilitationsprogramme wie Onsite Pferde einsetzen, basiert auf der Fähigkeit dieser Tiere, die Gefühle eines Menschen jederzeit exakt zu spiegeln. Sie sind fantastische Nachahmer. Sie haben vielleicht davon gehört, wie gut Pferde die Gefühle anderer Pferde spiegeln können. Wenn Sie je einen Film oder eine Dokumentation über Pferde gesehen haben, wissen Sie, wie eine Herde sich verhält. Egal, wie viele Tiere Teil der Herde sind, sie bewegen sich in Synchronisation miteinander.

So verhalten sich Pferde, weil sie Beutetiere sind, keine Raubtiere. Alles bei ihnen zielt darauf ab, in Sicherheit zu bleiben. Das bedeutet, dass sie ständig auf Gefahren achten müssen. Sobald eines der Tiere in der Herde Gefahr spürt und sich nervös oder aufgeregt verhält, spiegelt jedes andere Pferd in der Herde dies wider. Das Gefühl überträgt sich auf die ganze Herde. Auch die anderen Pferde werden nervös, und sie laufen wie wild, um der Gefahr zu entkommen. Dabei bleiben sie die ganze Zeit dicht beieinander. Fast sieht es so aus, als liefe da nur ein einziges Tier.

Zu spüren, was andere Pferde fühlen, ist also ein Bonus. Es ist ein evolutionärer Vorteil, der die Gefahr verringert, welcher ein Pferd allein ausgesetzt wäre. Deshalb sind sie so gut darin, so eingestimmt auf das, was um sie herum passiert. Und deshalb ist es auch Teil ihrer DNS.

Faszinierend ist, dass sich Pferde Menschen gegenüber genauso verhalten. Pferde fangen auf, was Menschen fühlen, genau wie sie spüren, was ihre Artgenossen empfinden. Sobald ein Pferd einen Menschen als sicher einstuft, wird es ihn als Teil der Herde akzeptieren.

Und genau das hatte Waylon getan, als er zu mir herübertrottete, als er mich auswählte. Er zog mich in seinen sicheren Kreis. Und das war es dann: Ich war jetzt Teil seiner Herde.

Menschen mit traumatischen Erlebnissen sind Gefahren gegenüber genauso wachsam wie Pferde – und das die ganze Zeit über. Wir können nicht anders. Es steckt in uns. Anblicke und Geräusche, die für die meisten alltäglich sind, können bei uns etwas auslösen. Und wenn dieser Auslöser betätigt ist, erinnern wir uns nicht einfach nur an das, was uns passiert ist: Unser Körper erlebt das Geschehen noch einmal, und wir reagieren, um uns zu verteidigen. Ich habe schon erwähnt, dass Motorradhelme, Stoffservietten, gewisse Lebensmittel und Gerüche Trigger für mich sind. Innerhalb einer Sekunde können sie mich in Castros Haus zurückversetzen und mich in eine Spirale der Angst und Panik reißen.

Als ich gerade erst im Pflegeheim in Hinckley angekommen war, gab es in meinem Zimmer für den Notfall einen Toilettenstuhl. Aber ich bat Rachel und ihren Mann, ihn fortzubringen. Solch einen Stuhl hatte Castro mir hingestellt, als er mich von der Benutzung eines Plastikeimers zu etwas Besserem »beförderte«.

Im Pflegeheim gab es auch einen Schaukelstuhl. Inzwischen ist mir klar, dass ein Schaukelstuhl in einem Pflegeheim für gebrechliche Senioren zur Standardeinrichtung gehört. Aber Castro hatte einen Schaukelstuhl, den er bei sexuellem Missbrauch einsetzte. Und ich brachte Rachel und ihren Mann dazu, den

Schaukelstuhl da aufzustellen, wo ich ihn nicht sehen konnte. Logisch ist das alles nicht, aber es ist ein Automatismus. Und den sollte meine Therapie mit Waylon möglichst lindern.

Waylon spürte sofort, wenn ich nervös war, so wie in dem ersten Moment unserer Begegnung. Ich hatte regelrecht Angst vor seiner Größe und Kraft. Aber er war zu mir herübergetrabt und hatte mich als Mitglied seiner Herde akzeptiert. Ich sah in seine goldbraunen Augen und hatte das Gefühl, einem Geschöpf in die Seele zu blicken, das mir nur Gutes wünschte. Und so war ich bereit, dem Programm zu vertrauen, in dem wir zusammenarbeiten sollten.

Der Therapieteil des Spiegelns funktionierte folgendermaßen: In den verschiedenen, zu absolvierenden Therapieübungen konnte ich Waylon ansehen und wahrnehmen, was ich fühlte. Und wenn es mir gelang, das Gefühl, das ich empfand, zu ändern, würde sich das in ihm ablesen lassen, in der Art, wie er fühlte. Ihn anzusehen und seine Gefühle wahrzunehmen war für mich also sowohl Anreiz als auch Anleitung, die Art zu ändern, in der ich auf die Welt reagierte.

Für mich persönlich war das wirklich eine schlaue Möglichkeit, genau die Therapie zu absolvieren, die ich brauchte. Ich habe schon erzählt, wie man mir als Kind ständig befahl, den Mund zu halten. Man sagte mir: »Kinder soll man sehen und nicht hören.« Dieser Satz ging mir jedes Mal durch den Kopf, wenn ich als Kind über etwas reden oder wenn ich ausdrücken wollte, wie ich mich fühlte.

Ständig machte ich mir Sorgen, dass ich etwas falsch machte oder etwas nicht sagen sollte, wenn ich es nicht genau auf die Art ausdrückte, auf welche die Leute es hören wollten. Und diese Sorgen machte ich mir immer ganz besonders dann, wenn ich etwas sagte, das den Leuten nicht gefiel. Oder ich hatte Angst, es könnte sinnlos klingen und keiner würde es verstehen. Die Leute würden mich dann einfach auf eine Weise sehen, die wenig mit mir zu tun hätte, und würden mir erklären wollen, wer ich in ihren Augen bin. Wenn ich also den anderen erklären wollte, wie ich mich fühlte, blieb mir im Grunde keine Wahl, als das Wort zu ergreifen.

Aber bei Waylon und der Pferdetherapie war es einfach nicht nötig, meine Gefühle in Worte zu fassen. Was ich fühlte, zeigte sich in meinem Körper, und Waylon erfasste das. Auf dieses Werkzeug vertrauten die Seminarleiter, wenn sie uns zu diversen Aktivitäten aufforderten.

Diese Aktivitäten sollten uns dabei helfen, Vertrauen zu entwickeln und unsere Angst vor dem Verletztwerden zu beruhigen. Wir sollten lernen, uns selbst zu lieben und anderen Menschen zu vertrauen. Bei allen gestellten Aufgaben spürte Waylon die Wirkung, die jede Situation, jede Erinnerung auf mich hatte. Und er reagierte entsprechend.

Meine Gefühle konnte ich einfach nicht vor ihm verbergen. Er war mein Spiegel. Was ich nicht unter Kontrolle bekam oder mit mir ausmachen konnte, zeigte sich in ihm. Ich konnte ihm nur helfen, sich zu beruhigen, wenn ich die Verantwortung für meine eigenen Gefühle übernahm. So lernte ich nicht nur, meine Gefühle in den Griff zu bekommen, sondern sie tatsächlich zu verändern.

Bei Onsite funktionierte das so: Es gab dort eine Art Pfad, auf dem man sein Pferd spazieren führen konnte. Eine kleine Brücke bildete die Mitte zwischen den beiden Hälften des Pfades. Die eine Hälfte, zur Linken, war sicheres Gelände. Die andere Hälfte, zur Rechten, war unsicheres Gelände.

Wenn der Seminarleiter einem eine Aufgabe erteilte, zum Beispiel dem Pferd die Geschichte des eigenen sexuellen Missbrauchs zu erzählen, zeigte das Pferd, was dieser Bericht mit einem anstellte. Ich konnte zittrig sein oder zu große Angst haben, die Wahrheit zu erzählen. Dann ging das Pferd auf die unsichere Seite. Und das bedeutete, dass ich wohl noch nicht bereit war, die ganze Geschichte über das zu erzählen, was mir zugestoßen war. Aber man musste die ganze Wahrheit erzählen, wenn man sein Pferd beruhigen und ins sichere Gelände führen wollte.

Am Anfang standen für mich Übungen auf dem Plan, in denen ich Vertrauen aufbauen und lernen sollte, mich selbst zu lieben. Ich hielt einen Strick, der an Waylons Halfter befestigt war. Der Seminarleiter stellte mir einige Fragen, und das Pferd und ich machten uns auf den Weg. Unter Umständen gab ich eine Antwort, die irgendwie fehlerhaft, unlogisch oder unvollständig war. Ich sagte zum Beispiel nicht die ganze Wahrheit, ich konnte beim Erzählen abgelenkt sein, oder ich hatte Angst vor der Antwort. Das erfasste Waylon sofort und führte uns auf unsicheres Gelände.

Ich konnte meine Antwort »berichtigen«, aufmerksamer sein und die ganze Wahrheit erzählen. Dann führte er mich zurück auf die sichere Seite.

Wie Sie sich denken können, spürt man nach einer Weile, wie wichtig es ist, tief in sich nach der Wahrheit zu graben und auf die sichere Seite zu kommen.

Bei einer Übung musste ich Waylon dazu bringen, auf mich zuzukommen, aber auf mein Kommando stehen zu bleiben. Ziel der Übung war, dass ich die Erfahrung machte, Nein sagen zu können. Das sollte mich daran erinnern, dass ich das Recht und die Kraft hatte, Grenzen zu setzen, die andere respektieren mussten.

Das schaffte ich bei Waylon, denn ich wusste, er würde nicht über mich urteilen. Er konnte nichts Böses, Hässliches zu mir sagen. Er konnte und wollte mir keine Angst machen, wollte nicht, dass ich mich schämte wegen der Dinge, die in meinem Leben geschehen waren. Ich befahl ihm, stehen zu bleiben. Er führte uns direkt auf die sichere Seite. Dann blieb er stehen und zeigte mir damit, dass die Grenzen, die ich gesetzt hatte, logisch und kraftvoll waren.

Eine der härtesten Übungen besteht natürlich darin, deinem Pferd deine traumatischen Erfahrungen zu erzählen und ihm zu erlauben, dich in die Sicherheit zu führen. Unter Umständen spürt es, dass deine Geschichte nicht wahrhaftig ist, dass du Angst hast, sie ganz zu erzählen, oder dass du im Grunde nicht antwortest. Dann führt er dich auf die unsichere Seite. Bis du etwas veränderst.

Als ich diese Aufgabe erhielt, machten Waylon und ich uns auf den Weg. Ich erzählte ihm, wie ich mich als Kind gefühlt hatte. Ich erzählte ihm, ich sei missbraucht worden. Ich erzählte ihm von den wirklich üblen Dingen, die mir als Kind passiert waren. Erzählte ihm, dass diverse Familienmitglieder mich verletzt hatten.

Wir gingen weiter. Dann blieb Waylon stehen, drehte sich zu mir um, hielt inne. Es war, als wollte er mir sagen: Du hast noch mehr zu erzählen. Lass es raus, damit wir über die Brücke gehen und auf die sichere Seite wechseln können.

Auf einmal spürte ich, wie etwas über mich kam und ich ihm alles erzählen wollte. Es strömte einfach so aus mir heraus. Mein ganzes Leben. Der Missbrauch, den ich als Kind erfuhr. Mein Sohn Joey. Die Entführung. Das Haus. Gina und Amanda. Alles, was ich in *Die Unzerbrechliche* schrieb, und auch alles, was Sie in diesem Buch über meine Erfahrungen lesen, seit ich aus Castros Haus herauskam. Die ganze Verwirrung. Der ganze Schmerz. Die ganze Wut. Mein ganzes verkorkstes Leben, in dem ich nicht wusste, wer ich war oder wohin ich ging.

Es war nicht so, wie ein Buch zu schreiben oder Fragen im Fernsehen zu beantworten. Hier redete ich mit jemandem, der mich verstand und mich nicht bewertete. Er war kein Geschöpf, das mich fragte, wieso ich nicht aus Castros Haus hatte entkommen können. Kein Geschöpf, das mir sagte, er oder sie hätte mehr geschafft.

Hier wurden keine Fragen gestellt. Waylon hörte bereitwillig zu. Er verstand sich aufs Zuhören. Es war, als erzählte ich meine Geschichte durch ihn. »Jetzt weiß ich«, sagte ich zu Waylon, »dass nur ich allein bestimme, wer ich bin.« Und wir gingen über die Brücke auf die sichere Seite. Und das war es dann.

Erklären kann ich es nicht. Aber etwas brachte mich dazu, diesem Pferd all das zu sagen, was ich im ganzen Leben keinem Menschen direkt erzählt habe. Ich wusste, Waylon würde es keinem weitersagen, er würde keinen verletzen, würde keinen Vorteil ziehen aus mir oder aus dem, was ich preisgab.

Als er mich über die Brücke auf die sichere Seite führte, hatte ich ein völlig neues Bewusstsein von dem, was ich war. Meine Ängste schienen sich in Luft aufzulösen. Ich fühlte mich stark. Ich hatte den Eindruck, dass Waylon mir geholfen hatte, alle auseinanderfallenden Teile meines Ichs aufzusammeln. Ich spürte, dass er und ich gemeinsam die Einzelteile wieder zusammensetzten.

Die Therapie mit Waylon ermöglichte mir auch, mit den anderen traumatisierten Überlebenden zu reden, die sich jeden Morgen trafen. Je mehr ich die anderen, sowohl Männer als auch Frauen, reden hörte, desto klarer wurde, dass sie alle Entsetzliches hinter sich hatten. Körperlichen Missbrauch, sexuellen Missbrauch, seelischen Missbrauch, Gewalt, Verbrechen. Sie hatten viele verschiedene Arten von Leid erlitten, das sie nun loslassen wollten.

Außerdem wussten die anderen, wer ich war. Sie hatten die Geschichte gelesen oder die Schlagzeilen gesehen oder die Fernsehberichte angesehen. Sie verstanden, wer ich war, und akzeptierten mich als die Person, die ich war. Sie drängten mich nicht zum Reden. Sie warteten einfach, bis ich bereit war. Und schließlich war ich das.

Ich meldete mich zu Wort und erklärte, ich wolle etwas mitteilen. Alle sahen mich an. »Zunächst einmal möchte ich etwas vorwegschicken. Ich musste zuerst lernen, mich selbst zu lieben, damit ich andere lieben kann. Dann werde ich endlich positive statt negative Freunde haben.« Und als ich das sagte, applaudierten alle, was wirklich schön war. Es war ein ermutigendes Feedback.

Ich fuhr fort: »Zum ersten Mal teile ich meine Geschichte mit einer Gruppe von Leuten, die im selben Raum mit mir sind. Und das, weil alle Anwesenden im Grunde dasselbe durchmachen wie ich. Die Leute hier wissen, was ich durchlitten habe. Ich weiß, dass alle auf meiner Seite sind, dass alle voller Zuneigung und Mitgefühl sind. Und deshalb bin ich überzeugt, dass ich es schaffe. Ich kann über meine Vergangenheit reden und meine traumatische Erfahrung mit euch teilen.«

Und ich konnte es tatsächlich, obwohl auch Männer Teil der Gruppe waren. Das machte es schwierig. Es war sogar jemand anwesend, der verantwortlich war für Missbrauch. Anfangs war es für mich sehr, sehr schwer, mich mit ihm im selben Raum aufzuhalten. Aber mit der Zeit begriff ich, dass auch Leute, die sich des Missbrauchs schuldig gemacht haben, Hilfe brauchen.

Es hatte definitiv eine Weile gebraucht, bis ich das Gefühl hatte, die Leute um mich herum zu kennen. Ich brauche immer eine Weile, bis ich Menschen näher kennenlerne. Aber je mehr ich zuhörte, desto mehr begriff ich, dass diese Leute nicht hier waren, um von mir zu profitieren.

Im Gegensatz zu den Therapeuten, mit denen ich bisher geredet hatte, verstand ich, dass all diese Leute ein Trauma erlitten hatten. Und auch sie hatten nicht damit umgehen können. Sie wussten, wie es sich anfühlt, wenn einem der Boden unter den Füßen weggerissen wird. Wie ich hatten sie überlebt. Und das hieß, sie würden nicht über mich richten. Das gab mir das Gefühl, sie würden verstehen, was ich zu erzählen hatte. Ich wäre in Sicherheit, wenn ich vor ihnen sprach.

Die allgemeine Regel lautete außerdem: Was hier passiert, bleibt auch hier. Ich fasste endlich Vertrauen zu dieser Regel.

Und das war das letzte bisschen Sicherheit, das ich brauchte. Ich öffnete mich völlig. Es fühlte sich richtig an, und es fühlte sich gut an.

***

Während meines Aufenthalts in Onsite trainierte ich jede Woche mit Waylon. Jede Sitzung mit ihm war höchst emotional und auch sehr anstrengend. Aber mit jedem Mal wurde ich stärker.

Bei einer unserer letzten gemeinsamen Sitzungen machten wir eine weitere Übung, die sehr wichtig für mich wurde. Diesmal verband uns kein Strick, sondern nur ein ganz leichtes, dünnes Stückchen Schnur. Gerade erzählte ich Waylon, dass ich anderen, vor allem Kindern, helfen wollte, die missbraucht worden waren. Ich wollte auch ihnen einen sicheren Raum bieten.

Da beugte Waylon plötzlich seinen langen, wunderschönen Hals, um sich ein kleines Leckerli zu gönnen und etwas Heu zu fressen. Mit einem Mal riss das Stück Schnur zwischen uns. Ohne innezuhalten oder mich bei dem zu unterbrechen, was ich gerade erzählte, hob ich die gerissene Schnur vom Boden auf und band sie wieder fest. Wir gingen einfach weiter. Waylon hielt uns immer noch auf der sicheren Seite.

Der Moment kam mir bedeutungsvoll vor. Es schien mir zu zeigen, dass man sich immer entscheiden kann weiterzumachen, ganz gleich, was im Leben passiert. Es gibt immer die Möglichkeit wiederanzuknüpfen. Alles Negative in der Welt, der ganze Missbrauch, dem du ausgesetzt bist, kann dich nicht aufhalten. Jeder Tag ist ein neuer Tag, an dem du nach vorn gehen kannst. Eine zerrissene Schnur kannst du jederzeit wieder zusammenbinden.

Bei unserem letzten Besuch bei den Pferden bekam ich die Aufgabe, mir im Geiste jemanden vorzustellen, der mich verletzt hatte. Dann sollte ich versuchen, dieses Bild an Waylon zu übermitteln. Ich sollte der Person sagen, dass ich keine Angst mehr vor ihm beziehungsweise ihr hatte, dass ich von dieser Person nicht mehr verletzt werden könnte.

Tatsächlich gab es nicht nur eine Person, die mich verletzt hatte. Das Bild vor meinem geistigen Auge war also angefüllt mit vielen Personen. Es enthielt die diversen Mitglieder meiner Familie, die mir meiner Meinung nach wehgetan hatten.

Ich rief das Bild in meinem Bewusstsein auf und wartete auf Waylons Reaktion. Als die kam, hatte ich den Eindruck, dass ich endlich die Kraft hatte, diese ganzen Leute aus meinem Leben zu werfen. Ich konnte Nein sagen und mich jedem gegenüber behaupten. Ich empfand es als einen Ausbruch von Kraft. Aber nicht die Art Kraft, die man spürt, wenn man einen Muskel anspannt, sondern eine Kraft tief in meinem Innern.

Ich spürte, diese Kraft würde jeden Tag bei mir sein, wann immer ich sie brauchte. Kraft, mit deren Hilfe ich entscheiden könnte, ob ich sicheres oder unsicheres Gelände betrete. Kraft, die mir helfen würde, ruhiger zu werden und mir bewusst Zeit zu nehmen. Und aus dieser inneren Stärke heraus könnte ich alles überwinden und mich wieder erheben.

Diese Art Stärke fühlte ich in mich strömen. Ich wollte bestimmen, wen ich in mein Leben ließ. Und hätte ich diese Stärke nicht in mir gespürt, hätte mich Waylon nicht auf das sichere Gelände wechseln lassen. Wenn ich spüre, dass meine Stärke auch nur ein klein wenig nachlässt, denke ich auch heute noch an Waylon, das Pferd, das mir nicht erlauben wollte, nachzugeben oder aufzugeben.

Diese Übung kam genau zur richtigen Zeit, denn während meines Monats in Tennessee trat eine ganze Truppe von angeblichen Familienmitgliedern auf den Plan. Die Veröffentlichung von *Die Unzerbrechliche* hatte etliche Leute in Bewegung gesetzt. Die stürmten jetzt ins Fernsehen und behaupteten, sie seien meine Verwandten. Keinen von denen hatte ich je zuvor gesehen. Ich wusste nicht, wie sie hießen, und konnte nur ahnen, was sie mit der Behauptung bezweckten, wir seien verwandt. Sie waren schlichtweg an Geld interessiert. Das ist es meistens, worauf die Leute aus sind.

Ich habe keine Probleme damit, ich zögere nicht, und ich schäme mich auch nicht zu sagen, dass mir ein Pferd Dinge über mich zeigte, die ich lernen musste. Bei meiner Ankunft in dem Trauma-Zentrum war ich weit davon entfernt, mich selbst zu lieben. Ich hatte das Gefühl, mein Leben wäre zu Ende, und keinen würde es interessieren.

Das alles änderte sich durch meine Beziehung zu Waylon. Ich schloss eine einzigartige Freundschaft mit diesem Pferd. Gefühlsmäßig war ich vollkommen sicher bei ihm. Damals empfand ich tatsächlich, dass er mein einziger Freund auf der Welt war. Doch was er mir gab, ermöglichte mir schließlich, andere, echte Freunde zu finden, meinen sicheren Kreis. Und ich glaube, so konnte ich auch meine Beziehung zu meinem Ehemann aufbauen.

Waylon drängte mich nie in eine Ecke, in der ich nicht sein wollte. Und als ich ihn verließ, versprach ich ihm etwas. Ich erzählte ihm, dass natürlich immer noch viel Schmerz in mir sei und dass ich von vielen Leuten immer noch Negatives spürte. Aber ich sah ihm in die Augen und sagte: »Das will ich in meinem Herzen nicht mehr haben. Ich lasse los.«

Ich versprach ihm, ich würde positive Möglichkeiten wählen, um Dinge zu überwinden und meine Ziele zu erreichen. Ich versprach, positive Entscheidungen zu treffen. Und ich räumte ein, dass ich sogar nach meiner Rettung einige schlechte Entscheidungen, einige richtig dumme Entscheidungen getroffen hatte. »Jetzt werde ich anders entscheiden«, sagte ich. »Versprochen.«

Da beugte Waylon seinen wunderschönen Kopf, legte ihn auf meine Schulter und rieb wieder sein Gesicht an meinem.

Und es war, als wollte er mir sagen, dass er verstand. Er wusste, dass alles mit mir in Ordnung käme, weil er wusste, dass ich stark bin.

Mein Monat im Trauma-Zentrum war in vielerlei Hinsicht furchtbar anstrengend. Aber als er um war, fühlte ich mich wahrhaftig bereit, in meinem Leben voranzugehen. Mir war klar, ich würde immer noch Ängste haben, so wie ich es Waylon gesagt hatte. Ich wäre immer noch mit Problemen konfrontiert, und ich hätte immer noch Schwierigkeiten, Beziehungen aufzubauen. Aber jetzt spürte ich, ich würde mit allem fertigwerden. Im Trauma-Zentrum hatte ich gelernt, auf meine eigene Stimme zu hören. Und ich war überzeugt, dass ich die nötige Kraft hatte, mir eine Zukunft zu gestalten.

Es war an der Zeit, nach Hause zu fahren und weiterzumachen.

Kapitel 6

Ein neues Haus und eine neue Liebe

Tief im Herzen weiß ich, ich habe es verdient, den Rest meines Lebens mit Ihnen zu lächeln …

Zum Gestalten einer neuen Zukunft gehört es meiner Ansicht nach, dass man mutig mit all den Dingen in der Vergangenheit umgeht, die einfach nicht mehr funktionieren. Meist muss man sie hinter sich lassen. Schon bevor ich ins Trauma-Zentrum fuhr, hatte ich damit begonnen.

Einigen Angehörigen hatte ich ein Ultimatum gestellt. Entweder, sie benahmen sich wie liebevolle Familienmitglieder, oder sie konnten es vergessen. Beweist mir, dass ihr Verwandte seid, indem ihr euch benehmt, wie sich Verwandte benehmen sollten. Und versucht nicht, irgendetwas aus mir herauszuholen. Schafft ihr das, können wir reden. Ansonsten: auf Wiedersehen.

Das dramatischste Beispiel, das meinen Bruch mit der Vergangenheit zeigt, war meine offizielle und juristisch fundierte Änderung meines Namens. Knapp ein Jahr nach unserer Rettung, etwa als *Die Unzerbrechliche* veröffentlicht wurde, stellte ich die Weichen dafür. Die Autorin dieses Buches hatte ein Leben gehabt, von dem ich mich nie ganz würde trennen können. Aber es war ein Leben, das ich definitiv hinter mir lassen wollte.

Eine neue Zukunft verdiente einen neuen Namen. Ich wählte einen, der meine Liebe und meine Hoffnung spiegelte. Lily wie die Lilien, die mein Leben erhellen. Rose zu Ehren der Freundlichkeit, welche die Mutter einer Klassenkameradin einem kleinen verlorenen Mädchen erwies. Und Lee, der zweite Vorname meines Sohnes, um ihn zu ehren. Denn er war bis dahin das Beste in meinem Leben.

Es stellte sich heraus, dass die Namensänderung gar nicht so schwer durchzuführen war. Tatsächlich kümmerte sich meine Anwältin um die Angelegenheit. Sie erledigte den ganzen Papierkram und erschien an meiner Stelle bei einer Anhörung vor einem Richter. Ich hatte keine Arbeit damit.

Theoretisch hätte mir der Richter das Recht auf eine Namensänderung verweigern können. Für so etwas brauchte man nämlich einen triftigen Grund. Aber den hatte ich schließlich, und die Anhörung dauerte dann auch nicht lange. Bei Verhandlungsbeginn war ich Michelle Knight, und am Ende der Verhandlung war ich Lillian Rose Lee. Ein neuer Name für ein neues Leben.

Ich hatte mich entschlossen, meinen eigenen Bericht über meine Gefangenschaft zu schreiben, statt mich auf ein gemeinsames Projekt mit Gina und Amanda einzulassen. Auch das war ein Bruch mit meiner Vergangenheit. Aber es war nicht die Art Bruch, für den manche Leute ihn hielten.

Mein eigenes Buch wollte ich hauptsächlich deshalb schreiben, weil es Unterschiede gab bei dem, was mit jeder von uns in Castros Haus geschah. Und unterschiedliche Erfahrungen haben unterschiedliche Geschichten zur Folge. Ich war die Erste, die er entführte. Nach mir suchte keine Familie, kein Angehöriger sorgte sich um mich. Ich war am längsten gefangen. Und mich behandelte er am schlimmsten. Deshalb erschien es mir nur logisch, meine eigene Geschichte auf meine Art zu erzählen. Und Gina und Amanda sollten ihre Geschichte auf ihre Art erzählen. Genau das tat ich in *Die Unzerbrechliche*. Und in dem Buch *Hope* erzählten die beiden ihre Geschichte, mit jeweils wechselnden Erzählerstimmen.

Die Verbindung zwischen uns drei Frauen ist unzerstörbar und wird es immer bleiben. Keine von uns entschied sich bewusst für diese Verbindung. Das Überleben machte sie notwendig. Wir erlitten schreckliche Folter und furchtbares Leid, vor allem Gina und ich. Wir teilten uns ein Zimmer und waren manchmal buchstäblich aneinandergekettet.

Solch eine Verbindung kann man nicht vergessen. Sie ist immer da. Aber Erfahrung, die uns verband, sorgt inzwischen in gewisser Weise dafür, dass wir uns auf verschiedenen Pfaden bewegen. Ich glaube, nach unserer Befreiung empfanden wir alle die Notwendigkeit, unseren eigenen Weg zur Genesung zu finden. Wir sind Individuen, haben unsere eigene Persönlichkeit, unseren speziellen Charakter und natürlich auch unsere eigenen Gefühle. Und wir brauchen unseren Freiraum.

Zum letzten Mal trafen wir drei uns im Februar 2014, als John Kasich, der Gouverneur von Ohio, uns die Medaille für Zivilcourage unseres Heimatstaates verlieh. Aus dem Anlass reisten wir nach Medina und begaben uns ins Performing Arts Center. Wir hörten, wie der Gouverneur unsere »innere Stärke und unsere Zivilcourage« pries sowie die Tatsache, dass wir »stark blieben und zusammenhielten«. Und uns wurden stehende Ovationen zuteil, die endlos zu dauern schienen. Es bestand keine Notwendigkeit, dass wir viele Worte zueinander sagten. Und das taten wir dann auch nicht. Aber wir umarmten und drückten uns. Und wir alle wissen, dass wir einander nur das Beste wünschen.

Einen ganz anderen Bruch mit der Vergangenheit hatte ich im Sinn, als ich aus Tennessee und vom Trauma-Zentrum zurückkehrte. Zum einen ging es um die Trennung von einem Mann, mit dem ich mich eine Zeit lang getroffen hatte. Mit jemandem auszugehen war ohnehin sehr schwierig für mich. Schließlich hatte ich große Probleme damit, Männern zu vertrauen. Und das viele Reisen war auch nicht gerade hilfreich. Ich hatte einfach nicht die Zeit, jemanden besser kennenzulernen.

Aber das mangelnde Vertrauen war das hauptsächliche Hindernis. Ich versuchte, meine Zurückhaltung zu überwinden, weil ich nicht wollte, dass meine Vergangenheit mich bis in alle Ewigkeit beeinflusste. Sie sollte mich nicht davon abhalten, überhaupt mit einem Mann zu reden oder eine Beziehung für möglich zu halten.

Als ich also im Corner Alley »Pete« traf – so will ich ihn hier nennen –, war ich wenigstens offen genug, um mit ihm zu reden. Zu Anfang schmeichelte mir seine Aufmerksamkeit. Wir trafen uns jedoch erst einige Wochen, als ich immer mehr den Eindruck gewann, dass er ein regelrecht kontrollwütiger Mensch war und besitzergreifend dazu. Ständig wollte er wissen, wo ich mich gerade aufhielt, mit wem ich zusammen war, was ich machte.

Wie Sie sich denken können, kam das nicht gerade gut bei mir an. Nach nur wenigen Wochen, bevor wir überhaupt eine echte Beziehung aufgebaut hatten, erklärte ich ihm, dass dies für mich nicht das Richtige sei und wir getrennte Wege gehen müssten.

Außerdem hatten mir Facebook-Freunde vor einer Weile geschrieben, dass mir einer ihrer Freunde womöglich gefallen könnte. Ich sah ihn mir an und fand ihn auf seinen Fotos sehr attraktiv. Mir gefiel, was er in seinen Posts und in seinen Antworten auf die Posts anderer schrieb. Er erschien mir sanft und lieb, nicht respektlos oder wütend, wie es so viele Leute in sozialen Medien zu sein scheinen. Außerdem zeigten ihn seine Beiträge als einen Mann, der seine Familie schätzte, vor allem seine Mutter. Und auch das fand ich großartig.

Aber Sie wissen ja, wie das so geht. Ich überlegte, ob er auch in Wirklichkeit so aussah wie auf seinem Profilfoto und ob sich mein anfänglicher Facebook-Eindruck von ihm als zutreffend erweisen würde. Zunächst unternahm ich also nichts, um mit ihm in Kontakt zu treten. So ziemlich das Einzige, das ich über ihn wusste, war sein Name. Er hieß Miguel.

***

Ich war bereit, neue Wege zu gehen – und so etwas von bereit, aus meiner Wohnung auszuziehen! Das hatte ich tatsächlich schon vor einiger Zeit gespürt. Nach wenigen Monaten im Stadtzentrum war mir klar geworden, dass es nicht das Richtige für mich war. Die Gegend war viel zu belebt. Mit der Geschwindigkeit und der ständigen Aktivität um mich herum konnte ich nicht umgehen.

Ich brauchte eine neue Umgebung und neue Freunde. Mir war bewusst, dass ich nach wie vor zu viel trank. Immer noch verließ ich mich ein wenig darauf, dass der Alkohol die Erinnerungen betäubte, die mir unentwegt aufs Neue durch den Kopf schossen. Das Trinken ließ sich auch nur schwer vermeiden, bedenkt man, mit was für Leuten ich um die Häuser zog. Jim und Kenny hatte ich immer noch von Herzen gern. Und ich traf mich auch weiterhin mit Anita und Erna und unternahm viel mit ihnen. Aber ich war all die Leute leid, die wie gesagt nur dann meine Freunde sein wollten, wenn wir zusammen waren, nicht aber hinter meinem Rücken.

Hinzu kam, dass die Hausverwaltung mir Schwierigkeiten wegen der Hundehaltung machte. Ich wollte jedoch unbedingt einen Hund. Zunächst sagten sie, Haustiere seien generell nicht gestattet. Dann erklärten sie, ich dürfe mir einen kleinen Hund anschaffen. Wie klein?, fragte ich mich. Mich einschränken zu müssen, was die Anzahl oder Größe meiner Haustiere betraf, gefiel mir überhaupt nicht.

Außerdem wurde ich immer noch fast überall in Cleveland als »Berühmtheit« wahrgenommen. Selbst nach einem Jahr konnte ich nicht die Straße hinuntergehen, ohne dass Leute mich anstarrten oder mich anhielten und fragten, ob sie ein Foto machen dürften. Ich fühlte mich ständig beobachtet und fast immer bewertet. Mir war, als hätte ich die ganze Zeit neugierige Augenpaare im Rücken.

Obwohl die ganzen Lesereisen, die ich wegen des Buches

unternommen hatte, mir eine neue Welt eröffnet hatten, wurde mir immer klarer, dass ich ein eigenes Zuhause wollte. Ich wollte einen friedlichen Ort mit eingezäuntem Garten, wo ich Hunde halten und sie frei herumlaufen lassen konnte. Wo ich im Badeanzug zur Hintertür hinausgehen konnte, ohne neugierige Augenpaare auf mir zu spüren.

Meine Anwältin machte einen Immobilienagenten ausfindig, der für mich tätig werden wollte. Und dann ging es los. Wir konzentrierten uns auf eine ruhige, grüne Gegend westlich von Clevelands Stadtzentrum. Das erste Haus, das ich besichtigte, gefiel mir sofort. Es sah aus, als läge es mitten im Wald. Aber es war von oben bis unten mit Teppichboden ausgelegt, und darauf reagiere ich allergisch, es sei denn, es ist allergikergerechte Auslegware. Kaum hatte ich das Haus betreten, bekam ich schon Nesselausschlag. Alle Teppichböden herauszureißen und neue Böden verlegen zu lassen würde viel Arbeit, viel Zeit und viel Geld kosten. Außerdem kann man ja schließlich nicht gleich das erstbeste Haus kaufen, das man besichtigt, oder? Ich wollte also weitersuchen.

Im nächsten Haus hingen Ketten an den Lampenanschlüssen an Decken und Wänden. Ketten sind ein starker Trigger panikartiger Erinnerungen für mich – ein wirklich angsterregender Auslöser. Sofort machte ich, dass ich hinauskam. Ich besichtigte ein weiteres Haus, das einen Keller hatte genau wie bei Castro. Und auch da trat ich einen hastigen Rückzug an.

Das nächste Haus gefiel mir sehr, abgesehen von der Farbe. Es war irgendwie – verzeihen Sie den Ausdruck – kotzgrün. Sämtliche Außenwände zu streichen würde wiederum viel Zeit und Geld kosten. Und weil es schon Spätherbst war, müssten die Arbeiten wahrscheinlich bis zum Frühjahr warten. Also suchte ich weiter.

Im nächsten Haus war nur in wenigen Räumen Teppichboden verlegt. Den könnte ich wohl selbst herausreißen, überlegte ich. Auch hier gab es einen Keller, aber der schien mich nicht weiter zu stören. Es fehlte nur ein Zaun um das Gärtchen hinter dem Haus. In Gedanken machte ich schon Pläne, wie ich die Zimmer für mich gestalten wollte, also machte ich ein Angebot. Und wie das in solchen Fällen alle Kaufinteressenten tun, wartete ich ab.

Erinnern Sie sich noch, wie es war, als Sie Ihr erstes Haus gekauft haben? Und wenn Sie das nie getan haben, können Sie sich vielleicht vorstellen, wie spannend es wäre. Ich lebte in meiner Mietwohnung, die mit jedem Tag weniger anziehend auf mich wirkte. Und als der Immobilienmakler anrief und mir sagte, mein Angebot für das Haus sei akzeptiert worden, war ich außer mir vor Freude. Ich sah mich in meiner Wohnung um und hätte beinahe laut »Auf Wiedersehen« gesagt. Wenige Wochen vor Thanksgiving wurde der Kauf offiziell besiegelt, und ich zog ein, um Thanksgiving 2014.

Für mich war es aufregend zu sehen, wie der Zaun hochgezogen wurde. Und noch aufregender war es, all meine Möbel aus der Wohnung ins Haus zu schaffen. Die ganzen Sachen, bei denen alles zusammenpasste. Dann kaufte ich weitere Möbel und Deko. Schließlich verbrachte ich meine erste Nacht in meinem eigenen Bett in meinem eigenen Schlafzimmer in meinem ganz und gar eigenen Haus.

Und wie aufregend war es erst, auf meine Art mit den ganzen Ausbesserungen anzufangen. Einen großen Teil der Arbeiten machte ich selbst, mit Unterstützung eines Landschaftsgärtners und Innenausstatters namens Shawn, der bald ein guter Freund wurde. Wir rissen etwas von dem Teppichboden heraus und fanden darunter wunderschönes Hartholzparkett. Es musste nur an den Unebenheiten und Dellen abgeschliffen und versiegelt werden.

Die Zimmer strichen wir in verschiedenen Farben, das eine himmelblau, ein anderes in einem Pfirsichton, das nächste in Orange und eines in Tannengrün. Im Wohnzimmer entschied ich mich für ein lebhaftes Rot für die Wände. Bei der Gelegenheit erhielt ich eine Lektion darin, wie schwierig es ist, rote Farbe für größere Flächen von Eimer zu Eimer im genau gleichen Ton zu mischen. Schon beim zweiten Eimer stimmte das Mischungsverhältnis nicht mehr richtig. Allmählich sah die Wand aus wie eine Anhäufung roter Flecken. Das sollten wir lieber vergessen, entschied ich. Und so strichen wir die Wand in einem cremigen Hellbraun, das mich an das Zeichenpapier im Kindergarten erinnerte.

Nach meinem Einzug nahm ich verschiedene Reparaturen und einige Veränderungen vor, an die ich mein Herz gehängt hatte. Aber schon kurz darauf kamen die Probleme. Beim ersten Regen fiel mir eine leckende Stelle im Dach auf. Das musste sofort in Ordnung gebracht werden. Am ersten richtig kalten Tag sah ich meinen Atem vor mir und Eiskristalle auf den Fenstern, obwohl die Heizung an war. Und da war mir klar, ich müsste sämtliche Fenster austauschen lassen, sobald es dazu warm genug wäre.

Es gab Probleme mit dem Kamin, Probleme mit den Rohrleitungen. Und als ich Atemschwierigkeiten bei jedem Gang in den Keller hatte, wurde mir klar, dass dort unten alles verschimmelt war. Die Wände waren offensichtlich gerade genug gereinigt worden, um potenziellen Käufern das Haus zu zeigen. Aber jetzt war der ganze Schimmel zurückgekehrt. Bewaffnet mit einem Tischlerhammer, riss ich selbst die Wandpaneele heraus. Und da war die Bescherung – schwarzer Schimmel, der sich überall an den Wänden von oben nach unten zog. Noch eine Katastrophe, die dringend in Ordnung gebracht werden musste.

Den Frühling des nächsten Jahres würde ich eindeutig mit diversen Reparaturen in meinem Haus verbringen müssen. Ich schwor mir, dass ich in mein nächstes Haus erst dann einziehen würde – wann immer und wo auch immer das sein sollte –, wenn ich wüsste, dass alles in gutem Zustand war.

Trotz all der Probleme war ich in meinem Haus nicht unglücklich. Ich fand die Lage schön, ich mochte die Nachbarn, die meisten jedenfalls, und ich konnte tatsächlich im Badeanzug aus der Hintertür treten, ohne diese vielen Augenpaare auf mir zu spüren.

Aber dann ging ich eines Tages wie üblich in den Keller. Es war dunkel, und ich tastete nach dem Lichtschalter, als ich plötzlich ein ganz unheimliches Gefühl hatte. Dieser besondere Auslöser, der das Grauen des Kellers in Castros Haus wieder an die Oberfläche brachte, schien in großem Stil zurückgekehrt zu sein. Vielleicht war er auch nie weg gewesen. Das war es dann also, dachte ich. Alleine konnte ich nicht mehr hinunter. Und womöglich ginge ein Keller für mich überhaupt nicht mehr.

***

Irgendwie ist es schon komisch, dass ich Miguel auf Facebook »kennenlernte«. Als ich mich das erste Mal mit Facebook vertraut machte, war ich ziemlich skeptisch. Damals war ich gerade wieder einmal im Pflegeheim. Und ich erinnere mich noch gut an den Schock, als ich die ganzen negativen Kommentare im Internet las. Später machte ich mir am meisten Sorgen darüber, wie offen die Leute dort ihre Gefühle, Gedanken und Meinungen austauschten. Das lag so gar nicht in meiner Natur. Ich war etwas vorsichtiger, wenn es darum ging, mich Menschen auf diese Weise zu öffnen, die ich nicht kannte.

In meiner Anfangszeit auf Facebook war ich also eher Beobachterin als aktive Teilnehmerin. Ich surfte herum und fügte manchmal meiner Liste Freunde hinzu, die ich schon im echten Leben kennengelernt hatte. Es dauerte eine Weile, bis ich Leute zu Freunden erklärte, die ich noch nie gesehen hatte. Aber irgendwann verstand ich, dass Facebook eine gute Möglichkeit war, Menschen kennenzulernen und vielleicht neue Freundschaften zu schließen. Und wieso auch nicht? Anfangs ahnte ich noch nicht, dass ich mich mit so viel neuen Freunden großartig unterhalten und am Ende feststellen würde, dass wir vieles gemeinsam hatten und uns sehr mochten.

Das war meine Haltung an dem Abend, als ich Miguel als Freund anfragte. Zu dem Zeitpunkt wohnte ich schon in meinem neuen Haus. Eines Abends saß ich in meinem Schlafzimmer und suchte irgendetwas Interessantes im Fernsehen. Ich fand aber nichts. Also checkte ich mein Handy nach neuen Nachrichten.

Dann ging ich auf Facebook und sah mir noch einmal diesen attraktiven Mann an, auf den ich vor meiner Abreise nach Tennessee gestoßen war. He, dachte ich mir, wieso unterhalte ich mich nicht einmal mit dem Typen? Der scheint doch nett zu sein. Mal sehen, wohin das führt. Vielleicht schließen wir ja Freundschaft. Vielleicht wird es sogar etwas noch Positiveres für mich. Also los, beschloss ich. Mal gucken, was passiert.

Während ich dies schreibe, kommt es mir seltsam vor, dass ich damals all das dachte. So viel ist seitdem passiert.

Aus seiner Sicht, so erzählte er mir später, hielt er diese Freundschaftsanfrage für die eines Betrügers. Er konnte sich nicht vorstellen, wieso jemand, den er aus den Schlagzeilen kannte, in Kontakt mit ihm treten wollte. Dann dachte er sich, dass wir, sollte ich wirklich die Frau aus den Schlagzeilen sein, wohl einige gemeinsame Bekannte auf Facebook hatten. Das hätte meine Freundschaftsanfrage in seinen Augen erklären können. Aber sogar das wäre seltsam, denn die Leute, die wir beide auf Facebook kannten, waren wirklich nur »Bekannte« und keine echten Freunde. Also kam es ihm irgendwie unwirklich vor, dass wir auf diese Weise tatsächlich in Kontakt treten könnten.

Seltsam oder Schicksal oder einfach nur Glück ... Hätte ich an dem Abend etwas Tolles im Fernsehen gefunden, oder hätte er entschieden, ich sei eine Betrügerin und keiner Antwort wert, wer weiß, ob wir uns überhaupt je kennengelernt hätten. Aber daran mag ich nicht einmal denken.

Und wir lernten uns tatsächlich kennen. Ich musste ein paar Tage auf eine Reaktion auf meine Freundschaftsanfrage warten, denn er arbeitete damals zu ungewöhnlichen Zeiten. Ich hingegen war viel unterwegs, wir hatten also kaum übereinstimmende Zeitpläne. Aber als wir dann in Kontakt traten, fingen wir einfach an, uns gegenseitig aus unserem Leben zu erzählen.

Wir stammen beide aus Cleveland. Das hatten wir also immerhin schon gemeinsam. Auf Facebook tauschten wir etliche Fotos aus, aber nach einer Weile wollte ich seine Stimme hören. Deshalb schrieb ich ihm: Ich bin diese Textnachrichten leid. Könntest du mir deine Telefonnummer geben? Lass uns doch telefonieren.

Ich kann mich kaum noch an das erinnern, was wir bei unserem ersten Gespräch zueinander sagten. Nichts allzu Bedeutungsvolles jedenfalls. Ich weiß noch, ich war nicht überrascht, dass er eine tiefe, richtig männliche Stimme hatte. Und ich weiß noch, dass mir das sehr gefiel. Es gefällt mir immer noch.

Ich fragte ihn nach seiner Arbeit. Und er erzählte mir alles über seine Erfahrungen in der Navy und seinen Job als Kurierfahrer für medizinischen Bedarf. Er sprach auch über die Musik, die er mochte, meist Countrymusic und Rock 'n' Roll sowie Rap mit sinnvollen Texten.

Stundenlang hingen wir an dem Abend am Telefon, redeten über grundlegende Dinge, über Vorlieben und Abneigungen, Gedanken und Meinungen. Und so nahm unsere Bekanntschaft ihren Anfang. Wie gesagt handelte es sich nicht um ein besonders tiefschürfendes Gespräch. Es war nicht so, dass ich das Telefonat beendete und »Fantastisch!« schrie. Aber fantastisch war es doch, so angenehm und so leicht mit diesem Mann ins Gespräch zu kommen, den ich noch nicht einmal gesehen hatte.

Die Verbindung zwischen uns beiden bezeichne ich als spirituell. Schon ehe wir uns persönlich begegneten, ehe wir uns überhaupt sahen, konnten wir endlos über die Ähnlichkeiten in unserem Leben reden, über Probleme mit der Familie, über das, was wir im Leben für wichtig hielten und warum wir das taten. Wir erzählten uns die Träume, die wir als Kinder gehabt hatten, und die Träume, die wir jetzt hatten. Wir redeten über Werte, wir tratschten, und wir sprachen über unsere Vorstellungen von Spaß.

Aber ich glaube, was die Sache wirklich ins Rollen brachte, war, dass wir uns ganz zufällig eines Abends in einem Restaurant begegneten. Ich feierte dort den Geburtstag einer Freundin, er war mit einigen Freunden zum Abendessen ausgegangen. Aber weder Miguel noch ich wussten von der Anwesenheit des jeweils anderen. Ich kam gerade aus der Damentoilette, und er war auf dem Weg zur Herrentoilette. Ich weiß noch, dass ich mit meinen Gedanken ganz woanders war, als wir uns plötzlich in die Arme liefen. Wir erkannten einander sofort, dank der Fotos. Wir hatten so viel geredet. Aber jetzt, als wir uns einander vorstellten, war meine Reaktion: Ach du meine Güte! Du bist kein Catfish! Du bist tatsächlich echt!

Natürlich müssen Sie etwas über die Reality-Show »Catfish« im Fernsehen wissen, um zu verstehen, wieso es mich so umhaute, als ich Miguel begegnete. In jeder Folge dieser Show geht es um zwei Leute, die eine Beziehung im Internet beginnen und sich erst später persönlich kennenlernen. Manchmal stellte sich heraus, dass einer oder eine der beiden bei der Beschreibung der eigenen Person nicht ganz ehrlich gewesen ist. So jemanden nennt man dann Catfish. Manchmal sind auch beide Catfishes.

Ich glaube, als Miguel und ich uns an dem Abend in dem Restaurant begegneten, waren wir für einen Moment skeptisch. Würde sich der andere als der Mensch erweisen, den wir aus stundenlangen Telefonaten kannten? Oder hatte einer von uns oder gar wir beide über uns gelogen? Wir waren erleichtert, als wir feststellten, dass der jeweils andere absolut echt war. Trotzdem blieb unsere Beziehung noch mehrere Wochen lang eine Telefonfreundschaft.

Ich weiß, er hielt mich in manchen Dingen für naiv. Schließlich hatte ich in elf Jahren Gefangenschaft in Castros Haus vieles nicht mitbekommen. Wie zum Beispiel das Verbot, während eines Fluges nach Belieben Flüssigkeiten im Handgepäck zu transportieren. Aber im Gegensatz zu vielen anderen Leuten drängte er mich nie, über das zu reden, was mir passiert war. In seiner Gegenwart fühlte ich mich wohl, also öffnete ich mich ihm im Lauf der Zeit. Ich erzählte ihm von meiner Kindheit und davon, wie meine Eltern mich auf verschiedene Arten schlimm behandelt hatten. Und ich erzählte ihm von dem Trauma, das ich in Castros Haus durchlitt. Ich wartete ein paar Wochen, ehe ich ihm ein Foto aus meinem Buch *Die Unzerbrechliche* schickte. Und ich sagte zu ihm: »Wenn du mal Zeit hast, kannst du ja ein bisschen darin lesen.«

Seine Antwort gefiel mir sehr. Er sagte: »Das möchte ich nicht so gerne. Ich möchte dich lieber kennenlernen.«

Ich fand das richtig süß. Er wusste, wer ich war. Er wollte mich nicht bedrängen. Seine Sanftheit und seine Freundlichkeit berührten mich sehr.

Ich wollte nicht vorpreschen, wenn ich über mein Leben redete. Ich wartete ab, ob er mir sagte, das, was er gehört habe, sei zu viel für ihn. »Wir müssen das Stück für Stück angehen«, sagte er. Ich begriff, dass meine Vergangenheit für ihn, wie auch für jeden anderen, schwer zu verdauen war. Und wir verabredeten, dass wir es langsam angehen lassen würden.

So wuchs unser gegenseitiges Vertrauen, und im Lauf der Zeit wurde unsere Zuneigung immer tiefer. Als wir schließlich unsere erste richtige Verabredung hatten – ein reservierter Tisch in einem thailändischen Restaurant, nur wir zwei an einem kalten Januarabend 2015 , wussten wir beide mit ziemlicher

Sicherheit, dass wir im anderen eine verwandte Seele gefunden hatten. Wir wollten einfach nur sicher sein, dass es wahr war. Und wir waren vorbereitet, als ich vorschlug, dass wir einen Tag nach dem anderen angehen und sehen sollten, wohin uns das führte.

Das Abendessen war gleichzeitig romantisch und nüchtern. Die Frage war: Sind wir ein Paar? Die Antwort lautete: Aber natürlich! Wieso nicht?

***

Es ist ja nicht so, dass ich nie verliebt gewesen wäre. Ich war bis über beide Ohren verliebt gewesen in Joeys Vater Erik. Tatsächlich weiß ich eines ganz genau: Wenn ich meinem Sohn endlich begegne, werde ich ihm sagen, dass er definitiv mit Liebe empfangen wurde. Ich mag vielleicht nicht wissen, was aus Erik geworden ist oder wo er sich aufhält. Aber ich weiß bestimmt, dass wir beide ganz verrückt nacheinander waren. So verrückt, dass wir all den engstirnigen Menschen um uns herum trotzten, die meinten, ein schwarzer Junge und ein weißes Mädchen sollten nicht zusammen sein.

Aber damals war ich siebzehn, und derart verliebt zu sein konnte nicht ewig dauern. Das hier, mit Miguel, war etwas anderes.

Zunächst einmal war ich inzwischen älter. Ich hatte viel durchgemacht, klar. Ich hatte traumatische Erfahrungen überlebt, die manche Menschen in den Wahnsinn getrieben und andere dazu gedrängt hätten, Selbstmord zu begehen. Ich war niedergedrückt, aber nicht gebrochen worden.

Voller Optimismus war ich überzeugt, dass ich nach allem, was ich erlebt hatte, die Liebe finden könnte. Die ganze Welt hatte die Geschichte gehört, wie ein schmutziger älterer Mann mir schwerste Schäden zugefügt hatte. Sogar ich fragte mich:

Wer könnte mich danach noch wollen? Wie sollte mich je jemand lieben? Ich sah nicht, wie das möglich sein sollte. Das hieß aber nicht, dass ich nicht geliebt werden wollte. Jeder will geliebt werden.

Dieser Möglichkeit öffnete ich mich. Und es passierte. Miguel passierte. Er verurteilte mich nicht wegen meiner Vergangenheit. Er begriff, dass die Vergangenheit etwas war, das mir angetan worden war. Er sah darüber hinweg und erkannte, wer ich wirklich war – ich. Und das, was er erblickte, fand er schön.

Als wir an dem Abend in dem thailändischen Restaurant beim Essen saßen, wussten wir, dass der Übergang nicht leicht sein würde. Es gab praktische Gründe: Miguel arbeitete immer von neun bis fünf, und ich war die ganze Zeit unterwegs bei Interviews und Buchpräsentationen. Und es gab noch tiefere Gründe: Beide waren wir diese Art von Bindung noch nicht eingegangen. Aber es fühlte sich richtig an.

Und so zog Miguel Anfang 2015 zu mir. Im Lauf der kommenden Wochen und Monate bekam unsere Beziehung die Gelegenheit, von Tag zu Tag stärker und lohnender zu werden. Eine Weile hielten wir geheim, dass wir ein Paar waren. Miguels engste Freunde wussten über uns Bescheid und freuten sich für ihn. Wenn auch nicht alle so dachten, waren wir mit jedem Tag sicherer, dass das mit uns beiden richtig war.

Meine erste Begegnung mit seiner Familie war alles andere als einfach. Seine Schwester hatte ich bereits kennengelernt. Aber diesmal traf sich die ganze Großfamilie im Haus seines Onkels. Es waren wirklich sehr viele Verwandte anwesend. Miguels Familie stammt aus Puerto Rico. Es wird also sehr viel Herzenswärme bei einem Familienfest verbreitet. Viele Leute waren da, und ich glaube, Miguel und ich fühlten uns ein bisschen wie auf dem Präsentierteller. Mir jedenfalls ging es so.

Mit manchen aus der Familie hatte ich ein paar erfrischende, angenehme Gespräche. Mit anderen kam es zu sehr peinlichen

Momenten. »Weißt du, du kannst ja immer noch ein Baby kaufen.« Da musste ich wirklich heftig schlucken. Solch eine gedankenlose Bemerkung. Ein anderer witzelte darüber, dass Miguel »nur hinter meinem Geld« her sei. Das fand ich überhaupt nicht komisch.

Ich wäre am liebsten gegangen. Aber Miguel sagte, wir müssten noch ein wenig länger aushalten. Also blieb ich ruhig und konzentrierte mich auf das Essen, eine Auswahl spanischer Gerichte, die endlos zu sein schien.

Miguel hatte mich davor gewarnt, dass seine Verwandten nicht gerade für ihre herzliche Zuneigung bekannt waren. »Es war eine harte Art der Liebe«, sagte er, »als ich aufwuchs.« Ich nehme an, wir haben beide nicht die Familie gehabt, die wir uns als Kinder gewünscht hätten. Deshalb bedeutete es umso mehr, dass wir nun uns hatten.

Miguel ist ein ruhiger Mensch. Die Leute um ihn herum können laut und lärmend werden, wie zum Beispiel bei einem Zusammentreffen seiner ganzen Familie. Trotzdem schafft er es, gelassen zu bleiben. Ist man mit Miguel alleine, verschwendet er nicht viele Worte.

Und immer meint er, was er sagt. Trotzdem hatte ich Probleme, ihm zu glauben, als er mir zum ersten Mal versicherte, ich sei schön. Ständig hatte man mir eingeredet, ich sei hässlich. Man hatte mich gehänselt, weil ich so klein war. Man hatte mich ausgelacht wegen meines Gewichts, meiner Kleidung, meiner Frisur. Die Leute bedachten mich mit Schimpfwörtern, weil sie sich über mein Aussehen lustig machen wollten. Aber dann sagte Miguel die Worte: »Du bist wunderschön.« Und allmählich begriff ich, dass er über die Frau sprach, die er tief innen in mir sah. Das war die Frau, die ich zu sein hoffte und die ich sein wollte. Wenn er das sehen kann, dachte ich, stimmt es vielleicht. Vielleicht bin ich wirklich schön. Vielleicht verdiene ich es, geliebt zu werden.

Körperliche Intimität stellte sich nicht sofort ein. Ich brauchte es einfach, dass sich das behutsam entwickelte. Wir ließen es langsam angehen. Uns näherzukommen war ein Prozess. Ich fand es wichtig, Miguel zu erklären, dass ich einige Probleme hatte. Ich hatte Angst, dass sich Intimität womöglich anfühlte wie das, was Castro mir angetan hatte, was andere mit mir gemacht hatten.

Wir warteten. Wir ließen uns Zeit. Und als es dann passierte, begriff ich, dass ich nichts zu befürchten hatte. Die Erfahrung war völlig anders. Und was es so anders machte, war die Liebe.

Und Liebe ist keine Einbahnstraße. Wenn er mir in die Tiefe meiner Seele blickte, nahm ich in diesen ersten Monaten unserer Beziehung eine gewisse Dunkelheit in ihm wahr. Ich wusste, dass er jeden Tag Alkohol trank und Schwierigkeiten damit hatte, sein Trinkverhalten zu kontrollieren. Wir redeten darüber. Wir wussten beide, dass es ein Problem war. Aber das stellt Alkohol eben mit einem an. Er kontrolliert dich statt umgekehrt. Alles spitzte sich im Spätherbst 2015 zu.

In dem Jahr gaben wir eine Halloween-Party. Am nächsten Tag wachte Miguel auf und fühlte sich krank. Nicht einfach krank von einem Kater, sondern richtig, richtig krank. Er schwitzte und zitterte, er hatte fast vierzig Grad Fieber, und sein Gesicht war ganz fahl und grau. Auf schnellstem Wege fuhren wir ins Krankenhaus. Als wir ankamen, reagierte Miguel kaum noch. Ich hatte Angst, ich könne ihn verlieren.

Die Ärzte diagnostizierten eine Virusinfektion, die Miguels Lymphknoten entzündet hatte. Aber als schwerwiegenderes, ernsteres Problem erwies sich nach einer ganzen Reihe von Untersuchungen, dass seine Leber betroffen war.

Miguel sprach mit den Ärzten offen über seinen Alkoholmissbrauch in der Vergangenheit. Er erzählte, er habe mit dem Trinken aufgehört, dann wieder angefangen, und das etliche Male. Mit jeder neuen Phase des Trinkens nahm seine Alkoholtoleranz zu, und deshalb trank er immer mehr. Im Lauf der Zeit kann das den Körper vergiften. Was ihn ins Krankenhaus gebracht hatte, war nicht das Trinken selbst, so begriffen wir, sondern sein Körper, der ihm sagte, dass er sich selbst vergiftete. In gewisser Weise rettete ihm sein eigener Körper das Leben, indem er ihn aus der Bahn geworfen hatte.

Und aus der Bahn geworfen war er eine ganze Weile. Fast einen Monat blieb Miguel im Krankenhaus. Tag und Nacht war ich bei ihm. Ich sagte eine Reihe von Vorträgen ab und schlief auf einem Stuhl. Ich erinnerte mich nämlich daran, wie es sich anfühlt, allein im Krankenhaus zu sein, wenn man nicht weiß, was eigentlich los ist. Also blieb ich.

Schließlich sagte uns einer der Ärzte geradeheraus die Wahrheit. »Wenn Sie Ihren Lebensstil nicht ändern«, warnte er Miguel, »werden Sie innerhalb von fünf Jahren an Leberzirrhose erkranken.«

Miguel wusste sehr wohl, was das bedeutete. Einer seiner Verwandten war an dieser Krankheit gestorben. Er schwor hoch und heilig, seine Trinkgewohnheiten zu ändern.

Leicht war das nicht. Um ehrlich zu sein, diese Änderung war ziemlich belastend. Es gab Tage, an denen ein Gefühl in ihm vorherrschte, das er mit folgendem Satz beschrieb: »Verdammt, ich will ein Bier.« Aber er gab nicht auf. Er hielt durch, so hart es auch war. Und in jeder Phase dieses Prozesses war ich an seiner Seite.

Heute trinkt Miguel vielleicht ein Glas Wein, und das nur bei besonderen Gelegenheiten. Und meist trinkt er das Glas nicht einmal aus. Ich bin so stolz auf ihn, dass er dieses Problem gelöst hat. Was mich betrifft, so mag ich ein Glas Wein am Abend. Und das ist es dann, mehr trinke ich nicht.

***

Wir beschlossen, dass wir einen Urlaub brauchten, eine Pause von dem, was wir während der vergangenen Monate durchgemacht hatten, und einen Ortswechsel. Es war kurz vor dem Wintereinbruch, und wir mieteten eine Skihütte in den Great Smoky Mountains. Eine schönere Region gibt es kaum, man kann dort herrlich dem Stadtleben entfliehen. Genau das taten wir dann auch.

Eines Abends bemerkte ich, dass Miguel, statt den Lichtschalter anzuknipsen, Kerzen aufgestellt hatte. Außerdem hatte er im Radio sanfte, romantische Musik gewählt. Und dann kniete er sich hin. »Liebling«, sagte er, »sei mir nicht böse. Ich wollte dich überraschen und dir einen Heiratsantrag machen. Aber«, hier zögerte er, dann brach es aus ihm heraus, »ich habe die falsche Reisetasche mitgenommen und den Ring zu Hause gelassen!«

Mein Herz war so erfüllt von Liebe zu ihm, und ich freute mich für uns beide so sehr, dass ich kein Wort herausbrachte.

Miguel fuhr fort: »Aber den Antrag will ich auf jeden Fall machen.«

Und das tat er dann auch, immer noch auf den Knien. Er sagte, er könne sich ein Leben ohne mich nicht vorstellen, und er wünsche sich, dass ich für immer Teil seines Lebens sein würde.

»Willst du meine Frau werden?«, fragte er.

Sie wissen, dass ich nicht zögerte, nicht einen noch so kurzen Augenblick. »Ja«, antwortete ich. »Das will ich.«

Mir war etwas geschehen, das ich früher nicht für möglich gehalten hatte: Liebe, und jetzt auch noch die Ehe.

Auf mich wirkte sein Antrag höchst offiziell. Alles, was man zu einer Verlobung braucht, war da. Alles, mit Ausnahme des Rings. Und überhaupt, wieso braucht man denn einen Ring?

***

Kurz vor Heiligabend waren wir wieder zu Hause in Cleveland. Ich war mit einer Freundin im Kino, und als ich nach Hause kam, erfuhr ich von Miguel, dass die Hunde unseren Weihnachtsbaum zerpflückt und die ganze Weihnachtsdekoration in Unordnung gebracht hatten.

Ich stöhnte nur. Weihnachten ist für mich die schönste Zeit des Jahres, deshalb fand ich es frustrierend, dass jetzt alles in Unordnung war. Dieses Wort hatte Miguel gebraucht: Unordnung. Also ging ich ins Wohnzimmer, um mich vom Ausmaß dieser Unordnung zu überzeugen.

»Wo ist die Unordnung denn?«, fragte ich Miguel und sah mich um.

»Du musst schon näher kommen«, antwortete er.

Ich trat an den Baum heran. »Wo denn?«, fragte ich. Von der Weihnachtsbaumdekoration, die überall herumliegen sollte, war weit und breit nichts zu sehen.

»Noch näher«, verlangte Miguel.

Dann sah ich, dass eine meiner Lieblingsdekos, eine kleine Jesus-Figur, wohl vom Baum auf das Gleis der Spielzeug-Eisenbahn gefallen war, die um den Weihnachtsbaum herumfuhr. Ich sah näher hin. Noch näher. Und da erkannte ich, dass der kleine Jesus einen Ring hielt.

Ich brach in Tränen aus. Ich konnte einfach nicht anders.

»Lily Rose Lee, willst du meine Frau werden?«, fragte Miguel noch einmal.

Ich schluchzte zu sehr, um etwas sagen zu können. Statt einer Antwort streifte ich den Ring über den Finger. Er passte perfekt.

Jetzt waren wir also total offiziell verlobt. Wir konnten sogar das Datum für unseren Hochzeitstag festsetzen. Ich entschied, es solle der 6. Mai 2016 sein, der dritte Jahrestag meiner Rettung, der Beginn meines Lebens als »neugeborene« Lily Rose Lee. Da es Weihnachten 2015 war, blieben uns weniger als fünf Monate für die gesamte Planung.

Kapitel 7

Heirat und ein Zuhause

Mein Neuanfang mit dir ist ein Segen ...

Schon als ich etwa zwölf Jahre alt war, hatte ich diese großen, wunderschönen Tagträume über die Hochzeit gehabt, die ich eines Tages feiern würde. Weil die Träume nur in meinem Kopf waren, konnte mit Leichtigkeit und Fantasie alles an dem Ereignis perfekt sein. Es würde riesige Blumenbouquets geben, der Bräutigam wäre attraktiv, ich sähe sensationell aus in meinem langen weißen Hochzeitskleid, und der Festsaal, in dem wir feierten, würde glänzen und glitzern. Unsere Hochzeitsgäste wären warmherzige, liebevolle Freunde und Verwandte. Wir alle würden uns großartig amüsieren und noch Tage und Wochen danach froh und glücklich sein.

Ich weiß nicht, wie sich diese Vorstellung in meinem Hirn festsetzen konnte. Auf solch einer Hochzeit war ich nie gewesen. Und eine glückliche Ehe hatte ich ganz gewiss noch nicht erlebt, jedenfalls nirgends in meiner Familie. Aber ich glaube, die Vorstellung von einer guten Ehe und einer wunderschönen Hochzeitsfeier muss wohl einfach in der Luft gelegen haben. Und wie viele zwölfjährige Mädchen habe ich sie aus der Luft gepflückt und zu meiner eigenen Fantasie gemacht.

Später, während der jahrelangen Gefangenschaft in Castros Haus, habe ich sogar, als er mir einen Bleistiftstummel und ein Stückchen Papier überließ, das Hochzeitskleid für diese perfekte Trauung gezeichnet: weiß natürlich, schulterfrei, bodenlang und

135

mit langen Ärmeln, die meiner Meinung nach einen Hauch echter Eleganz hinzufügten. Damals war ich kein kleines Mädchen mehr, aber mein Kleinmädchentraum saß immer noch in meinem Kopf. Wieder und wieder zeichnete ich das Kleid in allen Einzelheiten: das perfekte, wundervolle Kleid, das ich als Braut auf meiner perfekten, wundervollen Hochzeit tragen würde.

Wenn man eingesperrt ist und mit seiner Zeit nichts anderes anfangen kann, als auf den nächsten Missbrauch zu warten, ist es ein guter Zeitvertreib, sich die Einzelheiten einer Hochzeit auszumalen, die nie stattfinden wird. Das ist eine Überlebensstrategie. Konzentriere dich auf das Unmögliche. Stell dir etwas so weit Hergeholtes vor, dass es dich von der Wirklichkeit ablenkt. Und die Wirklichkeit will man sich nun sicher nicht vorstellen, denn sie ist unerträglich.

Im Lauf der Jahre bekam ich immer mal wieder Zeitschriften in die Hände. Ich konnte also verschiedene Reportagen oder Fotos ausschneiden, die das darstellten, was ich mir unter einer Hochzeit vorstellte. Ich konnte hinzufügen und aussortieren und sämtliche Einzelheiten dieses Tagtraums, dieser Fantasie ändern und verwerfen. Diese Blumen hätte ich gern … diese Tischdecke … diese Kleider sollen meine Brautjungfern tragen … so soll die Kirche aussehen. Es wurde alles grandioser und noch grandioser, immer weiter entfernt von der Lebenswirklichkeit in diesem Haus.

Und dann wurde es Wirklichkeit. Ich plante tatsächlich meine eigene Hochzeit mit Miguel. Seitdem hatten sich meine Vorstellungen aber natürlich etwas geändert.

Ich muss Ihnen nicht sagen, dass Hochzeiten eine Riesensache sind. Bei all den zur Verfügung stehenden Möglichkeiten, ganz zu schweigen von allem erdenklichen zusätzlichen Luxus, kann einem total schwindlig werden. Ich merkte gleich, wie leicht es wäre, dem Gruppenzwang zu vertrauen und eine Feier zu planen, die in tausenderlei Hinsicht übertrieben wäre. Üppige Blumendekoration, blinkende Lichter, die von der Decke hängen, ein Rosenteppich mehrere Zentimeter hoch auf dem Mittelgang, auf dem man zum Altar schreitet. Und am Ende womöglich noch ein Privatjet, der die Frischvermählten in die Flitterwochen befördert.

Braut und Bräutigam könnten bei alldem verloren gehen. Dieser ganze Kram interessierte mich einfach nicht. Bei unserer Hochzeit sollte es nicht um Luxus und um Glitzerglimmer gehen. An dem Tag sollte einfach nur zelebriert werden, dass Miguel und ich uns einander versprachen. Wir legten unser beider Leben zusammen.

Die Feier unserer Verbindung würde nicht dieses ganze Trara, all den Plunder und die Extras brauchen. Nur das Grundlegende wurde benötigt, und dieses Grundlegende sollte perfekt sein: die Blumenarrangements, das Kleid, als Gäste liebevolle Freunde und Verwandte, die uns und einander etwas bedeuteten.

Und dann brauchten wir noch etwas anderes sehr Wichtiges: Privatsphäre. Meine und Miguels Privatsphäre und die der Freunde und Verwandten, die wir einluden.

Privatsphäre war für mich zu einem zunehmend ernsten Problem geworden, zu einer richtig großen Sorge. Ob es mir nun gefiel oder nicht, ob ich es beabsichtigt hatte oder nicht, ich war eine Figur des öffentlichen Lebens geworden. Dieser Status rührte nicht nur von der Tatsache her, dass ich eine der drei »berühmten« Frauen war, die der Gefangenschaft Ariel Castros entkommen konnten. Ich hielt inzwischen regelmäßig Reden, reiste zu Buchpräsentationen und setzte mich für die Themen häusliche Gewalt und Missbrauch ein. Auch das sorgte dafür, dass ich im Blickpunkt der Öffentlichkeit blieb.

Ein Teil dieser Arbeit brachte es mit sich, dass ich eine Präsenz in den sozialen Medien hatte. Wie jedermann weiß, kann das Erscheinen in den sozialen Medien großartig sein. Es hat aber natürlich auch seine Schattenseiten. Und diese Schattenseiten waren für mich manchmal unangenehm. Auch noch zwei Jahre nach meiner Rettung und fast ein Jahr nach Erscheinen meines ersten Buches trafen mich diese Schattenseiten in großem Stil. Und manchmal nahm das Ganze geradezu beängstigende Formen an.

Die von Leuten ins Netz gestellten Kommentare konnten richtig hässlich sein. Wir alle wissen, wie einfach es ist, auf Facebook ungehemmt zu lästern. Viele Leute geben gemeine und ekelhafte, sogar hasserfüllte Kommentare ab. Und manche Leute benutzen Facebook, um regelrechte Bedrohungen auszustoßen. Widerliche Worte wie »Ich hoffe, Sie verrecken« waren wirklich verstörend. Man muss sich immer wieder fragen, wieso Leute es in Ordnung finden, derart schreckliche Gedanken ins Netz zu stellen.

Natürlich sagte ich mir, ich sollte derartige Kommentare ignorieren oder sie ganz schnell wieder vergessen. Aber das war nicht immer einfach. Ich war leichte Beute. Und womit ich besonders schlecht umgehen konnte, war die Tatsache, dass manche Leute Fotos von mir auf Facebook veröffentlichten. Fotos, von denen ich nichts wusste und die ohne meine Genehmigung aufgenommen worden waren. Und erst recht hatte ich keine Genehmigung erteilt, sie im Internet zu veröffentlichen.

Außerdem schrieben Leute im Internet, wo sie mich gesehen hatten oder wo ich bald erscheinen würde. Bei solchen Kommentaren fühlte ich mich sehr unwohl. Ich gewann den Eindruck, dass ich ständig unter Beobachtung stand, oder schlimmer noch, dass ich mich besser verstecken sollte.

Sie konnten mich kritisieren oder mich hoch und runter loben. Sie konnten ablehnen, was ich den Zuhörern bei Lesungen erzählte, oder meine Motive infrage stellen. Aber wenn sie das Internet benutzten, um Drohungen auszustoßen, war das ein ganz anderes Kaliber. Mir wurde klar, dass die Reden, die ich hielt, und das Engagement, dem ich mich verschrieb, meine

Angelegenheit waren, mein Beruf oder besser gesagt, meine Berufung. Also entschied ich mich für eine professionellere, geschäftsmäßige Haltung meiner Privatsphäre und sogar meiner Sicherheit gegenüber.

Seit meiner Rettung hatte ich eine Verbindung zu meiner Anwältin. Sie hatte mich sehr dabei unterstützt, garantiert die Fürsorge zu bekommen, die ich brauchte und die ich verdiente. Sie hatte mir geholfen, finanziell auf die Beine zu kommen. Und sie hatte mich durch den Prozess des Buchschreibens und der Lesereisen geführt.

Jetzt schien es an der Zeit, einen anderen Anwalt zu beauftragen. Er sollte sicherstellen, dass ich den Schutz der Privatsphäre bekam, den ich brauchte. Und das sollte für alle Verträge gelten, die in meinem Namen abgeschlossen wurden. Also stellte ich einen Anwalt ein, der Experte auf dem Gebiet des Schutzes der Privatsphäre war.

Etwa zur selben Zeit unterschrieb ich bei einer Agentur für Public Relations. Sie sollte sicherstellen, dass die Geschichten und die Botschaften, die ich teilen wollte, klar und deutlich und auf die richtige Weise in der Öffentlichkeit ankamen. Die Literaturagentin, die sich um meine Vortragstermine kümmert, und die PR-Agentur sind auch heute noch mein »Team«. Ich bin diesen Profis sehr dankbar dafür, dass sie meine geschäftlichen Angelegenheiten sicher und privat halten.

Anwalt und PR-Team halfen mir auch bei der Hochzeitsfeier. Ich glaube, viele Leute haben ähnlich wie ich gemischte Gefühle, was den öffentlichen Aspekt ihrer Trauung angeht. Einerseits soll es ja die ganze Welt erfahren. Andererseits soll es nur um die zwei Hauptpersonen gehen. Unsere Hochzeit sollte nur mein und Miguels Moment sein, den wir mit engen, ausgesuchten Freunden teilen, feiern und genießen wollten. Ich wollte auf keinen Fall, dass alle Welt darüber redete, Kommentare ins Internet stellte oder überhaupt davon wusste.

Außerdem wollten wir absolut sicher sein, dass die Gäste nicht schon im Vorfeld etwas über das Ereignis weitererzählten. Und auch hinterher sollte keiner von ihnen Fotos ins Netz stellen oder Einzelheiten verbreiten. Die Hochzeit war nur für uns. Sie war kein öffentlicher Event.

Wer je eine Hochzeit ausgerichtet hat, weiß allerdings, dass auch eine schlichte Feier viel Vorbereitung und Planung erfordert. Und viel Vorbereitung und Planung bedeutet ungeheuer viele Details. Und Details haben es leider an sich, durchsickern zu können, ohne dass man sich dessen bewusst ist.

Ich war also froh, dass mein Team mir half. Sie stellten sicher, dass keiner schon im Vorfeld etwas von den kommenden Ereignissen ahnte. Niemand sollte der Presse Hinweise geben, dass für eine der drei bekannten Cleveland-Frauen, die aus der Gefangenschaft gerettet worden waren, eine Hochzeit anstehen könnte. Mein Namenswechsel war eine Hilfe, aber wir mussten dennoch vorsichtig sein.

Trotzdem schrieb mir am Tag vor der Hochzeit eine Frau auf Facebook eine Nachricht: »Ich wünschte, Sie wären tot.« Ich habe keine Ahnung, weshalb sie meinen Tod wollte. Und ich kann mir auch nicht vorstellen, was solche Leute antreibt. Ich leitete die Nachricht an mein PR-Team weiter. Sie machten sich daran, meine Facebook-Seite und meinen Messenger Account zu überwachen.

Kommentare wie diese konnte ich nun wirklich nicht gebrauchen. Und so war ich froh, dass sich jemand anderes darum kümmerte. Und natürlich war ich erleichtert, dass mein Team mir den Rücken freihielt. Schließlich sollte es ein Tag werden, der nichts als Freude mit sich brachte.

Als wäre die Hochzeitsplanung nicht schon genug, suchten Miguel und ich uns genau diese Zeit aus, um mein Haus zu verkaufen und für unser gemeinsames Leben ein neues zu erwerben. Eines Abends saßen wir zusammen und überlegten, was es uns wohl kosten würde, die nötigen Reparaturen im jetzigen Haus durchführen zu lassen.

»Das Dach wird wahrscheinlich der größte Kostenfaktor sein«, sagte ich.

»Bei der Gelegenheit sollten wir den Kamin in Ordnung bringen«, erwiderte Miguel. »Übrigens, wusstest du, dass das automatische Garagentor gar nicht mehr automatisch ist? Heute musste ich das Tor zweimal von Hand auf- und zumachen. Noch etwas, das wir reparieren lassen müssen.«

»Als Erstes soll sich jemand um den Schimmel im Keller kümmern«, warf ich ein. »Da muss komplett saniert werden. Und billig wird das nicht.«

Wir sahen uns an, als hätten wir beide zur selben Zeit denselben Gedanken: Was kann sonst noch kaputtgehen? Ich war diejenige, die es aussprach. »Ich kann einfach nicht mehr, Liebling. Lass uns ein Haus nur für uns beide suchen, mit Problemen, die wir selbst lösen können. Und lass uns dieses Haus verkaufen, so wie es ist.«

Und genau das taten wir auch.

Uns war schon klar, dass es ein wenig verrückt war, diese drei großen Aufgaben zur selben Zeit anzugehen – ein Haus verkaufen, ein Haus erwerben, heiraten. Wir dachten, wir würden dabei womöglich durchdrehen. Trotzdem beschlossen wir, eines nach dem anderen anzugehen. Und die Wahrheit ist: Es funktionierte.

Einen Käufer für das Haus hatten wir bereits: Shawn, den Landschaftsgärtner und Innenausstatter. Als er das Haus von uns übernahm, kannte er die ganzen Fallstricke, denen er sich gegenübersehen würde. Er war außerdem so nett, die Frist zu verlängern, die von den Käufern meist für den Auszug der Vorbesitzer gesetzt wird. Das heißt, wir konnten uns für die Haussuche und den Umzug etwas mehr Zeit lassen, als wir normalerweise gehabt hätten.

Wir hatten uns kaum auf die Haussuche begeben, als ich auf die Caymaninseln reisen musste. Dort wurde eine Konferenz von Leuten veranstaltet, die mit Opfern von häuslicher Gewalt und sexuellem Missbrauch arbeiten. Und auf dieser Konferenz sollte ich sprechen. Es erwies sich als wirklich wichtige Reise für mich, denn ich erfuhr von der Organisation One Safe Place, die solchen Opfern Intervention und Sicherheit anbot und ihnen half, wieder auf die Beine zu kommen.

Diese Reise sorgte dafür, dass ich es mir in den Kopf setzte, ein ähnliches Übergangszentrum zu schaffen. Dort sollten sich Opfer eines Missbrauchs, wie ich ihn erfahren hatte, sicher fühlen und die Art Hilfestellung bekommen, die ihnen ermöglichen würde, sich um sich selbst zu kümmern: Krankenversicherung, Ausbildung, Berufsvorbereitung und mehr.

Ich war noch auf den Caymans, da rief mich Miguel an und erzählte aus heiterem Himmel, er werde mir Fotos von einem Haus schicken, das ich seiner Meinung nach einfach nur lieben würde. »Das Haus für uns«, so nannte er es. Ich erinnerte mich noch an die Erfahrung mit meinem ersten Haus, das von außen fantastisch ausgesehen hatte, in dem dann aber ein Problem nach dem anderen aufgetaucht war.

Ich fragte Miguel: »Hast du es geprüft? Bist du sicher, dass mit dem Haus alles in Ordnung ist?«

»Das mache ich gerade«, antwortete er.

Dann schickte er mir eine Reihe von Fotos. Und, du liebe Güte, es war sensationell. Ich verliebte mich in die Küche – Fliesen auf dem Boden, Küchenschränke aus Holz, Arbeitsplatte aus Granit. Und dann erst der Garten hinterm Haus mit der wunderbaren Terrasse. Tatsächlich hatte dieses Haus alles, was wir suchten.

»Das ist es«, sagte ich zu meinem Schatz.

Als ich nach Hause kam, hatte ich erst einmal einen Virus auszukurieren, den ich mir eingefangen hatte. Aber dann besichtigten wir sofort das Haus und machten ein Angebot. Als ich am 6. Mai 2016, dem dritten Jahrestag meiner Rettung und dem Tag meiner Wiedergeburt, zum Altar schreiten konnte, gehörte das Haus uns.

Nach der Rückkehr von den Caymans war es endlich so weit, ernsthaft mit den Hochzeitsvorbereitungen zu beginnen. Ich rief das Brautmodengeschäft David's Bridal in meiner Nähe an, um einen Termin für die Anprobe von Hochzeitskleidern zu vereinbaren. Zuerst ließ ich mir aber bestätigen, dass sie Vorkehrungen treffen würden, um meine Privatsphäre zu schützen.

Das Kleid: Das richtige zu finden war Arbeit. Heiße, schwitzige Arbeit, denn ich probierte mindestens dreißig verschiedene Kleider an, bis ich eines fand, das meinen Wünschen entsprach. Trotzdem mussten die Schneiderinnen die ganze Robe praktisch neu gestalten, damit sie dem Entwurf ähnelte, an dem ich als Kind und in Castros Haus all die Jahre gearbeitet hatte.

Zuerst war das Kleid zu lang. Nach der Änderung war es dann zu kurz. Das Oberteil richtig hinzubekommen war ziemlich schwierig. Ich wollte den ausgestellten Rock noch betonter, die Rüschen nicht ganz so gebauscht, und die Schleppe sollte mehr wirbeln. Über dem Po musste es exakt geschneidert sein, und die Korsage unter dem Oberteil sollte fester sitzen. Schließlich war das Kleid von innen so umgearbeitet, dass es richtig schwer war. Doch als ich auf den Altar zuschritt, vergaß ich das alles.

Aber das Kleid war erst der Anfang. Haben Sie je versucht, im Monat Mai die perfekte Lokalität für eine Hochzeitsfeier zu finden? Meine erste Wahl wäre der Botanische Garten gewesen. Das kam aber nicht infrage. Dort war alles ausgebucht für Geburtstagspartys, Abschlusspartys und natürlich Hochzeitsfeiern. Zu gern wäre ich in einem Bereich eines Parks in der Nähe von Clevelands Zoo getraut worden. Es war ein wunderschöner, kleiner Veranstaltungsort, an dem wir das Gefühl gehabt hätten, von Tieren umgeben zu sein. Aber nach langen Gesprächen waren uns die Kosten zu hoch. Wir hätten unser Budget gesprengt, noch ehe wir unser gemeinsames Leben begonnen hätten. Also mussten wir eine andere Entscheidung treffen.

Jim, der von Beruf Taxifahrer ist, fuhr mich zwischen seinen Auftragsfahrten von einem Ort zum anderen. So entdeckten wir die Western Reserve Historical Society, eine ganz erstaunliche Institution in Cleveland. Ausgestellt sind dort allerlei wichtige Artefakte zur Geschichte des Nordostens von Ohio.

Die Geschichte des »Western Reserve« genannten Landstrichs reicht, falls Sie es nicht wissen, bis in die Zeit der ursprünglichen dreizehn Kolonien zurück. Der König von England hatte dieses riesige Stück Land der Kolonie Connecticut geschenkt. Diese verzichtete erst im Jahr 1800 darauf, als sie selbst bereits unabhängig und Teil der damaligen Vereinigten Staaten geworden war. In jener Zeit wurde das Land von einem General namens Moses Cleaveland vermessen. Und so kam meine Heimatstadt zu ihrem Namen (das »a« im Namen des Vermessers wurde fallen gelassen, so entstand Cleveland).

Die Historical Society war für uns der ideale Veranstaltungsort, denn zu einigen der wichtigsten Exponate gehören Stücke, die wir besonders mögen. Natürlich gibt es dort Kunstwerke und allerlei Antiquitäten, darunter die weithin berühmte Sammlung historischer Automobile – angefangen bei den ersten Fahrzeugen noch vom Ende des neunzehnten Jahrhunderts bis zu den Autos von heute. Miguel und ich lieben Antiquitäten. Ich vor allem mag Kunst, er interessiert sich speziell für Autos.

Der Veranstaltungsort deckte also unsere Vorlieben ab. Auch mein Sohn Joey hatte als kleiner Junge Spielzeugautos gemocht. So hatte ich wenigstens ein bisschen das Gefühl, dass er bei uns war. Und somit war das Museum die richtige Wahl für unseren Hochzeitsempfang.

Für die Trauungszeremonie wählten wir die bekenntnisfreie

Church of God in Elyria, Ohio, nur etwa eine halbe Stunde Autofahrt von der Historical Society entfernt. Für diese Kirche entschieden wir uns, weil sie alle willkommen heißt, ganz gleich, wie man aussieht, was für Kleidung man trägt, welche Art von Gottesdienst man mag. Außerdem mochten wir Chad Britt, den Pastor, und seine besonders liebe Frau und seine nette Tochter.

Ich plante jede Einzelheit. Also näherte ich mich so weit wie möglich der Traumhochzeit an, die ich mir als Zwölfjährige ausgemalt hatte. Die Kleider der Brautjungfern sollten denselben Farbton haben wie die bläulich violetten Hortensien, die meine Freundin Kimberley, eine Blumenhändlerin, für mich gefunden hatte. Und auch die Lilien in meinem Brautbouquet wünschte ich mir in dieser Farbe. Das Bouquet würde sich also zusammensetzen aus hortensienfarbigen Lilien, rosa Rosen und weißen Nelken.

Einfach war das nicht. Ich musste eines der Brautjungfernkleider in die Blumenhandlung bringen, noch bevor diese für meine Freundinnen angepasst wurden. Im Blumenladen versuchten sie, die passende Farbe zu finden. Schließlich fanden wir eine Lösung. Wir tunkten die Blumen mit den Blüten voran in violette Haarfarbe, zogen sie heraus und wuschen sie ab. Es funktionierte.

Die Kleider selbst waren beinahe eine Katastrophe. Eine der Brautjungfern schickte mir ein Foto. Es zeigte sie in dem Kleid, das sie geschickt bekommen hatte. Ich musste ihr zurückschreiben, dass es an ihr wie ein Müllsack aussah. Es war viel zu groß. Es gab also einiges Hin und Her, bis die vier Damen die passenden Kleider hatten.

Die Blumen mit ihrer ungewöhnlichen Farbe trafen am 1. April ein und mussten nicht nur zu Bouquets für mich und die Brautjungfern verarbeitet werden, sondern auch zu Sträußen für die Kirche und den Empfang sowie zu Ansteckblumen für die Begleiter des Bräutigams.

Ich gestaltete ein besonderes Kissen für den Ringträger, einen kleinen Jungen namens Robbie. Normalerweise war er ein teuflisches Energiebündel, aber ich war überzeugt, dass er sich am Hochzeitstag wunderbar benehmen würde. (Das tat er dann auch!)

Ich holte auch alle Dekorationen für die Kirche und den Empfang ab. Ich wählte die Menüfolge. Es sollte puerto-ricanische Spezialitäten geben, wie Schweinefleisch mit Reis und Bohnen, Empanadas, Fisch und Hühnchen. Die Hochzeitstorte sollte Vanillebiskuit mit einer Füllung aus Zitronenbaiser sein, das Ganze bedeckt mit einer Glasur aus weißer Buttercreme. Und genau das schuf die Konditorin für mich, in absoluter Perfektion.

Die Torte sollte auf eine etagerenähnliche Konstruktion gesetzt werden, umgeben von kleineren Torten auf Gestellen. Zwei Trauringe schmückten die Torte. Sie waren ein Ersatz in letzter Minute, denn ursprünglich hatte ich als krönenden Abschluss für die Torte Braut und Bräutigam aus Porzellan in Tanzpose, umgeben von einem Herzen bestellt. Doch das traf erst lange nach dem Hochzeitstag ein. Ich nehme an, jede Hochzeit hat ihren »Schluckauf«, wie Miguel das nennt. Aber obwohl die Ringe in buchstäblich letzter Minute auf die Torte gesetzt wurden, sahen sie wunderschön aus.

Unterhalb der großen Torte und innerhalb der Etageren strömte ein kleiner Wasserfall aus »Zitronenwein«, wie wir ihn nannten. Ohne Alkohol, damit auch die Gäste, die keinen tranken, ihn genießen konnten.

Das Ereignis erforderte eine Menge Planung, bot eine Menge Wahlmöglichkeiten, die bedacht werden wollten, und verlangte eine Menge Entscheidungen. Alles in allem war es eine Menge Arbeit. Als der Hochzeitstermin näher rückte, war ich mehr und mehr bereit, die Arbeit sein zu lassen und mich ein bisschen zu amüsieren. Und genau darum ging es beim Junggesellinnenabschied.

Ich sollte besser sagen, meine Junggesellinnenabschiede, weil wir zwei Partys an zwei verschiedenen Tagen hatten. An dem einen Abend gingen meine Freundinnen und ich gemeinsam in einen Comedy Club. Das Problem war bloß, dass der Comedian nicht sehr komisch war. Zum Schreien komisch allerdings war, dass wir alle am Tisch Witze über den unkomischen Comedian machten und meine Freundinnen sich währenddessen eng um mich drängten, um mich vor neugierigen Augen zu schützen. Wir lachten so sehr, dass uns die Tränen kamen.

Am zweiten Abend fand eine Mal-und-Trink-Party statt, was ich besonders liebte. Die Mal-Aufgabe bestand darin, die Skyline einer Stadt zu zeichnen, im Hintergrund ein Wald und ein Berg in einer anderen Farbe. Im Vordergrund sollte ein Boot zu sehen sein mit zwei Leuten darin, entweder ein Mann und eine Frau oder deine beste Freundin und du.

Das Malen allein dauerte vier Stunden und war einfach herrlich. Jemand brachte mir einen Drink in einem Martiniglas, dessen Rand mit Spritzern in Regenbogenfarben verziert war. Der Drink selbst bestand aus Alkohol plus noch mehr Alkohol, verdünnt mit Schampus. Es war sensationell. Es war auch eine ziemlich tödliche Waffe. Was für zwei tolle Partys!

(Und ja, es gab auch einen Junggesellenabschied. Aber da war ich natürlich nicht dabei und habe keine Ahnung, was da passierte …)

***

Der Hochzeitstag selbst begann für mich um acht Uhr morgens. Zuerst ging ich zum Friseur, dann ließ ich mir die Fingernägel machen, schließlich ging ich zur Kosmetikerin und ließ mich schminken. Das Make-up bei Macy's kam als Letztes an die Reihe.

Nach alldem war ich ein ganz kleines bisschen spät in der Kirche, wo mich mein Hochzeitskleid erwartete. Meine endgültige Wahl, nachdem ich so viele Möglichkeiten ausprobiert hatte, entsprach ziemlich genau dem Modell, das ich Jahre zuvor entworfen hatte. Es war schulterfrei, bodenlang und rein weiß. Es fehlten nur die langen Ärmel, die ich auf meinem Entwurf eingezeichnet hatte. Und darüber war ich nur froh. Ärmel wären nämlich zu viel und zu warm gewesen. Und ohne Ärmel konnte ich wenigstens einige meiner Tattoos zeigen.

War ich nervös? Und wie. Schmetterlinge schlugen wie wild mit ihren Flügeln in meinem Bauch. Ich war so aufgeregt, dass ich es kaum glauben mochte. Ich hatte es nicht für möglich gehalten, dass ich je die Liebe finden würde. Und ganz bestimmt hatte ich es nicht für möglich gehalten, dass ich diesen Tag erleben würde – einen wunderschönen Hochzeitstag mit all den Leuten um mich herum, die mir viel bedeuteten, und mit all den besonderen Details und dem ganzen Brimborium, von dem ich als Mädchen geträumt hatte.

Da standen meine vier Brautjungfern in ihren dunkelvioletten Kleidern und die vier Begleiter des Bräutigams in schwarzen Anzügen mit dunkelvioletten Krawatten und Westen. Sie wurden angeführt vom Trauzeugen Tony, einem engen Freund Miguels, den er bei der Arbeit kennengelernt hatte. Sie vervollständigten das Bild, das ich jahrelang in Gedanken mit mir herumgetragen hatte.

Tatsächlich kam es mir seltsam vor, mich heimlich in einem Nebenraum der Kirche anzukleiden. Fast war mir, ich würde mich verstecken, eine Vorstellung, die mir nicht gefiel. Doch in Gedanken war ich längst bei dem, was als Nächstes geschehen sollte.

Bestimmt kam ich dem Pastor nervös vor. »Sind Sie sicher, Sie wollen das hier?«, fragte er im Scherz. »Ich kann Ihnen immer noch die Hintertür aufschließen, wenn Sie lieber flüchten möchten.«

Nichts lag mir ferner. Aber ich konnte über den Witz lachen.

Und genau das brauchte ich, um die Spannung zu lösen und ein bisschen runterzukommen.

Ich blickte auf den Mittelgang der schlichten Kirche. Sie hatte eine spitz zulaufende weiße Decke. Anstelle von Bänken gab es Stühle. Und vor einem einfachen Altar mit hölzernem Kruzifix standen Pastor Chad und Miguel. Auf einmal kam ich mir vor wie die Abschlussballkönigin bei den ganzen Highschool-Partys, auf denen ich nie gewesen bin. Oder wie die Schönste auf den Schülerbällen, an denen ich auch nie teilgenommen hatte. All diese Feste in einem. Sämtliche Blicke waren auf mich gerichtet, und ich hörte nichts anderes als tiefes Schweigen.

Da hob mein lieber Freund Jim, der Mann, den ich Dad nenne, den Schleier und fragte: »Bist du bereit?« Ich holte tief Luft und versuchte, nicht an das Gewicht des Brautkleids zu denken. Dann befahl ich mir, keine Angst mehr vor dem Stolpern auf dem Weg zum Altar zu haben. Ich nickte. Jim nahm meine Hände und sah mir liebevoll in die Augen. Dann machten wir uns auf den Weg den Gang hinunter zum Altar.

Meine Sorgen wegen der hohen Absätze lösten sich in Luft auf. Ich hatte ein Gefühl, als schwebte ich auf Wolken. Ich hörte leise Bemerkungen wie »Du siehst hinreißend aus«, »He, das ist ja perfekt«, »Klasse, Mädchen«. Die Liebe, die ich für die Menschen um mich herum empfand, und die Liebe, die von ihnen zu mir strömte, war beinahe überwältigend. Diese ganzen Gefühle hoben mich so hoch empor, dass ich schon glaubte, auf meinen Schatz zuzugleiten.

Da beim Altar stand er. Miguel war so attraktiv in seinem weißen Smoking, seinem »Affenanzug«, wie er ihn nannte. Außerdem trug er Weste und Krawatte in Rosa, passend zu den Blumen in meinem Brautstrauß. Und er weinte. Er konnte nicht anders.

Später schrieb er über diesen Moment: »Ich war so glücklich, meine Frau über den Mittelgang auf mich zukommen zu sehen. Wie schön sah sie aus. Die Freude darüber ließ den inneren Menschen in mir in Tränen ausbrechen. Es fühlte sich an, als hätte das Herz sich gerade verneigt. Ich hatte mir alle Mühe gegeben, nicht zu weinen. Aber ich schien einfach nicht die Kraft zu haben, meine Tränen zurückzuhalten. Den Kampf habe ich verloren. Und so ließ ich den Tränen freien Lauf, als sie auf mich zuschritt.«

Jim trat beiseite, und Miguel nahm meine Hand. Als Erstes sprachen wir alle ein Gebet zum Lob Gottes und um ihm dafür zu danken, dass wir alle hier waren. Dann sprachen mein Schatz und ich das Ehegelöbnis – ich für ihn, er für mich. Ich hörte einige Leute weinen, andere seufzen, und manche sagten »Amen«. Geflüsterte Worte der Liebe stiegen die Kirche hinauf. »Das hast du wirklich verdient«, hörte ich jemanden sagen. »Sie ist so stark«, meinte ein anderer.

Ich wusste, dass ich hier zur richtigen Zeit am richtigen Ort war. Ich wusste, dies war mein Moment. Was ich als Zwölfjährige geträumt hatte, war auf eine Weise wahr geworden, die ich mir nie vorgestellt hätte. Und alles, was ich fühlte, war Liebe.

Dann war es an der Zeit, die Ringe zu wechseln. Und wieder kam es zu einem kleinen »Schluckauf«. Der Ring, den Miguel mir über den Finger streifte, war zu groß. Er schlackerte an mir. Der Ring, den ich auf Miguels Finger steckte, war zu klein. Er ging nicht über seinen Knöchel. Irgendjemand, entweder der Juwelier oder ich selbst, hatte die Größen verwechselt. Damals erschien der Fehler nett. Und natürlich wurde später alles in Ordnung gebracht.

Einer der rührendsten Momente der Trauung kam, als mein Schatz und ich jeder eine Kerze hielten und wir eine dritte Kerze anzündeten. Dann pusteten wir die beiden einzelnen Kerzen aus. Währenddessen formte sich im Hintergrund der Rauch zu dem Bild eines Engels. Das bemerkten wir beide im gleichen Moment. Wir hatten keine Ahnung, dass das pas-

sieren würde. Wir sahen uns an, und am liebsten hätten wir
»Wow« gesagt.

Der Pastor erklärte uns zu Mann und Frau, und damit hatten wir es geschafft. Ich war eine verheiratete Frau. Davon hatte
ich geträumt, hatte aber nicht wirklich geglaubt, dass es je wahr
werden würde. Jetzt sollte gefeiert werden, aber erst wollten wir
noch Fotos machen. Wir fuhren zu dem Park in Cleveland, den
wir extra zu diesem Zweck ausgesucht hatten. Er war ein be-
liebter Hintergrund für Hochzeitsfotos. Und natürlich drängten
sich die Menschen dort. Ein schöner Maitag hatte Massen von
Spaziergängern angelockt. Fast alle hatten Kinder und Hunde
dabei.

Wir stiegen nicht einmal aus dem Auto. Wir wussten, wir
würden das Gedränge einfach nur verstärken. Und jede Hoffnung auf Privatsphäre wäre wahrscheinlich geplatzt.

Trauzeuge Tony war der Retter. »Ich habe eine bessere Idee«,
sagte er. »Fahrt mir hinterher zum Haus meiner Großmutter.
Es liegt am See! Der beste Hintergrund für Hochzeitsfotos, den
man sich denken kann.«

Er hatte recht. Es war fantastisch dort. Und fantastisch war
auch Tonys Großmutter. Sie bestand darauf, dass ihr Enkel eine
Flasche Wein öffnete, damit sie mit uns auf diese besondere Gelegenheit anstoßen konnte, wie sie es ausdrückte. Sie trank auf
unseren »Neuanfang«, und sie wünschte uns die Kraft, nichts
und niemanden unsere Liebe auseinanderreißen zu lassen. Ich
fand ihren Trinkspruch wunderschön und weinte natürlich die
ganze Zeit dabei. Und vor unserem herrlichen Eriesee bekamen
wir ein paar wunderbare Fotos.

Aber als wir wieder ins Auto stiegen und zu unserem Empfang in der Historical Society wollten, traf uns ein weiterer
»Schluckauf«. Wir hatten an einer Tankstelle gehalten, und ich
blickte zufällig auf mein Handy. Auf Facebook war ein Foto
zu sehen, das bei der Trauung aufgenommen worden war. Der

Mann, der das Foto gemacht hatte, war Gast auf der Hochzeit und hatte eine Erklärung unterzeichnet, die besagte, er werde genau das nicht tun: Fotos ins Internet stellen. Ich war wirklich verärgert. Also schnappten wir uns den Typen sofort und ließen ihn das Foto löschen. Als das erledigt war, beruhigte ich mich und war wieder bereit, mich auf der Feier zu amüsieren.

Natürlich waren wir inzwischen eine halbe Stunde zu spät für den Hochzeitsempfang. Aber wir hatten geschworen, uns nicht abzuhetzen, sondern uns Zeit zu lassen. Wir wollten Erinnerungen mit der Familie und Freunden schaffen, und Erinnerungen entstehen nicht immer genau nach Zeitplan. Unser Zeitplan war nicht perfekt, aber die Erinnerungen wurden es. Und sie waren es schließlich, die zählten. Und genau darum ging es bei der Feier in der Historical Society: Erinnerungen, die wir für immer haben würden.

Zu den Familienmitgliedern unter den Gästen zählten Miguels Mutter, seine Schwester, Großmutter, einige Cousins und Cousinen und mehrere Onkel. Von meiner biologischen Familie war Mikey anwesend, der Sohn meiner Tante Paula – der Cousin, um den ich mich so viel gekümmert hatte, als er noch klein gewesen war.

Es waren natürlich auch noch andere »Familienmitglieder« von mir da, Anita und Erna zum Beispiel, die ich als Großmutter beziehungsweise Mutter betrachte. Nicht biologisch, aber diese Rolle haben sie nun mal in meinem Leben. Und natürlich war Jim dabei. Zusätzlich zu diesen Familienmitgliedern waren all die guten Freunde gekommen, die wir eingeladen hatten. Und alle waren definitiv in Stimmung für eine Party.

Die Umgebung war großartig dafür. In einer Rotunde unter einer kuppelförmigen Decke befand sich der meiner Meinung nach perfekte Bankettsaal, umgeben von alten Flugzeugen, alten Autos und alten Fahrrädern. Dies alles gehörte zur Sammlung der Historical Society.

Die Tischdekorationen waren herrlich, genau wie ich es mir vorgestellt und wie ich es geplant hatte. Einige winzige Diskrepanzen fielen dennoch auf. Unter unsere Dekoration hatte sich nämlich einiges von einer anderen Veranstaltung gemischt, die am selben Tag in der Historical Society stattfand – einer jüdischen Bar-Mizwa! Aber das machte überhaupt nichts. Wir lachten nur darüber. Wir haben einander, so sagten wir uns, und das ist das Einzige, was zählt.

Ich amüsierte mich prächtig. Es gab Trinksprüche. Manche brachten mich zum Weinen, andere waren urkomisch. Meine Freundin Dawn brachte mich zum Lachen, genau wie der Trauzeuge Tony, der seinen Trinkspruch mit den Worten schloss: »Möge die Macht mit euch sein!« In dem Moment fand ich also heraus, dass ich einen Star-Wars-Fan geheiratet hatte.

Miguels Schwester sprach das Gebet vor dem Essen. Und dann setzten wir uns alle und aßen und aßen und aßen. Anschließend ließen wir das Essen sich ein wenig setzen, gingen zwischen den Autos der Sammlung spazieren und ließen uns fotografieren, wie wir auf den Pferden des berühmten Großen Karussells aus dem Jahr 1905 saßen, eines der größten Schätze der Historical Society. Jim und ich sollten ein Lied singen, »In My Life« von den Boyz II Men. Darin kamen die Zeilen vor: »Nahe bei mir bist du wie mein Vater … Nahe bei mir bist du wie mein Bruder.« Und das fasst ziemlich genau zusammen, wie Jim und ich zueinander stehen. Wir sind eine Familie, schlicht und einfach. Aber Jim hatte den Text vergessen, also sang ich den Song allein. Und ich sang für ihn.

Miguel und ich führten natürlich den Tanz an. Unser erster Tanz war der Song »Thinking Out Loud« von Ed Sheeran, langsam und leicht und sehr romantisch, nur wir zwei, ganz in diesem Moment versunken.

Auch Jim und ich tanzten zu »What a Wonderful World«. Diesmal musste keiner von uns singen.

Die Feier dauerte fast bis Mitternacht. Ich bin froh, dass alle einen Fahrer hatten. Auf Hochzeitsreise gingen wir nicht sofort. Das musste warten bis 2017, als wir verspätete Flitterwochen auf Hawaii verlebten. Nach einer Hochzeitsfeier, die genauso wundervoll war wie in meinen Träumen und meinen Plänen, fuhren wir sehr glücklich einfach nach Hause.

***

Einige Monate nach unserer Traumhochzeit zogen Miguel und ich in unser Traumhaus. Den größten Teil unseres Hausstands hatten wir verkauft und neue Möbel für unser neues Heim und unser neues Leben ausgesucht. Wir hatten uns ein ganz eigenes Zuhause geschaffen, mit einem Teich hinten im Garten und einer Feuerstelle, an der wir fast das ganze Jahr sitzen konnten. Wir hatten Platz für die Tiere, hatten Platz für Miguels Männerhöhle und Platz für mich zum Malen und Schreiben, Platz, um für uns selbst zu sein, und Platz für uns gemeinsam. Ich hatte den Eindruck, dass meine »Wiedergeburt« drei Jahre nach meiner Rettung vollendet war.

Ich hatte meinen »Schatz« gefunden. So nenne ich Miguel immer. Er ist meine andere Hälfte, mein Seelenverwandter. Und wir hatten uns einen sicheren Hafen in einem wunderschönen Zuhause geschaffen. Es war ein vollkommener Neuanfang.

Kapitel 8

Unerledigtes:
Auf der Suche nach meinen Wurzeln,
Pläne für die Zukunft

Wirklich zählt nur das, wie man sich selbst fühlt.
Lasst euch von niemandem euer Lächeln nehmen ...

Ich glaube, Familie kann man auf zweierlei Art definieren. Das eine ist die biologische Familie, all die Menschen, mit denen man blutsverwandt ist. Dazu zählen Mutter und Vater, deren Mütter und Väter und all deren Vorfahren über mehrere Generationen hinweg. Also die Menschen, von denen man seine Gene bekommen hat.

Legt man diese Definition von Familie zugrunde, bin ich mir ziemlich sicher, dass ich weiß, wer meine Mutter ist. Ich glaube zu wissen, wer mein Vater ist, aber da kann ich mir nicht völlig sicher sein. Ich bin überzeugt davon, dass man mir nicht die ganze Wahrheit über meinen Vater, meine Großeltern und meine sonstigen Blutsverwandten erzählt hat. Ich weiß also nicht genau, wer in meiner Familie wer gewesen ist und wie alle wirklich mit mir verwandt waren.

Lange Zeit dachte ich: Wenn ich nicht weiß, woher ich komme, wie soll ich dann wissen, wer ich bin? Ich habe mich auch gefragt, wieso man mir nicht die Wahrheit über meine Verwandten erzählen wollte.

Aber dann gibt es ja noch diese andere Definition von Familie. Familie sind die Menschen, die dich lieben und die sich um dich kümmern. Die Menschen, die dich behüten, während du aufwächst, und die dir die Möglichkeiten an die Hand geben, damit du selbstständig in die Welt hinausgehen und die Person werden kannst, die du bist. Manchmal, wahrscheinlich sogar meistens, ist diese Art von Familie auch deine biologische. Aber nicht immer.

Nicht in meinem Fall. Als ich aufwuchs, hatte ich keine Familie im Sinn dieser zweiten Definition. In dem Haus, in dem ich meine Kindheit verbrachte, gab es keine Liebe, keine Fürsorge, die diesen Namen verdient hätte. Jedenfalls habe ich nichts in der Art gespürt. Stattdessen erfuhr ich verschiedene Formen des Missbrauchs. Sicher konnte ich mich niemals fühlen.

Als ich alt genug war, flüchtete ich manchmal vor meiner Familie und lief zu dem Haus, in dem meine Freundin Carol wohnte. Deren Mutter Rose nahm mich auf und gab mir das Gefühl, in Sicherheit zu sein und geliebt zu werden. Das war das einzige Mal, dass ich erlebte, was Familie bedeuten kann und sein sollte. Und ich erlebte es bei jemandem, der kein Blutsverwandter war. Aber was Rose mir zeigte, das Beispiel, das sie mir gab, war genug. Deshalb hatte ich, als ich selbst Mutter wurde, eine Vorstellung von Mutterliebe, der ich zu folgen versuchte.

Als Kind glaubte ich, ich hätte zwei Brüder. Es gehörte zu meinen Aufgaben, sie zu wecken, sie anzuziehen und für die Schule fertig zu machen. Mein Cousin wohnte bei uns, und auch um ihn kümmerte ich mich. Außerdem gab es eine Abfolge von, wie man mir sagte, Tanten, Onkeln und weiteren Cousins und Cousinen. Aber wie wir alle miteinander verwandt waren, wusste ich nicht.

Es war ein chaotischer Haushalt. Ich wusste nie, wer da sein würde oder wieso diese Leute da waren. Ich wusste nur, dass sie auf irgendeine Weise »Familie« oder »Verwandte« genannt wurden. Ich war fünf, als mich einer dieser »Verwandten« zum ersten Mal sexuell missbrauchte. Mit diesem Missbrauch fuhr er fort und drohte mir immer, keiner würde mir glauben, wenn ich etwas davon erzählte. Und wenn ich das täte, würde er mich töten.

Der sexuelle Missbrauch wurde oft von Schlägen begleitet, vor allem, wenn ich mich wehrte oder wenn ich weinte. Und ich wurde geschlagen für alles, was als Vergehen angesehen wurde. Wenn ich zum Beispiel eine Arbeit nicht gemacht oder Widerworte gegeben hatte. Für alles Mögliche bekam ich Prügel.

Neben dem Missbrauch war da noch das Trinken. Tag und Nacht ging das. Und dann die Drogen. Die Menschen um mich herum schienen mir nur von Schnaps und Gras zu leben oder von noch stärkerem Zeug, wenn sie irgendwie an so was kamen.

Der Mann aus meiner Familie, der mich missbrauchte, hatte mich immer davor gewarnt, etwas über den Missbrauch, den er mir antat, zu erzählen. »Keiner wird dir glauben«, versicherte er mir. »Keiner wird dir zuhören.« Es schien, er hatte recht. In der ersten Klasse ging ich mit Kratzern und Blutergüssen in die Schule. Eines Tages war ich es so leid, dass ich meiner Lehrerin erzählte, ich würde zu Hause verletzt. Meine Brüder, die auf eine andere Schule gingen, erzählten es ihrem Lehrer etwa zur gleichen Zeit. Man teilte uns eine Sozialarbeiterin zu.

Nichts änderte sich. Nichts passierte. Ich weiß nicht, wieso ich nichts davon erfuhr, was die Sozialarbeiterin unternahm, wenn sie überhaupt etwas tat. Ich kenne auch die Gründe nicht, weshalb wir nie aus unserer Familie gerettet wurden. Ich weiß nur, dass mich das System im Stich ließ. Es ließ mich im Stich in der ersten Klasse. Und es ließ mich jedes Mal im Stich, wenn ich danach versuchte, Hilfe zu bekommen. Ich wurde nur mehr und immer mehr geschlagen.

Ich erinnere mich noch deutlich daran, wie ich in meinem Zimmer geschlagen wurde, nachdem ich einer »Autoritätsperson« erzählte, dass man mich zu Hause verletzte. Ich stand da und schrie laut bei jedem Schlag, der mich traf, und ich betete, jemand möge zu meiner Rettung kommen. Keiner hörte mich. Keiner kam mich retten. Ich kam mir vor, als wäre ich ganz allein auf der Welt. Ich war noch ein Kind, und ich begriff nicht, wieso die Welt so grausam war oder niemand mir zu glauben schien, dass ich missbraucht wurde.

Wenn ich jemandem in der Schule davon erzählte, was zu Hause passierte, wies man mich manchmal an, mit meinen Eltern vorbeizukommen. Dann musste ich meine Klagen in ihrem Beisein wiederholen. Das Einzige, was mir das einbrachte, war eine weitere Tracht Prügel, sobald wir wieder zu Hause waren. Kein einziger Lehrer, kein einziger Berater oder Sozialarbeiter oder Arzt unternahm je etwas, wenn ich versuchte, ihnen von meinem Missbrauch zu erzählen.

Meine Mutter behielt mich oft zu Hause. Und manchmal, wenn ich dann doch zur Schule ging, kam sie hinterher, zerrte mich aus dem Klassenzimmer und behauptete, ich hätte einen Arzttermin oder müsse zu einer Hochzeit in der Familie oder zur Beerdigung eines Verwandten.

Meine Lehrer merkten nicht – oder wollten nicht merken –, dass ich, was den Lehrstoff anging, weit hinterherhinkte. Erst auf der Highschool fing ich mit dem Lernen an. Wie kam das? Ich brachte mir alles selbst bei: lesen, rechnen, einfach alles. Das musste ich. Weder in der Schule noch zu Hause brachte mir einer etwas bei, außer, wie machtlos ich war und dass ich nicht unter Kontrolle hatte, was mir passierte. Ständig fühlte ich mich bedroht. Und ständig hatte ich Angst.

Als ich auf die Highschool kam, hatte ich mich ziemlich daran gewöhnt, dass meine Familie so war, wie sie nun eben war. Der Missbrauch dauerte an, und mir war klar, dass keine Autoritätsperson daran etwas ändern würde.

Ich wurde eine Meisterin der Heimlichtuerei. Und das in zweierlei Hinsicht. Zum einen gelang es mir, Gespräche über Eltern und Familie zu vermeiden, wie junge Mädchen sie oft führen. Ich ging diesen Themen aus dem Weg oder lenkte davon ab. Die anderen Mädchen beklagten sich darüber, dass ihre Eltern sie nicht verstanden oder dass sie Ausgehverbote verhängten. Meine Klagen hätten den Missbrauch zum Thema gehabt, also hielt ich den Mund.

Zum anderen war ich immer so gekleidet, dass man meine Blutergüsse nicht sah und auch nicht die Narben, die daher rührten, dass ich mich ritzte. Sosehr ich mich für die Familie schämte, aus der ich kam, so wenig wollte ich, dass andere davon erfuhren.

So sah mein Familienleben aus, als ich aufwuchs. So ging es immer weiter, die ganze Zeit auf der Highschool, während meiner Schwangerschaft und der Geburt meines Sohnes und als ich versuchte, einen anderen, einen sicheren Ort zu finden, an dem Joey und ich leben konnten.

Außer bei Carol und Rose lernte ich nie ein anderes Familienmodell kennen. Ich wusste nicht, dass es weitere Möglichkeiten gab, eine Familie zu sein. Aber ich war überzeugt, es müsse etwas anderes geben. Ich wollte so sehr daran glauben, dass jede Familie so funktionieren könnte wie die von Carol und Rose.

Lange Zeit wollte ich wissen, woher ich kam, von wem ich abstammte und welche ethnischen Merkmale in meinem Blut zu finden waren. Es ist wohl ganz natürlich, über solche Dinge nachzudenken. Vielleicht meinen wir, dass das Wissen über die eigene Herkunft uns etwas über uns verraten könnte. Vielleicht meinen wir, es sei der Schlüssel zu einem wichtigen Wissen, das uns ein Bewusstsein von Macht darüber gibt, wie wir uns verhalten.

Bei mir war es nun so, dass ich hart daran arbeitete, die Vergangenheit hinter mir zu lassen. Trotzdem wollte ich mehr darüber wissen, woher ich kam. Schließlich wollte ich eine eigene

Familie mit Miguel gründen und, wenn möglich, Kinder mit ihm haben.

Mir war es wichtig zu verstehen, woher ich die Kraft hatte zu überleben, was ich überlebt hatte, und zwar sowohl zu Hause von frühester Kindheit an als auch in Castros Haus. Ich wollte wissen, wer unter meinen Vorfahren diese Art Rückgrat gehabt hatte. Ich hatte es offenbar geerbt und war dem lebenslangen Missbrauch entkommen, ohne selbst jemanden zu missbrauchen. Woher stammte mein eiserner Wille? Wann und wie verband sich meine Fähigkeit zu vergeben mit meiner DNS?

Irgendwer oder irgendetwas – und vermutlich nicht nur ein einzelner Irgendwer, ein einzelnes Irgendetwas – fügte dem Genpool die Eigenschaften hinzu, die mich ausmachen. Wer oder was das war, wollte ich nun unbedingt wissen.

Ich versuchte also, es herauszufinden. Einmal wollte ich einen Familienstammbaum zeichnen, der aufzeigen sollte, wie all die Leute in unserem Haushalt miteinander verbunden waren. Aber es gelang mir nicht. Ich wusste einfach nicht, wie. Am Ende hatte ich überhaupt keinen Baum, sondern ein Netzwerk von Strichen, die hierhin und dorthin gingen und Verbindungen aufzeigten, die nie und nimmer als Normalfall durchgehen würden.

Ich zog Blutuntersuchungen in Erwägung. Ich zog Gentests in Erwägung. Im Fernsehen sah ich Anzeigen, die dafür warben, die Geschichte seiner Vorfahren zu erforschen. Ich wollte herausfinden, ob es stimmte, was man mir gesagt hatte. Es hatte nämlich geheißen, meine ethnischen Ursprünge seien deutsch, irisch, italienisch, arabisch und bei der amerikanischen Urbevölkerung.

Einiges konnte ich herausfinden. Vor allem erfuhr ich, dass ich wahrscheinlich nie mit Sicherheit wissen werde, wie ich mit den Leuten im Haus meiner Kindheit verwandt war. Das betraf auch den Mann, der mich als Erster sexuell missbrauchte.

Ein Mädchen, das ich für eine Cousine hielt, wurde früh aus unserer Familie zur Adoption fortgegeben. Womöglich ist sie in Wirklichkeit meine Schwester. Und tatsächlich haben wir zwei inzwischen wieder Kontakt zueinander, zuerst über Facebook und dann persönlich. Unsere frühere Beziehung wurde wieder aufgenommen und weiterentwickelt.

Andere Verwandtschaftsbeziehungen sind so schwammig, dass es mich fast um den Verstand bringt, wenn ich überlegen sollte, wie ich mit diesem oder jenem verwandt sein könnte.

Als ich klein war, erzählte man mir, meine Großmutter sei schon vor meiner Geburt gestorben. Das stimmte nicht. Inzwischen habe ich erfahren, dass meine Mutter adoptiert wurde. Auch sie weiß deshalb womöglich gar nicht, woher sie stammt. Das heißt, ich habe tatsächlich keine Gewissheit, woher meine biologischen Eltern stammen. Aber ich wäre dankbar, wenn mir jemand diese Gewissheit geben könnte.

Im Grunde beantwortete der Versuch, die sogenannten Tatsachen über meine sogenannte Familie herauszufinden, überhaupt keine Fragen. Stattdessen kamen einfach nur immer mehr Zweifel in mir auf. Mir dreht sich der Kopf, wenn ich darüber nachdenken will, woher ich stamme, wer wirklich meine Familie ist und wie ich das alles zusammenbekomme. Einerseits wirkt mein ganzer Hintergrund irgendwie erfunden. Andererseits ist das alles ohne Bedeutung. Denn ich bin hier, und ich weiß, wer ich bin.

Ich bin nicht die Summe all der verwirrenden Informationen über meine biologische Familie. Mich als Mensch machen nicht die Striche auf einer Tabelle aus, die mehrere Generationen weit in die Vergangenheit reicht. Es spielt keine Rolle, welcher Vorfahr, welche ethnische Gruppe mir meine Stärke, meinen eisernen Willen oder das Rückgrat gab, all das zu überleben, was ich durchgemacht habe. Eine Rolle spielt einzig und allein die Tatsache, dass die Stärke da war, als ich sie brauchte.

Die Art, wie ich aufwuchs, fügte mir Verletzungen zu, aber das macht mich nicht als Mensch aus. Als Kind lebte ich in einer ziemlich perversen Atmosphäre, aber ich führe ein normales, aufrechtes, respektables Leben. Die Brutalität, die ich durch Familienangehörige und durch Ariel Castro erfuhr, machte keinen brutalen Menschen aus mir. Ich bemühe mich jeden Tag darum, freundlich zu anderen zu sein, vor allem zu denjenigen, die eine Art von Missbrauch erlebt haben, wie ich ihn nur allzu gut kenne.

Womöglich bin ich mit falschen Vorstellungen über die Identität der Mitglieder meiner sogenannten Familie aufgewachsen. Womöglich hat man mich belogen. Aber die Frage, mit wem ich verwandt bin, macht mich nicht als Mensch aus. Ich bin mein eigener Mensch. Ich habe mich als starker Mensch erwiesen, stärker als ein Leben voller Gewalt und Strafen körperlicher wie auch seelischer Art.

Ich bin ein Mensch mit einem liebevollen Herzen. Ich kümmere mich um andere, die in Krisen oder Verzweiflung stecken. Ich bin die liebevolle Ehefrau eines guten, lieben Mannes. Und ich bin die biologische Mutter eines prächtigen Jungen, den ich hoffentlich eines Tages wiedersehe. Die genauen Identitäten einiger Leute, die mich großgezogen haben, können mir das niemals nehmen.

***

Das heißt nicht, dass ich meiner Familie nicht persönlich gegenübertreten möchte. Einige Verwandte würde ich durchaus gern wiedersehen. Während ich dies schreibe, weiß ich, dass es einer meiner Tanten nicht gut geht. Obwohl sie Teil meiner schmerzlichen Kindheit war, wünsche ich ihr nichts Schlechtes. Ich hoffe, sie findet eine Art Frieden.

Meine Mutter ist eine andere Geschichte. Als ich 2013 gerettet wurde, ergriff sie die Gelegenheit, sich über mich als Kind auszulassen. Sie trat im landesweiten Fernsehen auf und »erinnerte« sich an meine Kindheit, wie sie nach meiner Erfahrung nie existiert hat – eine glückliche Zeit, in der sie und ich uns nahestanden und ich das Pony nebenan fütterte. Es gab kein Pony nebenan. Und sollten meine Mutter und ich uns je nahegestanden haben, dann so, wie jedes sehr kleine Kind seiner Mutter nahesteht. Ich sehnte mich nach ihrer Liebe und nach ihrem Schutz. So wie ich das sehe, bekam ich beides nicht.

Sie hatte Defizite als Mutter. Und diese Defizite hinterließen tiefe Narben bei mir. Ein langer Genesungsprozess musste von innen heraus stattfinden, damit ich mich allmählich selbst lieben konnte. Und selbst lieben musste ich mich, ehe ich jemand anderen lieben konnte. Es nahm viel Zeit und einen langen Genesungsprozess in Anspruch, ehe ich mir sagen konnte, dass diejenige, die ich im Spiegel sehe, nicht hässlich ist. Sie ist, wie mein Mann mir sagt, schön.

Ich will meiner Mutter nicht wehtun, aber sie soll wissen, wie ich über das denke, was mir als Kind passierte, und dass es eine Bedeutung für mich hatte. Vielleicht wird meine Mutter dieses Buch lesen und endlich begreifen, wie sehr man mir wehgetan hat und wie mein Leben als Kind dauerhafte körperliche und seelische Wunden bei mir hinterließ. Und nicht nur Wunden, sondern auch leere Stellen in meinem Herzen und meiner Seele.

Ich verstehe es nicht, und ich will es nicht einmal versuchen. Mit diesem Versuch habe ich genug Zeit als Kind zugebracht. Ich habe mich bemüht, die Aufmerksamkeit meiner Mutter zu erregen. Ich habe versucht, ihr zu zeigen, dass ich ein intelligentes kleines Mädchen mit Bedürfnissen, Hoffnungen und Ängsten war. Aber ich hatte nie den Eindruck, dass sie etwas davon bemerkte oder mir je genug Aufmerksamkeit schenkte.

Ja, ich bin bereit zu glauben, dass alles geschah, weil sie mit ihrem eigenen Leben unglücklich war und ihre Enttäuschungen an mir ausließ. Aber wie konnte eine Mutter so etwas tun? In ihrem Fall verwende ich das Wort »Mutter« nur vage, denn sie hat sich nie so verhalten, wie ich es von einer Mutter erwartet hätte. Weder mich noch etwas, das ich tat, hat sie je unterstützt. Das ist jedenfalls mein Eindruck. Als Mutter war sie einfach nicht vorhanden.

Wenn sie dies liest, hilft ihr das vielleicht zu verstehen, auf welche Weise und wie sehr sie meinem Leben geschadet hat. Ich habe es schon längst aufgegeben, ihr etwas zu erzählen. Denn egal, wie sehr ich es versuchte, immer hatte ich das Gefühl, sie sähe mich einfach an, als wäre das alles gar nicht passiert.

Das war meine Lebenswirklichkeit. Das muss ich anerkennen. Könnte meine Mutter je begreifen, wie diese Lebenswirklichkeit mir geschadet hat, dann könnte ich mir vorstellen, ihr zu vergeben. Das liegt ganz bei ihr. Aber vergessen kann ich nicht.

Kurz nachdem ich mit der Arbeit an diesem Buch begann, erfuhr ich, dass der Mann, der mich in meiner frühen Kindheit sexuell missbraucht hat, gestorben war. Eine Träne habe ich darüber nicht vergossen. Und das werde ich auch nie.

**

Heute ist mein Leben gesegnet mit einer liebevollen Familie um mich herum. Es ist eine Familie nach der zweiten Definition des Wortes. Es ist eine Familie, deren Mitglieder dich lieben, sich um dich kümmern, für deine Sicherheit sorgen. Tatsächlich nenne ich diese Leute meinen sicheren Kreis. Die meisten haben Sie bereits kennengelernt: Anita und Erna, Jim, Kenny, Carol und Rose. Dazu noch einige weitere.

Über sie habe ich in Kapitel 10 noch einiges zu erzählen. Aber glauben Sie mir, wenn ich Ihnen eines sage: Auch ohne Blutsverwandtschaft sind wir Familie. Was mich mit ihnen verbindet und jeden von ihnen mit mir, ist auf jeden Fall stärker und dicker als alle Blutsbande. Deshalb habe ich auch ein Tattoo mit der Aufschrift »Familienmitglieder müssen keine Blutsverwandten sein«. Sie müssen einfach nur liebevoll und fürsorglich sein.

In dem Leben, das ich jetzt führe, dreht sich vieles um Entscheidungsmöglichkeiten. Ich habe mich für meine heutige Familie entschieden, meinen sicheren Kreis. Auf die gleiche Weise habe ich mich auch für ein neues Leben entschieden und für einen neuen Namen, mit dem ich dieses neue Leben beginnen wollte.

Ich habe mich entschieden, nicht wie meine biologische Familie zu sein. Ich habe mich entschieden, alles zu verlernen, dessen Zeuge ich als Kind wurde. Stattdessen habe ich mich entschieden, eine neue Lebensweise zu lernen und anders zu sein als das, zu dem mein Hintergrund mich womöglich bestimmt hatte. Ich habe mich entschieden, diejenige zu sein, die ich bin.

Kapitel 9

Eine Lebensaufgabe,
eine verwundete Seele

> *Ich musste lernen, nachsichtig mit mir zu sein, wenn*
> *ich Fehler mache – und aus meinen Fehlern zu*
> *lernen ...*

Ich entschied mich, diejenige zu sein, die ich bin. Und damit entschied ich mich auch für meine Lebensaufgabe.

Vor harter Arbeit habe ich nie zurückgeschreckt. Wie ich bereits erwähnt habe, war die Suche nach einem Job fast das Erste, was ich nach meiner Rettung unternahm. Zum einen musste ich mir meinen Lebensunterhalt verdienen. Zum anderen wollte ich mich auf etwas außerhalb meiner Person konzentrieren, das mich mit anderen Menschen in Kontakt bringen würde. Ich suchte eine Arbeit, bei der ich auf irgendeine Weise Gebrauch von dem machen konnte, was ich durchlitten und was ich gelernt hatte.

Aber wo ich auch nach einem Job suchte, überall bekam ich zu hören, man könnte mich nicht einstellen, weil ich prominent sei. Das Wort kam mir reichlich ironisch vor. Ganz sicher war ich nicht so, wie sich die meisten Leute einen Prominenten vorstellen. Schließlich hatte ich nicht an Galaveranstaltungen teilgenommen oder hatte mich auf dem roten Teppich gezeigt und war gefragt worden, welcher Designer mein Kleid entworfen hatte.

Allerdings muss ich zugeben, dass ich die Arbeitgeber auch verstand. Bei jedem Job, bei dem ich in Kontakt mit der Öffentlichkeit käme, würde ich immer wieder um Selfies oder Auto-gramme gebeten werden. Viel Arbeit würde ich so wohl nicht erledigen können.

Im Lauf der Zeit fand ich natürlich Arbeit, wenn auch nicht im traditionellen Sinn. Und diese Arbeit fand ich, weil einige Menschen das Gefühl hatten, ich hätte etwas Wichtiges zu sagen und zu geben.

Einfach ausgedrückt, besteht meine Lebensaufgabe inzwi-schen darin, über Themen zu reden, über die ich leider sehr viel weiß. Hauptsächlich geht es dabei um häusliche Gewalt und Missbrauch, auch sexuellen Missbrauch, wie er überall auf der Welt vorkommt.

Ohne eigenes Verschulden bin ich Expertin auf diesen The-mengebieten. Und wenn meine Kenntnisse dazu beitragen kön-nen, dass auch nur einem einzigen Menschen geholfen wird oder dass auch nur ein einziges Leben zum Besseren verändert wird, ist das genau die Erfüllung, die ich brauche.

Mein Terminplan mit Vorträgen über diese Themen ist prall gefüllt. Ich spreche vor allen möglichen Zuhörern: Opfern und Überlebenden von Gewalt und Missbrauch, Strafverfolgungsbe-hörden, Mitarbeitern von sozialen Einrichtungen, Ärzten und Krankenschwestern, vor Leuten, die Frauenhäuser und andere Anlaufstellen für Opfer leiten, vor Leuten, die Geldspenden sammeln, vor Studenten und vor Lehrern. Und wie jeder Leser dieses Buches weiß, bin ich auch Autorin.

Seit mehreren Jahren halte ich inzwischen Vorträge vor di-versen Zuhörerschaften. Trotzdem bin ich immer noch nervös, wenn ich aufstehe und mit der Rede beginnen will. Als ich das erste Mal vor ein Publikum trat, um eine Rede zu halten, war ich so nervös, dass ich glaubte, es käme kein Ton aus mir heraus, wenn ich den Mund aufmachte. Ich musste eine Möglichkeit finden, mich zu beruhigen.

Ich holte tief Luft und sagte mir: Alles wird gut. Es wird so wie ein Gespräch mit einer besten Freundin oder mit einem überdimensionalen Stück Kuchen mit Cremefüllung im Overall. Ich habe keine Ahnung, woher dieses Bild kam, aber es schien zu funktionieren. Trotzdem war das Sprechen vor Publikum in den ersten Momenten immer ein Kampf. Eines war mir jedoch eine Hilfe. Ich wusste, was ich den Menschen zu erzählen hatte. Ich wusste, es war mein Daseinszweck, ihnen Kraft und Mut zu geben. Und ich sprach, als wüsste ich das ganz genau.

Auch heute noch vergeht die Nervosität kaum. Wenn ich mit den Leuten im Publikum vor Beginn der Veranstaltung eine Art Kontakt herstellen kann, wenn ich einige ihrer Geschichten höre, stelle ich allerdings fest, dass mich das motiviert. Ich kann mich wirklich auf die Sorgen der Menschen konzentrieren und behalte genau im Blick, worüber ich sprechen will.

Ich weiß, was ich jetzt sagen werde, ist gegen den Rat der Experten. Und mein PR-Team wird sich wahrscheinlich die Haare raufen, wenn es dies liest, aber ich bereite eine Rede niemals vor. Ich mache mir vorher keine Notizen. Erstens fühle ich mich wohler, wenn ich frei von der Leber weg rede statt etwas ablese. Zweitens weiß ich tief im Innern genau, was ich meinen Zuhörern sagen will. Ich weiß, welchen Punkten ich besondere Aufmerksamkeit schenken will, je nach Thema und Zuhörerschaft.

Wende ich mich an Frauen, die häuslicher Gewalt von Ehemännern oder Lebensgefährten ausgesetzt sind, ist meine Botschaft an sie: »Warten Sie nicht. Wenn Sie warten, erreichen Sie höchstwahrscheinlich nur eines: Sie verlängern die Zeit, in der Sie und Ihre Kinder der Gewalt ausgesetzt sind. Derjenige, der Ihnen Gewalt antut, wird weiterhin versuchen, die Kontrolle über Sie zu behalten. So machen es diese Typen immer.«

Ein weit schwierigeres Publikum sind Kinder. Ich will sie erreichen, aber ich habe auch Angst, dass es ihnen schaden könnte, wenn sie hören, was ich durchgemacht habe. Mein erster Gedanke gilt ihrem Wohlbefinden, nicht meinem. Also spreche ich mich immer mit den Erwachsenen ab, die für den Vortrag verantwortlich sind. Ich erkundige mich, wie weit ich bei Kindern, Teenagern oder auch jüngeren Erwachsenen gehen darf. Oft haben Kinder im Publikum bereits Gewalt erlebt, und ich muss sehr sorgfältig abwägen, was ich ihnen offenbare.

Diesen Kindern rufe ich ins Gedächtnis, dass man nie weiß, wie stark man ist, bis man keine andere Wahl hat, als stark zu sein. »Wenn es erst so weit ist«, sage ich, »kommt Aufgeben nicht infrage. Gebt die Hoffnung nicht auf.«

Als Nächstes schärfe ich ihnen ein: »Es gibt ein Leben nach der Dunkelheit. Und endlose Möglichkeiten liegen vor euch, wenn ihr erst einmal das Licht seht.«

Diese Kinder sollen außerdem im Gedächtnis behalten, dass sie, egal was passiert, die Kontrolle darüber haben, wer sie sind und was aus ihnen einmal wird. Ich erzähle ihnen ein wenig von meiner Geschichte. Erzähle ihnen, wie Leute mich »beschädigte Ware« nannten und mir einreden wollten, dass kein Mann mich je lieben könnte. Niemand würde, so behaupteten sie, je ein echter Freund für mich sein wollen. »Und seht euch jetzt mein Leben an«, sage ich dann. »Ich werde von einem liebevollen Ehemann geschätzt und bin umgeben von einem sicheren Kreis wunderbarer Freunde. Und das nur, weil ich mein Leben geändert habe. Das hat kein anderer für mich getan. Das kann auch kein anderer tun.«

Dann fahre ich fort: »Ja, die Narben sind immer noch da. Sie werden auch nie mehr weggehen. Aber jetzt sehe ich in die Zukunft.«

Ich kann nur hoffen, dass die Kinder und Teenager, vor denen ich spreche, genau zuhören und sich zu Herzen nehmen, was ich ihnen sage. Aber es kann wirklich schwer sein, sie zu erreichen.

Das härteste Publikum, das ich je hatte – ein Publikum, das ich mir nicht als überdimensionales Kuchenstück im Overall vorstellen kann –, waren männliche Gefängnisinsassen, die man wegen Gewalt gegen Frauen verurteilt hatte. In manchen Fällen hatte die Gewalt in einem Tötungsdelikt geendet. Einige Männer saßen eine lebenslange Freiheitsstrafe ab, aber nicht alle.

Mein erster Gedanke war, dass ich die jüngeren Männer erreichen wollte. Sie würden schließlich irgendwann aus dem Gefängnis entlassen werden. Ich dachte dabei vor allem an Männer, deren gewaltsame Übergriffe nicht bis zum Mord gegangen waren.

Ich saß da und redete mir vor diesen Typen die Seele aus dem Leib. Die ganze Zeit bemühte ich mich, ihnen einen Begriff davon zu geben, wie es war, eines ihrer Opfer zu sein. Flotte Sprüche verkniff ich mir. Ich berichtete, wie ihr gewaltsames Verhalten beim Opfer ankommt, was es mit Körper, Seele und Selbstwertgefühl anstellt. Ich erläuterte ihnen, wie ihre Gewalt das Opfer selbst dann umbringt, wenn das Resultat nicht der Tod ist.

Die Hälfte der Männer weinte, die andere Hälfte betete ganz hinten im Raum, während ich weitersprach. Als ich geendet hatte, sagten mir mehrere, dass mein Vortrag ihr Leben verändern und sie davor bewahren würde, je wieder gewalttätig zu werden.

»Wieso musste ich Sie erst davor bewahren?«, fragte ich. Wieso war der Vortrag einer Frau nötig, die brutale Gewalt überlebt hatte, dass diese Männer begriffen, was Brutalität anrichten kann?

Einer der Männer antwortete stellvertretend für alle. »Weil sich vorher tatsächlich nie einer zu uns gesetzt und mit uns so geredet hat«, sagte er. »Wir hatten immer nur mit Leuten zu tun, die uns verurteilt und uns abgestempelt haben für das, was wir in der Vergangenheit getan haben.«

Ich hoffe, dass dieser Vortrag etwas bewirken wird. Aber die Verantwortung für die Veränderung und die Fähigkeit dazu hängt immer nur von jedem Einzelnen ab. Es fiel ihnen leicht zu sagen, sie wollten sich ändern. Aber Worte sind Schall und Rauch, wenn keine Taten folgen. Ich kann nur beten, dass mein Vortrag bei wenigstens einigen eine echte Veränderung bewirken wird.

Jemand stellte mir einmal eine interessante Frage. Ob ich glaubte, wollte er wissen, dass es bei Ariel Castro etwas bewirkt hätte, hätte er einen Vortrag wie den gehört, den ich damals im Gefängnis gab. Meine Antwort war, dass ich glaubte, bei Ariel Castro sei alles schon zu weit gegangen. Es gibt Leute, die buchstäblich nicht gerettet werden können. Deshalb wollte ich auch die jungen Männer in der Gruppe erreichen. Vielleicht war es für sie noch nicht zu spät. Vielleicht wären sie noch in der Lage, sich zu ändern. Ich hoffe es.

Ich weiß, dass auch sie Gewalt erlitten haben. Auch sie waren Opfer. Aber ich rief allen Männern dort ins Gedächtnis, dass sie immerhin die Wahl hätten. Sie konnten sich Hilfe bei der Bewältigung der erlittenen Gewalt holen. Sie konnten immer noch einen anderen Weg einschlagen, um mit ihrem Schmerz fertigzuwerden. Irgendetwas war in ihrem Leben passiert, das sie zu gewalttätigen Kriminellen gemacht hatte. Aber sie konnten sich immer noch dafür entscheiden, ihrem Leben eine Wende zu geben. Das weiß ich. Schließlich habe ich auch meinem eigenen Leben eine Wende gegeben.

***

Ich weiß, dass man mich immer in Zusammenhang bringen wird mit der Hilfe für Menschen, die Gewalt erleiden, die vor Gewalt fliehen oder in Frauenhäusern und anderen Hilfseinrichtungen untergebracht werden müssen. Ich habe viel darüber nachgedacht, wie ich das in Zukunft hauptberuflich leisten kann. Und mir kam in den Sinn, eine Stiftung zu gründen. Mithilfe dieser Stiftung würde ich ein Übergangszentrum einrichten und unterhalten.

Übergangsphasen sind entscheidend und wichtige Einschnitte im Leben von Frauen und Kindern, die Gewalt erlebt haben. Eines meiner Vorbilder für solch ein Übergangszentrum ist das Purple Project, eine Organisation mit Sitz in Ohio. Dort hilft man Pflegekindern, das System staatlicher Betreuung zu verlassen und sich erfolgreich in die Gesellschaft einzugliedern.

Im Rahmen dieses Projekts wird eine ganze Palette von Dienstleistungen angeboten. So wird eine sichere Unterkunft zur Verfügung gestellt, es gibt Hilfe im Alltag und eine Berufsausbildung. Man hilft den jungen Leuten dabei, die angemessene Kleidung für einen Abschlussball oder andere besondere Gelegenheiten zu finden.

Mehrmals habe ich bei Veranstaltungen des Purple Project Vorträge gehalten. Die Gründerin und Direktorin der Organisation, die bemerkenswerte Latasha C. Watts, ist eine enge Freundin geworden und gehört zu meinem sicheren Kreis.

Die Auswahl an verschiedenen Dienstleistungen, die das Purple Project offeriert, von praktischen Fertigkeiten bis zu Dingen, die jungen Leuten wichtig sind, finde ich besonders überzeugend. Das Purple Project ist für mich ein Vorbild für das Übergangszentrum, das ich gern Lily's Ray of Hope nennen möchte – Lilys Hoffnungsschimmer. Es soll ein Frauenhaus werden, das nie jemanden fortschickt. Das verspreche ich. Und wenn es keinen Platz mehr gibt, wird unser Zentrum einen anderen Platz für die hilfesuchende Frau finden. Dorthin werden wir sie bringen. Niemand wird weggeschickt. Niemals.

Dieses Versprechen geht zurück auf die Zeit, als ich an Thanksgiving kurz nach der Geburt meines Sohnes Joey von zu Hause fortlief. Es war sehr kalt draußen. Aber ich war so in Eile, dass ich nicht einmal Zeit hatte, meinen Mantel zu holen. Ich wickelte Joey in mein T-Shirt, und wir liefen und liefen, bis ich eine Einrichtung für uns fand. Doch es gab keinen Platz mehr dort, und eine Alternative konnten sie uns auch nicht bieten.

Wir gingen weiter. Noch zwei Meilen. Keiner blieb stehen und half uns. Es nahm uns nicht einmal jemand wahr. Ich hatte nicht genug Geld, um Carol und Rose anzurufen. Und ihr Haus war zu weit entfernt. Zu Fuß hätte ich es nicht dorthin geschafft.

Das Wetter war zum Fürchten. Ich redete die ganze Zeit auf Joey ein, versprach ihm immer wieder, dass wir schließlich irgendwo ankämen. Ich ging, so schnell ich konnte. Ich hörte ihn weinen, und mir war klar, dass ihm sehr kalt war. Stehlen wollte ich nicht. Trotzdem nahm ich eine Decke von einer Veranda und wickelte Joey beim Weitergehen darin ein. Ein paar Tage später brachte ich die Decke zurück.

Endlich fand ich eine Unterkunft, für Männer und Frauen, ohne Privatsphäre. Die ließen uns für die Nacht herein unter der Bedingung, dass wir gleich am nächsten Morgen wieder fortgingen. Ich fragte nach Hilfe. Man sagte mir: »Diese Übergangsphase müssen Sie selbst organisieren.« Das haute mich wirklich um. Wenn ich dazu in der Lage gewesen wäre, wäre ich wohl kaum ohne Mantel nachts mit meinem Baby auf der Suche nach einer Unterkunft durch die Stadt gelaufen.

Auch heute noch bieten zahlreiche Obdachlosenheime nicht die Art Hilfestellung, die viele Frauen und Kinder brauchen. Womöglich verweisen sie einen an eine Vermittlungsstelle, aber nicht alle haben das Geld für eine Fahrt mit dem Bus. Manche sind einfach zu ausgelaugt, um noch einen weiteren Schritt zu gehen.

Lily's Ray of Hope wird all diese Dienstleistungen an einem Ort bieten: Beratung, Ausbildung, grundlegende medizinische Versorgung. Und Privatsphäre, denn Grenzen sind wichtig. Ich stelle mir das Zentrum wie einen Wohnblock vor mit kleinen Apartments. Jede Frau soll ihr eigenes Zimmer haben. Alle

Frauen sollen in einer Gemeinschaftsküche ihre Mahlzeiten zubereiten können.

Es wird Sicherheit und Mitgefühl geben. Jede Frau wird willkommen geheißen und bekommt Unterstützung. Ich will Frauen dabei helfen, auf ihre Ziele hinzuarbeiten, aber abnehmen kann und will ich ihnen diese Schritte nicht. Ich möchte einen Ort schaffen, an dem Frauen ihren eigenen sicheren Kreis aus anderen Frauen erfahren – Frauen, die verstehen.

Ein weiteres Rollenvorbild für Lily's Ray of Hope ist One Safe Place, eine in Kalifornien ansässige Organisation, die ich bei meinem Aufenthalt auf den Caymaninseln kennenlernte. Sie machen es genau richtig. Das gilt auch für AVDA, Aid to Victims of Domestic Abuse, in Florida, eine weitere großartige Organisation. Das Beste dieser und weiterer Organisationen möchte ich nach Cleveland bringen.

Lily's Ray of Hope wird natürlich auch Kunsttherapie anbieten. In Kursen sollen Frauen beim Malen, Zeichnen, Schreiben oder Musizieren zum Ausdruck bringen können, was sie gerade durchmachen. Bei solchen Tätigkeiten können Frauen vielleicht wieder lernen, anderen zu vertrauen.

Aber das Übergangszentrum ist nicht mein einziges Ziel für die Zukunft. Ich möchte etwas anbieten wie das Malen und Trinken auf meinem Junggesellinnenabschied. Die Leute sollen kreativ sein, Spaß dabei haben und eine Flucht vom Stress in ihrem Leben erfahren, was auch immer diesen verursacht.

Bei Lily's Paint-and-Sip, den Mal- und Trink-Veranstaltungen, werde ich manchmal die Farben und das Thema wählen. Bei anderen Gelegenheiten soll es Thema oder Aufgabe der Teilnehmer sein, zu malen, was immer sie wollen. In Kursen für Kinder werden Chips und gesunde Getränke angeboten werden. Auch in Kursen für Erwachsene wird es Snacks geben. Aber Alkohol wird nur denjenigen gestattet werden, die nachweisen können, dass jemand anderer sie später nach Hause fährt.

Lily's Ray of Hope und Lily's Paint-and-Sip sind Zukunftsträume. Aber wie Sie inzwischen wissen, erschaffe ich meine Träume stets voller Hoffnung.

***

Wie Sie in diesem Buch gelesen haben, war es ein fortschreitender Prozess, bis ich an eine Zukunft überhaupt denken konnte. Es geschah nicht alles auf einmal. Anfangs zog ich im Grunde nicht einmal in Erwägung, mich mit dem auseinanderzusetzen, was ich erlebt hatte. Ich wollte damit einfach nichts zu tun haben. Die Leute sollten nichts davon wissen.

Ich war definitiv nicht bereit, mich anderen zu öffnen. Zum Teil hatte ich Angst davor, was die Leute über mich denken würden. Vor allem aber nahm ich an, es würde zu sehr schmerzen, die Wunden meines Lebens offenzulegen. Anfangs, nach meiner Rettung aus Castros Haus, war das also das Letzte, was ich wollte. Ich redete mir ein, es würde ausreichen, wenn die körperlichen Wunden verheilten.

Es reichte aber nicht aus.

***

In Kapitel 5 habe ich erzählt, wie ich mich im Trauma-Zentrum in Tennessee erstmals vor anderen Menschen geöffnet und von meiner Kindheit und meiner Gefangenschaft berichtet habe. Das Publikum damals war gelinde gesagt klein. Es bestand aus völlig Fremden, die ich wahrscheinlich nie wiedersehen werde.

Zwar hatte ich zu dem Zeitpunkt meine Geschichte schon in einem Buch niedergeschrieben, war auf einer Lesereise gewesen und hatte mit Reportern und Interviewern geredet. Ich hatte in ein Mikrofon oder zu Leuten gesprochen, die ich nicht sehen konnte. Und ich hatte die verschiedensten Fragen beantwortet. Das alles war wichtig gewesen, um den Schmerz zu lindern. Aber es war mir anonym vorgekommen. In gewisser Weise hätte ich auch mit der Luft reden können.

Doch im Trauma-Zentrum sprach ich von Angesicht zu Angesicht mit anderen Opfern traumatischer Erfahrungen. Ich redete mit Leuten, die auf das, was ich erzählte, reagieren und antworten konnten. Und das taten sie auch. Allerdings stellte sich heraus, dass ihre Reaktionen ganz und gar liebevoll waren, wie eine warmherzige Umarmung.

Aber wie bereits gesagt, fühlte ich mich auch damit anfangs nicht wohl. Ich musste erst eine Weile im Zentrum sein, eine Weile mit diesen Menschen zusammen sein und sie ein wenig kennenlernen. Sogar die Pferdetherapie mit Waylon führte mich zu Beginn nicht direkt an den Punkt, wo ich offen mit anderen Menschen über das sprechen konnte, was ich in meinem Leben durchgemacht hatte. Waylons Bedeutung bestand darin, dass alles Gesagte unter uns beiden blieb. Mit ihm zu reden war beinahe so, als sähe ich meine Gefühle in einem Spiegel an.

Einen nach dem anderen hörte ich die Bewohner des Trauma-Zentrums die Geschichte ihrer Gewalterfahrung erzählen. Erst dann konnte ich meine eigene Geschichte offenlegen. Ich verstand, was die anderen erlitten hatten, weil ich es erkannte. Und ich begriff, dass sie aus demselben Grund auch meinen Schmerz verstehen würden. Sie erkannten ihn. Sie wussten, woher ich kam und was ich durchgemacht hatte, weil auch sie dort, an dem Punkt gewesen waren. Sie würden nicht über mich urteilen.

Ich erkannte, wie sehr das Offenlegen meiner Wunden, die ich in Castros Haus erlitten hatte, zu meinem Genesungsprozess beitrug. Das war eine riesige Hilfe für mich. Aber es dauerte weitere vier Jahre, nämlich bis 2017, bis ich eine Wunde offenlegen konnte, die weit in meine Vergangenheit zurückreichte. Die Wunde, die ich dann vor anderen öffnete, die Wunde, die ich hier und jetzt vor all meinen Lesern enthülle, ist die Verletzung meiner Seele.

Es gibt tatsächlich ein Programm mit Namen Soul Injury, Verletzung der Seele. Es wurde begründet von einer Krankenschwester und einem Trauer- und Traumaberater, der sich lange um ehemalige Soldaten gekümmert hatte, vor allem um Veteranen, die am Ende ihres Lebens standen. Die beiden Begründer des Programms stellten fest, dass viele Veteranen bis kurz vor ihrem Tod damit warteten, das zu enthüllen, was ihre Seele beschädigt hatte. Auf dem Totenbett brach es gleichsam aus ihnen heraus. Und erst da, erst durch das Aufdecken dieser Verletzungen konnten die sterbenden Veteranen die Fesseln lösen, mit denen die Verletzungen ihr Leben umklammert hatten.

Das ergibt Sinn. Viele Veteranen, die eine Art Trauma erlitten haben, geben sich große Mühe, alles zuzudecken, wenn sie aus dem Krieg heimkehren. Den Deckel fest geschlossen halten kann funktionieren, wenn sie in der Blüte ihres Lebens stehen. Aber sobald sie dem Tod nahe sind, wird das Unterbewusstsein stärker, und die Erinnerungen lassen sich nicht länger unterdrücken.

Die Erinnerungen explodieren gleichsam aus diesen ehemaligen Soldaten heraus. Aber zu dem Zeitpunkt ist es schon ziemlich spät. Und was den Frieden angeht, den der Mensch als Folge dieser Explosion gewinnen kann, so ist es definitiv zu spät, dessen heilsame Vorzüge zu genießen.

Die Begründer von Soul Injury haben immer wieder beobachtet, wie diese Männer bis kurz vor dem Tod warteten, um die Fesseln solcher Wunden abzuschütteln. Aber das heißt auch, dass die Veteranen einen großen Teil ihres erwachsenen Lebens im Schmerz verbrachten. Sie waren nicht in der Lage, all das zu werden, was sie hätten werden können. Und sie erreichten nicht alles, was sie erreichen wollten. Die andauernde Prägung ihrer seelischen Verletzung schränkte ihr Leben ein. So gründeten die

Krankenschwester und der Trauerberater das Programm Soul Injury, um Abhilfe zu schaffen.

Aber die beiden Begründer begriffen auch, dass man nicht beim Militär gewesen sein muss, um eine seelische Verletzung davonzutragen. Jede Art von Trauma kann diese verursachen. Menschen, die Gewalt erfahren oder ihre Gesundheit eingebüßt haben, die in einem Kriegsgebiet lebten oder Überlebende einer entsetzlichen Katastrophe sind, können alle eine Verletzung ihrer Seele erleiden. Und das gilt selbstverständlich auch für diejenigen, die sich um traumatisierte Opfer kümmern.

Die Begründer der Organisation Soul Injury definieren eine seelische Verletzung als einen Schmerz, der »subtil und weniger subtil traumatisierte Menschen ihrer Lebenskraft berauben kann. Die Quelle seelischer Verletzungen ist unbewältigte Trauer, nicht vergebene Schuld und Scham über Dinge, die wir unserer Meinung nach hätten tun oder lassen sollen. Nicht bewältigte Trauer und nicht vergebene Schuld können ein Leben sabotieren.«[1]

Sabotiert wird ein Leben, wenn sich der Traumatisierte auf irgendeine Weise als mit einem Makel belastet, also befleckt wahrnimmt. Weil es zum Zeitpunkt der ursprünglichen Verletzung keine Unterstützung, keinen Schutz gab, fühlt sich der Traumatisierte völlig zerrissen und isoliert und glaubt, er sei nichts wert. Und das wird auf diesem Menschen zu einer Art Mal oder Zeichen. Einer Beschädigung. Etwas, das sich nicht so leicht wieder wegwischen lässt.

Ich weiß genau, was die beiden Gründer der Organisation damit meinen. Ich weiß aus sehr persönlicher Erfahrung, was unbewältigte Trauer und nicht vergebene Schuld mit sich bringen können. Und ich weiß, wie beides mein Leben sabotiert hat. Schuldig, beschämt, isoliert und wertlos – mit diesen Gefühlen bin ich vertraut … Und auch mit der Angst, die sie in einem auslösen können, und mit dem Makel, den sie auf einem hinterlassen.

Im Jahr 2017 begriff ich, dass ich enthüllen musste, was meine Seele beschädigt hatte, wenn ich überhaupt noch ein Leben haben wollte. Ich musste mich damit auseinandersetzen, je eher, desto besser. Wenn ich weiter wartete, würde ich diese Last womöglich mein Leben lang tragen. Und das wollte ich nicht. Ich wollte nicht erst auf meinem Sterbebett meine seelischen Verletzungen heilen. Ich musste es gleich tun.

Ich erhielt eine Einladung zu einer Veranstaltung des Soul-Injury-Programms im Frühjahr 2017, wo ich einer der Keynote Speaker sein sollte. Einer von zwei, sollte ich sagen. Ich war gemeinsam mit einem ehemaligen Soldaten eingeladen worden, der ebenfalls seine Geschichte erzählen sollte. Wir waren für zwei Tage gebucht worden, einen Montag und einen Dienstag Anfang Juni.

Die Vorträge sollten vor zwei verschiedenen Zuhörergruppen stattfinden. Veranstaltungsort waren Beerdigungsinstitute in zwei Städten ganz in der Nähe von Cleveland. Wieso Beerdigungsinstitute? Weil viele Beerdigungsinstitute im ganzen Land bei den Programmen von Soul Injury mitmachen. Sie wollen Leute erreichen, die bei ihrer Arbeit mit Trauer und Verlust umgehen – wie das Publikum, vor dem ich meinen Vortrag halten sollte.

Ich weiß noch, dass es am Tag davor, einem Sonntag, richtig heiß war. Für die Verhältnisse in Cleveland fühlte es sich eher wie Sommer und nicht wie Frühling an. Aber der Montag war ein schöner Frühlingstag, und ich fühlte mich richtig wohl, als mich Miguel zur Versammlung nach Strongsville fuhr.

Das Treffen fand in einem großen Saal in dem Beerdigungsinstitut statt. Kerzenleuchter und versenkte Lichter erhellten den Raum. Ein gemusterter grün-goldener Teppich bedeckte den Boden. So wirkte der Raum ruhig und klar. Genau das Richtige für ein Beerdigungsinstitut, dachte ich.

Während sich der Saal füllte, wurden weitere Stühle hereingetragen. Und als die Veranstaltung beginnen sollte, waren so viele Leute erschienen, dass es keine Stühle mehr gab und einige Anwesende an den Wänden lehnten. Man hatte mir gesagt, die Zuhörer seien überwiegend Krankenschwestern, Ärzte und Ärztinnen, Sozialarbeiter, Kriegsveteranen, Polizisten, Therapeuten und sogar Angehörige von Opfern traumatischer Erfahrungen. Alles also Menschen, die direkt oder indirekt mit seelischen Verletzungen in Kontakt gekommen waren.

Zunächst gab es ein Video, das auf das Programm einstimmen sollte. Gezeigt wurden Personen, die sehr tief in einem erinnerten Trauma steckten, und das über eine lange Zeit, bis schließlich etwas in ihrem Kopf Klick machte und sie bereit waren, die Wunde zu öffnen. Alle erklärten, wie sehr es ihnen geholfen habe, ihre seelische Verletzung laut auszusprechen. Das kam mir stimmig vor. Eine seelische Verletzung macht den Umgang mit dem Leben schwierig. Wenn man jedoch mit dem Heilungsprozess der Verletzung beginnt, kann einen das direkt ins Leben zurückführen.

Das Video war zu Ende, und der Organisator der Veranstaltung stellte den anderen Redner und mich vor. Er erklärte, wir seien hier, um über unsere seelischen Verletzungen zu sprechen. Auf einmal kam es mir in den Sinn, ich müsse meinen Sohn erwähnen.

Wie Sie wissen, bereite ich meine Vorträge nicht vor. Ich wusste also nicht genau, was ich sagen würde, wenn ich an die Reihe käme. Ich wusste bloß, mir würde schon etwas einfallen. Bei Vorträgen hatte ich Joey oft erwähnt, immer nur sehr kurz, gerade einmal in einem Satz. Ich ging davon aus, dass ich am Ende meines Vortrags Joey auch vor dieser Gruppe kurz erwähnen könnte.

Inzwischen wollte ich aber unbedingt den Vortrag des Veteranen über seine seelische Verletzung anhören. Also bat ich ihn, als Erster zu reden. Er sprach über seine Ausbildung beim

Militär und darüber, dass er mit seiner Truppe zum aktiven Dienst ins Ausland geschickt worden sei. Ich weiß nicht, um welche Konfliktzone es sich handelte. Ich bin nicht sicher, ob er das Land überhaupt erwähnte, und ich weiß auch nicht, ob das wichtig ist.

Er berichtete, wie er und die Männer seiner Einheit einander alle sehr nahestanden, eine eingeschworene Truppe, fast so eng wie Brüder. Dann wurden sie eines Tages auf Patrouille geschickt und angegriffen, und alle Männer der Einheit kamen um. Nur er blieb am Leben. Hilflos sah er einen nach dem anderen seines Trupps sterben. Aber er selbst starb nicht. Er blieb am Leben, und daraus erwuchsen Schuld, Scham und ein entsetzlicher innerer Schmerz.

Das Publikum reagierte sehr offen auf seinen Vortrag. Niemand hielt sich zurück. Manche Leute weinten. Manche riefen ihm Ermutigungen zu. Dann sprach er über die so wertvolle Psychotherapie, die er gemacht hatte – was nun wirklich nicht meine Erfahrung war, wie Sie wissen. Die Leute hörten aufmerksam zu. Das erinnerte mich daran, dass viele Zuhörer selbst Therapeuten waren oder psychologische Hilfe anboten.

Seine Geschichte fesselte mich. Und während er weitererzählte, machte etwas Klick in meinem Kopf. Hier und jetzt, dachte ich. Diese Veranstaltung heute würde der richtige Rahmen und der richtige Moment sein, meine seelische Verletzung von Grund auf offenzulegen. Ich glaube, in dem Augenblick wusste ich, ich müsste mich nicht schämen und keine Angst davor haben, das zu enthüllen, was ich mühsam für lange Zeit so tief wie möglich in mir hatte vergraben wollen. Und wenn ich davon erzählte, so spürte ich, könnte ich endlich etwas ans Licht bringen, das ich immer noch im Dunkeln behalten hatte.

Der Veteran war fertig, und ich war an der Reihe. Ich stand auf. Und ich begann meinen Vortrag mit dem Geständnis, dass ich meinen Sohn zwar oft bei derartigen Gelegenheiten erwähnt, aber noch nie zuvor das erzählt hätte, was ich nun enthüllen wollte – und was ich somit auch Ihnen jetzt erzähle. In meinem Buch *Die Unzerbrechliche* hatte ich darüber nicht geschrieben. Ich habe es auch nicht im Trauma-Zentrum erwähnt. Und ich hatte es noch nicht einmal Miguel in allen Einzelheiten anvertraut.

»Die Wunde, die ich jetzt öffnen werde«, sagte ich, »ist meine seelische Verletzung.« Ich war sehr nervös, als ich anfing zu reden. Die Schmetterlinge in meinem Bauch flatterten so heftig, dass ich schon dachte, ich müsste mich übergeben. Tatsächlich musste ich ein paar Mal heftig schlucken.

Ich setzte noch einmal an, und es fiel mir so schwer, dass der Veranstalter mir anfangs helfen musste. Ich sprach darüber, dass ich keine Kontrolle über mein eigenes Leben hatte. Und während ich weiter erzählte, verlor ich beinahe die Selbstkontrolle. Ich musste meinen Vortrag mehrfach unterbrechen.

Aber wenn ich dann fortfuhr, spürte ich, dass die Leute im Publikum genau verstanden, worüber ich redete. Sie erkannten, wie verletzt ich war. Ich weinte fast die ganze Zeit, als ich meine Geschichte erzählte. Aber je weiter ich kam, desto mehr spürte ich, dass allmählich eine Last von mir genommen wurde. Ich empfand eine gewisse Erleichterung.

Nach einer Weile floss die Geschichte einfach aus mir heraus. Den Leuten bei Soul Injury erzählte ich Folgendes:

Ganz zu Anfang schlug ich einen unguten Pfad für mein Leben ein. Ich kann sagen, diesen Pfad schlug ich ein, weil es der einzige Weg war, den ich kannte. Ich lernte es, wie ich alles lernte, von Leuten, die für mein Leben nicht gut waren, die mir das Leben vergifteten. Ich lernte es durch den sexuellen Missbrauch. Durch die Schläge, die ich von Verwandten bezog. Dadurch, dass man mir einschärfte, ich sei ein Nichts. Wenn einem wieder und wieder eingeredet wird, dass man ein Nichts ist, glaubt man es am Ende.

Trotzdem bin ich diejenige, die diese Entscheidung traf. Ich bin diejenige, die die Richtung des schlimmen Pfades einschlug. Als ich zehn war, fing ich an, Alkohol zu trinken. Als ich elf war, nahm ich Drogen. Alkohol und Drogen waren für mich die Möglichkeit, alles zu verdrängen, was ich im Leben durchmachte. Eine Möglichkeit, meine Gefühle zu betäuben.

Immer noch versuchte ich den Leuten in meinem Umfeld zu sagen, was in meinem Leben vor sich ging. Ich versuchte, Erwachsene – Autoritätspersonen – dazu zu bringen, mir zuzuhören und mich zu verstehen. Das tat aber keiner. Alle sagten, ich würde lügen. Sie akzeptierten es, wenn meine Mutter und andere Verwandte leugneten, was ich gesagt hatte, wenn meine Mutter wiederholt erklärte: »Ich bin eine gute Mutter. Ich habe nichts falsch gemacht.«

Aber ich hatte sehr wohl das Gefühl, dass meine Familie etwas falsch machte. Und weil ich mich nicht dagegen wehren konnte, gestattete ich ihnen, mich bis zu dem Punkt zu verletzen, an dem ich mich selbst verletzte. Dreimal beging ich beinahe Selbstmord. Jedes Mal war ich nahe daran, konnte mich aber nicht dazu zwingen, es zu Ende zu bringen.

Ich war noch nicht achtzehn, als ich feststellte, dass ich schwanger war. Das war ein Wendepunkt für mich. Wenn keiner mir helfen wollte, musste ich selbst etwas unternehmen, um mir zu helfen. Ich würde es selbst tun müssen. Ich wusste, es gab ein besseres Leben. Und da jetzt ein neues Leben in mir heranwuchs, schien es mir den Versuch wert. Also sperrte ich mich in ein Zimmer ein und beschloss, dass ich entgiften wollte. Ich wollte den ganzen Alkohol, die ganzen Drogen loswerden, die ich zu mir genommen hatte. Ich wollte clean und nüchtern werden.

Darin würde ich mich von meiner Familie unterscheiden. Ich würde den schlimmen Pfad verlassen, auf dem ich mich befand. Ich würde mit meiner Familie brechen und mit allem, was zu ihnen gehörte. Mein Baby sollte ein besseres Leben haben. Dabei war mir allerdings nicht klar, dass das, was ich beschlossen hatte zu tun, meinem Kind tatsächlich schaden konnte.

Ich redete mir ein, alles würde in Ordnung kommen. Ich hatte einen Vorrat an Brot und sehr viel Wasser. Und ich sagte mir, ich würde das durchziehen, ich würde für mein Kind kämpfen, und nichts würde dabei passieren. Nichts würde mich davon abhalten. Das Baby zu verletzen, das in mir heranwuchs, mich selbst zu verletzen, lag mir entschieden fern.

Aber nach zwei Wochen allein in dem Raum war ich ernsthaft dehydriert. Der Mangel an Nahrung hatte mich außerdem geschwächt, denn was ich auch aß, ich musste es erbrechen. Mich überfielen Hitzewellen und Kälteschauer. Mein Körper fühlte sich taub an. Ich konnte kaum gehen. Ich musste mich mehr oder weniger zu einem Telefon schleppen, um im Krankenhaus anzurufen.

Ich sagte zu dem Arzt: »Ich glaube, ich muss sterben. Und ich bin schwanger. Ich komme also gleich zu Ihnen ins Krankenhaus!«

Ganz ehrlich, ich habe keinerlei Erinnerung daran, wie ich das schaffte. Aber als ich im Hospital ankam, sagten mir Ärzte und Pfleger, ich hätte das Baby verlieren und selbst sterben können, hätte ich noch länger gewartet.

Sie verarzteten mich. Dann schickten sie mich wieder nach Hause, redeten mir ins Gewissen, ich müsse ausruhen, sagten mir, ich müsse viel Wasser trinken und viel essen, außerdem müsse ich Vitamine einnehmen, um sicherzustellen, dass das Baby gesund blieb. Sie versicherten mir, es sei alles in Ordnung, das Baby sei »nur ein kleiner Same«, der mit der Zeit immer gesünder würde.

Aber mein Zuhause bot mir nicht die Ruhe und das gesunde Essen, das ich brauchte. Ich wurde weiterhin missbraucht, wurde weiterhin geprügelt und bekam weiterhin zu hören, ich sei ein Niemand.

In der vierundzwanzigsten Woche setzten bei mir Blutungen ein, und so ging ich wieder ins Krankenhaus. Als Erstes fragten sie mich, ob es mir gut gehe.

»Nein«, antwortete ich. Ich war geradezu hysterisch. Ich erzählte ihnen von meiner Angst, ich könnte mich und mein kleines ungeborenes Kind so sehr verletzen, dass ich das Baby womöglich verlieren würde. Ich erzählte ihnen, ich würde zu Hause immer noch sexuell missbraucht und auf furchtbare Weise geprügelt. Das sollten sie unbedingt wissen. Aber aus langer Erfahrung war mir klar, dass keiner zuhören würde.

Sie konzentrierten sich einfach nur auf die Schwangerschaft. Ärzte und Pfleger erklärten mir, es könne alles gut gehen, es sei nur ein unbedeutender Rückschlag. »Solange Sie es sich schön bequem machen«, rieten sie mir, »wird mit der Schwangerschaft alles normal verlaufen.« Ich glaube, ich verbrachte eine Woche in dem Krankenhaus. Wie lange genau, weiß ich nicht, denn damals nahm ich alles ziemlich verschwommen wahr.

Als man mich entließ, rieten sie mir, ich solle keine Treppen steigen. Mein Schlafzimmer lag aber im ersten Stock. Und meine Verwandten – meine Mutter, mein Onkel – hatten kein Interesse daran, die Räume anders aufzuteilen.

Wie üblich hatten sie nicht die Absicht, etwas für mich zu tun. Also musste ich alles selbst machen. Ich ging nach oben und schleppte meine Matratze und mein Bett nach unten. Wieder einmal dachte ich, wie sehr ich mir doch schadete, um es meiner Familie bequem zu machen. Wie ich alles tat, was sie von mir verlangten, statt dass sie etwas – irgendetwas – unternahmen, um mir ausnahmsweise zu helfen.

Es dauerte nicht lange, bis ich wieder ins Krankenhaus musste. Diesmal mit Krämpfen und Kopfschmerzen. Mein »Onkel« begleitete mich. »Trinken Sie viel Wasser?«, wurde ich gefragt. »Sind Sie Treppen gestiegen? Strengen Sie sich körperlich an?« Er saß direkt neben mir. Der Mann, der mich sexuell missbrauchte. Ich konnte nicht wahrheitsgemäß antworten. Ich konnte nicht sagen: »Wenn ich Ihnen die Wahrheit erzähle, werde ich geprügelt, sobald ich nach Hause komme.« Ich sagte ihnen nur, ich hätte Schmerzen. Schmerzen. Schmerzen.

Kurz darauf verlor ich etwas Fruchtwasser. Wieder fuhr ich ins Krankenhaus, und wieder brachte mich mein Onkel hin. Diesmal wies man mich an, komplette Bettruhe einzuhalten. Der Arzt sagte zu mir: »Sie dürfen keinen Sex mehr haben.«

»Klar«, erwiderte ich. »Das sagen Sie am besten dem Mann, der mir das antut.«

»Was soll das heißen?«, fragte mich der Arzt.

Ich erzählte es ihm. Ich erklärte, man zwinge mich zum Sex. Auf Freiwilligkeit beruhe das nicht.

Er fragte mich, wer mich zum Sex zwang und wie das ablief. Da dachte ich an die vielen Male, als ich versucht hatte, »verantwortungsvollen Erwachsenen« zu erzählen, was mir passierte. Und das sagte ich ihm auch. »Wenn ich Ihnen alles erzähle, werden Sie mir ja doch nicht helfen.«

Er verließ den Raum und schickte eine Ärztin zu mir herein. Ich erzählte ihr genau dasselbe: »Seit Jahren versuche ich, euch Leuten zu sagen, dass ich sexuell missbraucht werde. Ihr habt mich einfach weggeschickt. Ihr habt mir gesagt, ich würde lügen. Ihr habt mir gesagt, das sei alles nicht möglich. Jetzt bin ich wieder hier. Und wieder versuche ich, es zu erzählen. Der Mann, der mich dazu zwingt, sitzt da drüben. Und ihr habt immer noch nichts unternommen.«

Und wissen Sie was? Schon wieder passierte nichts. Das

Krankenhaus schickte mich fort. Ich fuhr mit dem Mann nach Hause, der mich missbrauchte. Und kaum waren wir durch die Haustür getreten, bezog ich wieder Prügel. Weil ich geplaudert hatte, weil ich vor anderen über »die Familie« geredet hatte. Wie immer gab es keinen Ausweg. Lief ich zu Carol und Rose, würde irgendein Verwandter einfach kommen und mich holen.

Ich hatte außerdem keine eigene Einkommensquelle. Was immer ich verdiente, sogar das Geld fürs Babysitten, als ich jünger war, wurde mir sofort weggenommen.

Ich blieb. Ich glaubte, ich hätte keine andere Wahl. Ich hatte mit meiner Familie gebrochen, hatte versucht, dem Leben zu entkommen, in das ich hineingeboren war, und ich hatte verloren. Ich empfand alles, was ein an der Seele verletzter Mensch empfand: Scham, Schuld, Verlust jeglichen Selbstwertgefühls, Schmerz, Kummer, Hoffnungslosigkeit.

Als ich mit meiner Geschichte zu Ende war, sah und hörte ich Leute im Publikum weinen. Also erzählte ich ihnen zum Schluss noch von der Geburt meines Sohnes. Sie sollten wissen, dass etwas sehr, sehr gutes – mein Sohn – bei all dem herausgekommen war. Ich erzählte ihnen, wie ich einen Kaiserschnitt gebraucht hatte und dass Joey völlig reglos war. Ich erzählte ihnen, ich hätte gesehen, wie die Schwestern und Ärzte mein Baby weggebracht hätten, an die Seite des Raums. Und ich berichtete ihnen von den Freudentränen, die mir übers Gesicht strömten, als ich ihn schreien hörte. Ich war so froh, dass er lebte! Aber ich teilte den Zuhörern auch mit, dass andere meinen Sohn großgezogen hatten.

»Bis zum heutigen Tag«, sagte ich zum Publikum bei Soul Injury, »betrübt es mich sehr, dass ich nie jemandem anvertrauen konnte, was ich Ihnen gerade erzählt habe. Nie habe ich ein Wort davon gesagt. Die Leute sollten es nicht wissen, weil ich Angst davor hatte, was sie über mich denken könnten. Erst heute erkenne ich, dass ich es leid bin, mich darum zu sorgen, was alle Welt über mich denkt. Ich muss mir das von der Seele reden, bevor es mir noch mehr schadet, als es das ohnehin schon getan hat.«

Ich setzte mich. Die Zuhörer applaudierten.

Es tat so gut, von dieser seelischen Verletzung erzählt zu haben. Es tat mir gut, die Wahrheit ausgesprochen zu haben. Ich weiß, dass diese Enthüllung mich gestärkt hat. Jetzt fühle ich mich wohler in meiner Haut. Und ich glaube, ich kann nun noch wirkungsvoller andere mit seelischen Verletzungen unterstützen, ganz gleich, wer sie sind und wie alt sie sind.

Wünschte ich, ich hätte das früher getan? Für diese Dinge gibt es den jeweils richtigen Zeitpunkt. Jeder erlebt seine Genesung auf seine eigene Art. Ich musste warten, bis ich so weit war. Zeit und Ort gehörten dazu. Dass der Veteran so mutig seine Geschichte erzählt hatte, hatte wie eine Inspiration gewirkt.

Alles kam zusammen. Mein Herz, meine Seele, mein Verstand gingen eine Verbindung ein. So konnte ich diese Geschichte aus dem Dunkel ins Licht holen.

Am nächsten Tag fuhr Miguel mich nach Parma in Ohio. Dort fand noch einmal eine Veranstaltung von Soul Injury statt, wo ich vor einem Publikum erneut meine Geschichte erzählte. Und die schwere Last von Schuld und Scham wurde wieder ein wenig leichter.

Kapitel 10

Der sichere Kreis

Ich halte nichts für selbstverständlich …

Ich bin der Frühaufsteher in der Familie. Miguel bleibt abends gern viel länger auf als ich. Deshalb schläft er auch morgens länger. Elf Jahre lang lebte ich nach einem Tagesrhythmus, der ganz und gar von Castros Wahnsinn bestimmt war. So habe ich mich immer noch nicht wieder vollständig an irgendeine Normalität gewöhnt. Ich finde es nach wie vor schwierig, drei Mahlzeiten am Tag zu essen, und das zu den üblichen Zeiten, zu denen die meisten Menschen Frühstück, Mittagessen und Abendbrot zu sich nehmen. Und nachts oder am frühen Morgen wache ich immer noch zu seltsamen Zeiten auf.

Manchmal wecken mich Tiergeräusche, was mir natürlich nur recht ist. Ich wache liebend gern zu Tiergeräuschen auf. Hier draußen, wo wir wohnen, weiter weg von der Innenstadt als in meinem letzten Haus, hören wir alle möglichen Tiere. Wir fühlen uns wie auf dem Land, vor allem wegen der hohen Bäume hinten im Garten.

Wir hören hier Tiere, die ich nie zu hören bekam, als ich aufwuchs. Wir hören Füchse. Wir hören Kojoten. Es gibt zwei verschiedene Arten von Eulen. Ich bin aber nicht sicher, wie sie heißen, weil ich sie bisher noch nicht zu Gesicht bekommen habe. Aber sie fangen gegen zwei oder drei Uhr morgens an zu rufen. Die eine macht huuu-huuu, die andere hmmm-hmmm. Eine von ihnen wohnt, so glaube ich, in einem Baum auf unserem

Grundstück, aber ich habe sie immer noch nicht sehen können. Doch ich versuche es weiter.

Jeden Morgen nehme ich meine Kaffeetasse nach hinten auf die Terrasse und höre einfach nur den Tieren zu. Die anderen Vögel beobachte ich. Ich sehe auch den Eichhörnchen zu, die auf ihre höchst organisierte Art ihren Geschäften nachgehen. Und ich betrachte, wie sich die Bäume im Wind wiegen.

Bei so gut wie jedem Wetter gehe ich hinaus ins Freie. Die elf Jahre in der Hölle haben die Normalität, wie ich schon sagte, schwierig für mich gemacht. Ein Morgen auf meiner eigenen Terrasse hinterm Haus mit einer Tasse Kaffee und der Schönheit der Natur ist deshalb ein wahrer Segen für mich. Jede Sekunde davon sauge ich auf, ob ich nun in eine warme Decke gewickelt bin oder nur meinen Badeanzug trage.

So beginne ich am liebsten jeden Tag, ruhig und friedlich. Das ist einer der Gründe, weshalb ich Verabredungen oder Vortragstermine auf eine spätere Zeit zu legen versuche. Ich sage den Leuten, ich bin einfach »kein Morgenmensch«. Und das stimmt auch, soweit es Termine und Verabredungen betrifft. Aber im Grunde ist der Morgen die Zeit des Tages, die ich gern für mich reserviere. Da kriege ich einen klaren Kopf, komme in die Gänge, nehme mir die Zeit, mein Leben zu genießen, so wie es jetzt ist – das Leben nach der Dunkelheit.

Mein Leben ist im Grunde ziemlich einfach. Wochentags bin ich vielleicht manchmal unterwegs, und mein Schatz ist bei der Arbeit. Aber wenn wir beide zu Hause sind, wie zum Beispiel am Wochenende, sind wir auch richtig zu Hause.

Heute war so ein Tag. Ich ließ Miguel schlafen und trödelte einfach draußen eine Weile herum. Ich spielte mit den Hunden und rannte mit ihnen ein paar Mal durch den Garten. Das Laufen tut ihnen gut. Es verschafft ihnen ein morgendliches Training, das viel Energie beansprucht. Das hilft ihnen, eine Weile ruhig zu bleiben, wenn ich sie wieder mit hineinnehme.

Morgens im Winter ist es einfach zu kalt, um lange draußen zu bleiben. An solchen Tagen hänge ich eher in der Küche herum und höre vielleicht ein bisschen Musik. Wenn ich dann finde, dass es an der Zeit ist, gehe ich ins Schlafzimmer und wecke Miguel. Ganz sanft.

Heute Morgen habe ich ihn mit einem Kuss auf die Wange geweckt. Er war sofort wach. »Was liegt an?«, fragte er. »Was machen wir heute?« Ich setzte mich auf den Bettrand, und wir besprachen die Möglichkeiten. Wir überlegten, dass wir vielleicht in den Park gehen könnten. Und wir dachten auch daran, einfach zu Hause zu bleiben, es ruhig angehen zu lassen, uns ein paar Filme anzusehen.

Miguel erkundigte sich nach meinen anstehenden Reiseplänen und erwähnte ein Problem mit dem Van, den er bei der Arbeit fährt und der ein quietschendes Geräusch von sich gibt. Ich erzählte etwas über meine Pläne mit dem Garten. Miguel hat es nicht so mit Pflanzen, weiß aber, dass ich mich dafür interessiere. Also hörte er mir aufmerksam zu. Das Gespräch ging über zu unseren vielen Tieren.

»Wir müssen wirklich etwas unternehmen mit dieser Eidechse, sie wird zu groß«, erinnerte mich Miguel. Man hatte uns ein paar falsche Informationen über die Rasse gegeben, als wir die Eidechse kauften. Inzwischen wächst sie so, dass ihr Terrarium zu klein für sie wird.

»Womöglich verwandelt sie sich in einen Drachen«, fügte ich hinzu. Wir mussten ein richtiges Zuhause für dieses Tier finden, ein Zuhause, das seiner Größe und seinen Fressgewohnheiten entspricht.

Dann redeten wir darüber, in welchem Stadium unseres Lebens wir uns im Moment befinden. Wir sprachen auch über unser Zusammenleben und stellten fest, dass wir bei beidem am richtigen Ort waren.

Als wir endgültig aufgestanden und angezogen waren, beschäftigten wir uns im Haus gemeinsam mit diesem und jenem. Wir machten kleinere Reparaturen und ein bisschen Hausputz. Wäre es Frühling oder Sommer gewesen, wären wir wahrscheinlich hinaus in den Garten gegangen, um dort etwas zu arbeiten.

An diesem Nachmittag nahmen wir beide uns auch etwas Auszeit in unseren separaten Bereichen. Miguel und ein Kumpel tauchten tief ein in seine Männerhöhle. Ich begab mich in meinen Feng-Shui-Raum.

In der Männerhöhle gibt es einen Fernseher und zwei superbequeme Sessel. Ich hörte die beiden laut schreien. Sie sahen sich Sport im Fernsehen an. In der Männerhöhle gibt es auch ein gut zweihundertachtzig Liter fassendes Aquarium. Und natürlich hat mein Schatz da sein ganzes Star-Wars-Zeug.

In meinem Feng-Shui-Raum habe ich eine ideale Umgebung für mich gestaltet. Hier fühle ich mich ganz allein wohl und geborgen, in Harmonie mit der Natur in meinem eigenen Haus. Der Raum hat große Fenster, die viel Licht und Luft hereinlassen, wenn es gewünscht wird. Die Wände sind in einer Farbe gestrichen, die sich leidenschaftliches Violett nennt. Hier hängen Bilder und Poster, die ich gemacht habe. Außerdem Fotos aus der Zeit meiner Rettung, meine Hochzeitsfotos und Bilder von all meinen Tieren.

Viele Tiere leben in diesem Raum. Die Eidechsen sind in einem Terrarium untergebracht. Aber wenn ich im Zimmer bin, lasse ich sie meist heraus, damit sie frei herumlaufen können. Die Meerschweinchen haben einen riesigen Käfig, den ich auf den Bücherschrank gestellt habe. Wenn der Käfig nämlich weiter unten stünde, würden die Hunde die Meerschweinchen wie verrückt belästigen. Auch hier steht ein Aquarium, das sogar mit einem Wasserfall ausgestattet ist.

Ich habe in diesem Zimmer eine Ruheliege für mich aufgestellt, damit ich mich zwischendurch einmal hinlegen kann. Es gibt einen Fernseher, eine Stereoanlage und eine Aufbewahrungskiste für all meine Mal- und Bastelutensilien. Wenn ich die Sachen nicht brauche, packe ich sie in die Box und schiebe diese in die Ecke.

Heute habe ich vieles davon benutzt. Ich bin mit einem neuen Bild beschäftigt. In diesem Raum arbeite ich immer an Bildern, an Zeichnungen, an Texten. Ich mache hier alles Kreative, das mir seit meiner Kinderzeit das Leben gerettet hat. Damals als Kind und natürlich auch in Castros Haus musste ich lange herumsuchen, um etwas zu finden, was ich benutzen konnte. Damals war ich in zweierlei Hinsicht kreativ. Ich suchte mir zusammen, was immer ich als Utensilien benutzen konnte. Und ich war kreativ beim Zeichnen oder Schreiben selbst.

Eine große Freude in meinem Leben heute ist die Tatsache, dass ich alles vorrätig habe, was ich brauche. Heute besitze ich eine Ausrüstung, von der ich nicht einmal wusste, dass es sie gibt: zum Beispiel verschiedene Schablonen, mit denen ich gerade oder auch gebogene Umrisse zeichnen kann. Dazu Pinsel, verschiedene Metallgegenstände zum Malen und Acrylfarben mit Verdünner. Damit kann ich den Pinsel hin und her schwingen und hübsche kleine Muster auf dem Bild machen, das ich gerade gemalt habe. Das soll zum Beispiel so aussehen, als wäre da tatsächlich Laub auf den Bäumen. Dann habe ich ein kleines Palettenmesser, das die Palette nicht zerschneidet, es sei denn, man drückt fest damit auf.

Stunde um Stunde kann ich mit meiner Kunst verbringen, umgeben von meinen Tieren, in meinem Feng-Shui-Raum. Und tatsächlich habe ich so den heutigen Tag verbracht.

Am Abend hat mein Schatz gekocht. Wenn wir uns nicht mit Freunden aus unserem sicheren Kreis treffen, ist einer von uns beiden, Miguel oder ich, der Küchenchef. Das hängt ganz von unserer Stimmung ab. Wir haben beide unsere Spezialgebiete beim Kochen. Miguel ist der Grill-Experte. Ich bin die Sandwich-Expertin.

Heute Abend gab es Burger vom Grill. Dann machten wir es uns im Wohnzimmer vor dem Fernseher gemütlich und entspannten einfach. Miguel zappte im Fernsehen zu den Comedyshows, die er so liebt, und wir lachten, bis sich unsere Lippen ganz taub anfühlten.

Er lachte immer noch, als ich aufstand und ins Bett ging, wie üblich früher als er. Er blieb noch auf und sah bis spät abends fern.

Das ist solch ein wunderbares Leben. Ich glaube, jeder Leser dieses Buches wird das verstehen. Ich genieße jeden einzelnen Moment. Ich bin mir in jedem Augenblick meines Lebens bewusst, was ich gewonnen, was ich gelernt habe und wie weit ich in diesen Jahren seit meiner Rettung gekommen bin.

Alles lässt sich für mich in der Tatsache zusammenfassen, dass ich Menschen durch meine Vorträge und meine beratende Tätigkeit erreichen kann. Und wenn ich von der Arbeit nach Hause komme, ist da mein Schatz. Da sind die Hunde und die Eidechsen und die Schildkröten, die Bäume und all die Pflanzen, unser wunderbares Haus – und wir beide zusammen.

***

Nicht, dass unser ganzes Leben eitel Wonne und Sonnenschein wäre. Natürlich ist es das nicht. Wie bei den meisten Paaren sind wir nicht immer einer Meinung, und manchmal erleben wir auch so unsere Enttäuschungen. Das Leben, das wir – im Blickpunkt der Öffentlichkeit – führen, ist für uns beide neu. Wir sind dabei, uns hineinzufinden.

Deshalb haben wir im Haus auch unsere getrennten Bereiche – er seine Männerhöhle und ich meinen Feng-Shui-Raum. So haben wir unseren Freiraum, wann immer wir ihn brauchen.

Miguel hat einiges Wichtige in seinem Leben geändert. Also kümmere ich mich weiterhin um meine Vorträge und sonstigen Termine, die zu meiner Lebensaufgabe geworden sind. Einfach ist das nicht immer für ihn. Aber wir beide schützen einander und unsere gemeinsame Zeit.

Hier erzählt Miguel nun die Geschichte auf seine Weise:

Ich arbeite vierzig Stunden die Woche, ein ganz regelmäßiges, normales Leben. Und das ist schon so, seit ich Teenager bin. Es liegt einfach nicht in meiner Natur, keiner regelmäßigen Arbeit nachzugehen. Also ja, ich musste mich anpassen. Das Zusammenleben mit einer Person des öffentlichen Lebens wirft mich hin und wieder aus der gewohnten Bahn, und das kann schwierig sein. Meine Frau hat Qualitäten, vor allem in Form von Kraftreserven, über die ich einfach nicht verfüge. Dafür sieht sie in mir Qualitäten, die sie nicht hat. Und tatsächlich hat sie Eigenschaften in mir zum Vorschein gebracht, von denen ich gar nichts wusste. Also ja, wir passen gut zusammen.

Dass ich einmal heiraten würde, hätte ich nie gedacht. Aber sie ist so anders als alle anderen Menschen, die mir in meinem Leben begegnet sind. Sie bringt ihre ganze Vergangenheit mit sich. Dazu kommt sie auch noch mit einer Charakterstärke daher, die bewundernswert ist. Wie sie nach allem, was sie durchgemacht hat, immer noch ein so positiver Mensch sein kann, verstehe ich bis heute nicht. Wo kommt das her? Wer auch immer die Gelegenheit hat, sie kennenzulernen, ist fasziniert von ihr.

Wegen ihrer schlechten Augen kann sie nicht fahren. Zu den meisten Terminen in relativer Nähe chauffiere ich sie daher. Wenn ich nicht bei ihr bin, mache ich mir die ganze Zeit Sorgen um sie. Die ganze Zeit. Ich weiß, dass sie besser als alle anderen auf sich aufpassen kann. Trotzdem kann alles Mögliche passieren, wenn sie unterwegs ist. Da ist ein ganzes fremdes Universum da draußen. Alles kann passieren.

Ich mache mir auch Sorgen um alles, was sie erledigen muss. Die ganzen geschäftlichen Details. Verträge können nervenaufreibend sein – eine total andere Sprache. Und es gibt immer Dinge, die nicht sofort erledigt werden können. Wir müssen sie beiseitelegen und auf eine Antwort oder auf jemanden warten. Auch das kann frustrierend sein.

Das größte Problem ist die Rolle in der Öffentlichkeit. Sie beeinflusst, wie wir uns Tag für Tag fühlen. Aber diese Karte ist uns ausgeteilt worden, also spielen wir diese Karte. Es ist, wie es ist.

Ich habe ihr gegenüber einen Beschützerinstinkt. Sie müssen wissen, sie hat über einhunderttausend Follower auf ihrer Facebook-Seite, und die meisten sind großartig. Manche sind kritisch. Aber die Kritik, die sie bekommt, macht mir überhaupt nichts aus. Mir ist im Grunde egal, was andere sagen. Die Leute wissen nichts von ihr. Und sie wissen nicht, wie unser Leben wirklich ist. Ich glaube, die Leute tun es eher zu ihrem eigenen Vergnügen, wenn sie Bemerkungen ins Netz stellen.

Was mir allerdings Sorgen bereitet, sind die hässlichen Zuschriften. Die Leute, die Sachen schreiben wie »Du verdienst dein gutes Leben nicht« oder »Du hast doch alles geschenkt bekommen«. Dieses Zeug macht mir Sorgen. Lily hat nichts geschenkt bekommen. Ich auch nicht. Für alles, was wir besitzen, haben wir gearbeitet. Wir haben es allein geschafft.

Manchmal sind die hässlichen Zuschriften regelrecht bedrohlich. »Ich hoffe, du stirbst einen grausigen Tod.« Wer schreibt so etwas?

Wir bekommen auch oberflächliche Zuschriften. Manchmal lernen wir Leute kennen, die uns für reich halten. Sie gucken auf unser gebrauchtes Auto, das brandneu aussieht, und dann sagen sie: »Oh, muss das aber schön sein.«

»Sie halten das für schön?«, erwidere ich. »Die Ratenzahlungen können Sie gern übernehmen.«

Dann gibt es noch die Leute, die kennen jemanden, der jemanden kennt, der mich kennt, der dann zu Lily sagt: »Der ist doch bloß wegen des Geldes mit dir zusammen.« Ich begreife schlichtweg nicht, wieso jemand so etwas sagen kann. Aber vielleicht sind das einfach nur Leute, die mit ihrem eigenen Leben unzufrieden sind.

Wir haben mit allerlei Problemen zu kämpfen. Leute kommen in unser Leben und verschwinden wieder daraus. Manche glauben, sie könnten einen Vorteil aus Lilys Freundlichkeit ziehen. Wenn sie sehen, dass das nicht funktioniert, verschwinden sie wieder. Manchmal tun Leute etwas, das uns abstößt. Und mit denen wollen wir nichts mehr zu tun haben.

Aber sie steht nun mal in der Öffentlichkeit, und das kann jederzeit Stress verursachen. Wir haben Mühe, zur Ruhe zu kommen, so richtig zur Ruhe. Wir haben irgendwie immer den Eindruck, dass sich unser Leben im Schnelldurchlauf vorwärtsbewegt. Sogar auf unserer Hochzeitsreise auf Hawaii hatten wir das Gefühl, wir müssten immer weiter voran. Ich weiß, das wird sich mit der Zeit geben. Wir leben damit. Aber darauf zu warten ist oft frustrierend.

Ja, wir haben Meinungsverschiedenheiten. Wir können beide wütend werden. Aber wir geben uns Mühe, nicht zu streiten. Wir suchen immer nach einer Lösung. Wenn keiner von uns beiden gewinnen kann, dann müssen wir eben manchmal beide verlieren. Aber wenigstens finden wir immer einen Weg, dass wir einander nicht an die Kehle gehen.

Die Hunde sind manchmal ein Problem. Ich liebe die Hunde, und ich habe Verständnis für die Leidenschaft, mit der sie Tiere liebt. Aber bei allem, was wir im Leben um die Ohren haben, erscheinen mir vier Hunde zu viel. Manchmal macht mich das fertig. Zum Beispiel arbeite ich im Garten an etwas. Dann machen es die Hunde vielleicht kaputt. Und ich muss raus und alles wieder in Ordnung bringen. Aber ich weiß, sie kann die Hunde nicht aufgeben. Ich will auch nicht, dass sie den Eindruck hat, es soll ihr etwas weggenommen werden. Und so finden wir eine Möglichkeit, die Hunde etwas unter Kontrolle zu halten, sie wenigstens davon abzuhalten, alles durcheinanderzubringen.

Lily ist solch ein großartiger Mensch. Sie verdient es so sehr, ein gutes Leben zu haben und wirkliches Glück zu finden. Eine solche Tortur wie sie habe ich im Leben nicht durchstehen müssen. Ihre Stärke ist für mich kaum zu fassen.

Im vergangenen Jahr hat sie so viel mehr über die Lügen herausgefunden, die Angehörige ihr aufgetischt hatten. Das war eine emotionale Achterbahnfahrt für sie – und auch für mich. Es ist, als würde man erfahren, dass das ganze eigene Leben eine Lüge war. Das wirft automatisch die Frage auf: Wer bist du wirklich? Und jetzt hat sie irgendwie den Eindruck, dass alles über den Haufen geworfen wurde, was sie über ihr Leben zu wissen schien.

Aber sie weiß, wer sie ist. Sie ist nicht ihre Familie. Sie ist nicht ihre Vergangenheit. Sie ist die positiv eingestellte, liebevolle Frau, die ich jeden Tag sehe.

Jetzt verstehen Sie sicher, weshalb ich Miguel so liebe. So empfinden wir jeden einzelnen Tag füreinander. Wir bauen einander auf, wenn wir niedergeschlagen sind. Wir wissen, wir haben die Unterstützung des anderen. Kritik vom anderen ertragen wir, ohne es allzu ernst zu nehmen, selbst wenn sie mal wehtut. Wir wissen, das Leben ist kurz. Was andere Leute sagen, darf keinen Einfluss darauf haben, wie wir leben.

Ein Lächeln geht von einem zum anderen, eine zärtliche Umarmung, ein Kuss – und schon schmilzt unser Ärger. Wenn wir nicht in Worte kleiden können, was wir fühlen, sagen wir zum anderen: »Hol tief Luft, Liebling. Lass die Worte einfach von der Zunge gleiten.«

Wenn wir unterschiedlicher Meinung sind, üben wir stets

Geduld mit dem anderen. Wir bauen auf gegenseitiges Verständnis und einen Kompromiss. Ist das einfach? Nicht immer. Aber wir finden eine Möglichkeit, es fertigzubringen. Um nichts in der Welt würde ich das gegen etwas anderes eintauschen. Er ist meine andere Hälfte.

Oft haben wir denselben Gedanken. Zu unserem ersten Hochzeitstag machten wir einander Geschenke. Er schenkte mir einen Bilderrahmen aus Silber. Ich schenkte ihm einen Überwurf. Aber beide Geschenke waren bedruckt mit dem gleichen Bild: ein Baum mit Hunderten von Herzen als Blätter und auf einem der Zweige zwei Turteltauben. Als hätte dieselbe Idee uns beide inspiriert.

Unsere Freundin Jasmine nennt uns das »Übelkeitspaar«. Sie sagt: »Ihr zwei seid so verliebt ineinander. Da wird mir richtig übel.«

Natürlich gehört Jasmine zu den Freunden aus unserem sicheren Kreis. »Sicher« bedeutet, ich muss mir keine Sorgen machen, dass sie unsere Freundschaft je zu ihrem eigenen Vorteil ausnutzen würden. »Sicher« bedeutet, sie würden mich nie verletzen. »Sicher« bedeutet, ich kann in ihrer Gegenwart sagen, wonach mir der Sinn steht, kann lachen über das, was ich komisch finde. Und nichts davon wird je auf Facebook erscheinen oder irgendwie einen Weg in die Nachrichten oder ein Buch finden.

Manche Leute in meinem sicheren Kreis sind Menschen, die ich nach meiner Befreiung aus Castros Haus kennenlernte. Diese Menschen schienen in meiner Nähe sein zu wollen, weil ich ihnen etwas bedeute.

Anita, Erna, Jim, Kenny: Wenn sie mich fragten, wie es mir ging, dann, weil sie es wirklich wissen wollten. Und wenn sie sagten, wir sollten uns treffen, dann, weil sie es aufrichtig schätzten, Zeit mit mir zu verbringen. Sie waren auf nichts aus. Und das ist auch immer noch so. Im Gegensatz zu so vielen neuen »Freunden«, von denen ich an anderer Stelle schon erzählt habe, sehen sie keinen Vorteil oder Gewinn darin, mit mir zusammen zu sein. Ich bedeute ihnen einfach etwas.

Es dauerte eine Weile, aber schließlich begriff ich, dass die Leute in meinem sicheren Kreis die Familie sind, die ich nie hatte, mir aber immer wünschte. Ich glaube so fest, wie ich nur etwas glauben kann, dass sie da sind und mir helfen, wenn ich falle, dass sie mich auffangen, wenn ich stolpere, dass sie mir sehen helfen, wenn ich blind bin. Sie sind für mich da. Und ich glaube, sie wissen, dass ich immer für sie da sein werde.

Zu diesem sicheren Kreis gehört etwa ein Dutzend Menschen. Die meisten haben Sie kennengelernt. Anita ist Mom, und Erna ist Großmama. Beide Frauen haben langes blondes Haar und große Sonnenbrillen. Sie müssen die beiden nur lächeln sehen, und schon wissen Sie, dass Sie »zu Hause«, geborgen sind.

Jim ist Dad, der Mann, der mich bei meiner Trauung zum Altar geführt und mich Miguel übergeben hat. Er ist der Vater, den sich jeder wünscht.

Kenny ist der alberne Onkel, der alle zum Lachen bringt. Seine Freundin Tracye ist die coole Tante, die man heimlich von allen Tanten am liebsten mag. Kenny und Tracye sind auch die großen Reisenden in der Gruppe. Ständig unternehmen sie interessante Trips und schicken uns Fotos, die uns alle neidisch machen. Und da sind Jeannette und Tim, Jackie, Jimmy, Jasmine, Rose und Joe, Carol und natürlich Latasha vom Purple Project.

Treffen wir uns je alle gemeinsam? Leider nicht ohne Probleme und nicht oft. Ich musste feststellen, dass es mehr SMS-Nachrichten und E-Mails erfordert, als ich zählen kann, wenn ich nur vier Freunde zu einem Essen in einem Restaurant zusammenbringen will. Können wir uns etwas später treffen? Ich habe noch was Wichtiges bei der Arbeit zu erledigen. Können wir uns früher treffen? Ich will rechtzeitig zum Spiel zu Hause sein. Können wir uns am Dienstag statt am Mittwoch treffen, am Montag statt am Donnerstag?

So etwas kennen Sie wahrscheinlich auch. Wenn es so viele E-Mails und so viel Zeit braucht, um ein Treffen für vier zu arrangieren, um wie viel komplizierter wird es dann, wenn Sie gut zehn Leute zur selben Zeit am selben Ort zusammenbringen wollen? Das können Sie sich sicher vorstellen. Es ist harte Arbeit. Wir versuchen es allerdings, vor allem zu den Geburtstagen.

Wir genießen das Zusammensein mit den anderen, nicht das Trinken, bis wir sinnlos betrunken sind. Was ein paar von uns früher einmal gemacht haben. Stattdessen gehen wir gern in Restaurants, in Comedy-Clubs und natürlich zum Karaoke. Aber am liebsten sind wir zusammen bei uns zu Hause. Vor allem in der warmen Jahreszeit kommen unsere Freunde gern vorbei und hängen bei uns im Garten herum.

Sie sind ganz begeistert von dem, was Miguel mit dem Garten gemacht hat. Sie lieben den Teich und den Wasserfall, die Steinmauern, die Blumen, Bäume und Sträucher. »He, Lily«, ziehen sie mich manchmal auf, »kannst du uns Miguel überlassen? Er soll dasselbe auch bei uns im Garten machen.« Ich witzele dann zurück: »Ihr könnt ihn ausleihen. Aber haben könnt ihr ihn nicht. Er gehört mir.«

Wenn wir zusammen sind, spreche ich mit den Freunden aus meinem sicheren Kreis über unser Leben, unsere Pläne, über das, was wir denken und fühlen. Einfach nur mit ihnen zusammen zu sein gibt mir das Gefühl, völlig geschützt und sicher zu sein. Und es macht mich sehr glücklich.

Diese Menschen traten in einer schwierigen Zeit in mein Leben. Sie haben mich quasi adoptiert. Sie mögen mich als den Menschen, der ich bin. Ich bedeute ihnen etwas als Mensch – nicht wegen oder trotz der Dinge, die ich in der Vergangenheit durchgemacht habe. Diese Freunde und mein Mann haben mir gezeigt, was ich die ganze Zeit in meinem Leben vermisst habe. Ich bekam das alles erst, als sie meine Familie wurden.

Kapitel 11

Das verlorene Kind

*Ich erhebe mich mitten in einem Raum in einer
Menschenmenge und schreie. Und es fühlt sich an
wie tausend Messerstiche, die mich alle auf einmal
treffen. Nehmt ihr mich wahr? Seht ihr mich?*

Ich habe dreiundsechzig Tattoos. Bis jetzt jedenfalls.

Die Leute fragen mich danach. Wieso so viele? Sind sie ein
Versuch, nach lebenslangem Missbrauch den eigenen Körper
wieder in Besitz zu nehmen? Nein. Definitiv nicht. Sie sind viel-
mehr eine visuelle Erkundung meiner Identität. Sie stellen eine
Leinwand dar, die Kunst, Symbole und Worte zeigt, die mir etwas bedeuten. Meine Tattoos zeichnen die Reise zu dem nach,
was ich war, was ich bin und was ich sein werde.

Ich war dreizehn, als ich mir mein erstes Tattoo stechen ließ.
Es war ein sehr lustiger kleiner Smiley, den ich anfangs für die
lachende Sonne hielt. Aber es war eben nur ein dummer Smiley.
Er bedeutete mir nichts, also ließ ich ihn später von anderen Tattoos überdecken.

Das erste Tattoo, das ich mir nach meiner Rettung machen
ließ, zeigt ein Baby, das in einem Paar Hände schläft. Das war
das erste Baby, das ich durch Castros Prügel nach einer Fehlgeburt verlor. Er zwang mich sogar, den Fötus anzusehen. Er war
winzig und noch kaum entwickelt. Deshalb sollte die Tätowie-
rung ganz dezent sein, als verschwände sie außer Sichtweite. Das
Baby hat ein Paar Flügel. Es ist mein Engel, den Gott in seinen

Händen wiegt. Das Tattoo ist auf meinem Oberarm, wo jeder es sehen kann.

Um das schlafende Baby winden sich vier Rosen. Sie stellen die anderen Babys dar, die Castro mir mit Gewalt abgetrieben hat. Er ließ mich hungern, er prügelte mich, er warf mich die Treppe hinunter – was immer nötig war, um die Babys loszuwerden.

Ein anderes Tattoo geht auf eine Zeichnung zurück, die ich noch in Gefangenschaft anfertigte. Es ist ein Teddybär, der als Herz eine Rose hat. Das habe ich am Valentinstag für Joey gezeichnet. Und während ich zeichnete, gab ich mir selbst das Versprechen, mir diese Zeichnung eintätowieren zu lassen, wenn ich je aus dem Haus herauskäme. Ich wusste einfach, ich müsste meinen Sohn auf meiner Haut tragen.

Da ist ein weiterer Joey auf meinem Rücken: ein Kreuz mit Flügeln und seinem Namen. Ich sehe das Tattoo nicht, genauso wenig, wie ich meinen Sohn sehe, jedenfalls noch nicht. Aber er ist immer bei mir. Er ist ein Teil von mir, und ich bin ein Teil von ihm.

Joey und die fünf Fehlgeburten sind meine verlorenen Kinder. Genauso wie das Kind, das Miguel und ich nie haben werden wegen der Gewalt, die Castro mir angetan hat. Und es gibt noch ein weiteres verlorenes Kind: mich. Ich war in zweierlei Hinsicht ein solches Kind. Zunächst war ich verloren in einer lieblosen Familie und in einem System, das mir keine Aufmerksamkeit schenkte. Dann wurde ich entführt, und niemand suchte nach mir, weil man glaubte, ich sei weggelaufen.

∗∗∗

Die Worte unter der Überschrift am Anfang dieses Kapitels habe ich einmal geschrieben, um auszudrücken, wie es sich anfühlt, ein verlorenes Kind zu sein. Deshalb muss ich wohl auch immer weiter im Namen verlorener Kinder sprechen. Im Namen von Kindern, die entführt oder missbraucht wurden, die in Gefahr oder verloren sind.

Keiner hat mehr Recht dazu und weiß mehr über dieses Thema als diejenigen unter uns, die diese Erfahrung tatsächlich selbst durchlitten haben. Ich erhebe meine Stimme für verlorene Kinder und für all die Opfer häuslicher Gewalt und reiche den Menschen eine Hand, die nach diesen Kindern suchen. Das ist der beste Weg für mich, meinem Leiden einen Sinn zu geben.

Lassen Sie es mich so sagen: Eigentlich hätte ich in diesem Haus sterben sollen. Was dieser Mann mir antat, hätte gereicht, um mich fünfmal zu töten. Es muss einen Grund geben, weshalb Gott mich am Leben ließ. Und das muss die Aufgabe sein, die ich jetzt erfülle: das Bewusstsein wecken für vermisste und ausgebeutete Kinder und für häusliche Gewalt. Und den Müttern und Vätern Hoffnung zu geben, die ihre Kinder verloren haben. Sie zu ermutigen, immer weiter nach ihnen zu suchen. Ich glaube, das ist der Grund, weshalb ich auf diese Erde zurückgeschickt wurde.

Und meine Arbeit ist offensichtlich noch nicht getan.

***

Ich weiß nicht, wie viele Kinder gegenwärtig vermisst werden. Es gibt eine Webseite, die darüber genau Buch führt.[2] Während ich diese Zeilen schreibe, vermeldet die Seite für das Jahr 2016 in Amerika nahezu eine halbe Million vermisster Kinder. Dazu kommen noch die vermissten Kinder, die womöglich keiner zählt. Und dann ist da noch der Rest der Welt. Wenn ich mir vorstelle, wie hoch die tatsächlichen Zahlen sind, verliere ich schier den Verstand.

Ich weiß nicht, wie viele dieser Kinder aus den Statistiken oder wie viele andere Kinder sexuell missbraucht werden. Aber

ich weiß, die Statistiken der Regierung[3] sprechen von gut zwei-
undvierzig Prozent weiblicher Vergewaltigungsopfer in den
USA, die vor dem Erreichen des achtzehnten Lebensjahres erstmals vergewaltigt wurden, von beinahe dreißig Prozent, die die
erste Vergewaltigung im Alter zwischen elf und siebzehn Jahren
erlebten. Und es heißt, dass gut zwölf Prozent weiblicher Vergewaltigungsopfer und nahezu achtundzwanzig Prozent männliche Vergewaltigungsopfer erstmals vergewaltigt wurden, als sie
zwölf Jahre oder jünger waren.

Jede dieser Statistiken kann jederzeit im Internet von jedermann eingesehen werden.

Was ich sehr wohl weiß, ist, wie es sich anfühlt, eines der
kleinen Kinder innerhalb dieser Statistiken zu sein. Wenn ich
meine Stimme im Namen dieser Kinder erheben kann, werde
ich das tun, bis ich tot umfalle.

Dann sind da noch die Frauen, die Opfer häuslicher Gewalt
durch einen Ehemann oder einen Lebensgefährten sind. Alle
neun Sekunden schlägt oder attackiert in Amerika ein Mann
eine Frau, mit der er lebt oder sich in einer »Beziehung« befindet.[4] Ich weiß so manches über diese Art von Kontrollwahn und
über diese Art von Schlägen. Und auch zu diesem Thema muss
ich meine Stimme erheben.

Und hier noch etwas, das ich weiß: Wenn ich einen Vortrag
halte, bitte ich die Zuhörer und Zuhörerinnen oft, die Augen
zu schließen und dann eine Hand zu heben, wenn sie je missbraucht wurden oder ein Missbrauchsopfer kennen. Die Zahl
der Arme, die gehoben werden, ist immer höher, als man vermu-
ten würde. Immer.

Tatsächlich ist es so: Begeben Sie sich in einen Raum oder an
einen Platz mit einer großen Menschenmenge, zum Beispiel ein
Kino, ein Stadion oder ein Flughafengebäude, und Sie werden
höchstwahrscheinlich neben sich jemanden haben, ob Mann
oder Frau, der als Kind missbraucht wurde oder im Moment

noch missbraucht wird. Und dieser Mensch hat entweder nicht nach Hilfe gesucht oder nicht die Hilfe gefunden, die er oder sie gebraucht und verdient hat.

Das Wichtigste, das die Leute vielleicht wissen müssen über das, was mit mir geschehen ist und was Kindern und Frauen genau in diesem Moment geschieht, ist Folgendes: Es kann jedem passieren. Ganz gleich, wer man ist, ob reich oder arm, klein, groß, übergewichtig, mager, ungeschickt, anmutig oder sonst etwas.

Nehmen Sie nur das Beispiel meiner Entführung. Es war das, was die Leute eine Gelegenheitstat nennen. Die Tat war nicht geplant, und sie richtete sich nicht gegen mich persönlich. Männern wie Castro ist es egal, wen sie sich nehmen. Sie durchdenken das vorher nicht. Sie warten. Sie sehen dich als Sexualobjekt. Du bist in der Reichweite ihrer Macht. Und sie wollen die Kontrolle über dich, weil sie glauben, in ihrem Leben sonst nichts unter Kontrolle zu haben.

Eine angekettete Frau oder ein kleiner, in einen Schrank gesperrter Junge kann nicht einfach zur Tür hinausgehen. Und genau das wollen Typen wie Castro. Du sollst keinerlei Wahl haben. Du sollst völlig von ihnen abhängig sein. Du bist kein Individuum. Du bist ein Gegenstand, den sie benutzen können. Sie herrschen über dich.

Manchmal können dich Leute sogar ohne Ketten, ohne verschlossene Türen, ohne vernagelte Fenster zum Opfer machen. Das gelingt ihnen, indem sie dich einschüchtern, dich verbal niedermachen und dir das Gefühl geben, du bist gefährdet, unbedeutend oder unsichtbar.

Solche Leute haben Kontrolle über dich, weil sie dich so tief runtergezogen haben, dass du innerlich zerbrichst. Du wirst nicht versuchen zu fliehen. Du wirst nichts »falsch« machen. Denn du weißt genau, was dann mit dir passiert. Und die Angst vor dem, was passieren könnte, wenn du zu dieser Tür hinausgehst, kann dich manchmal genauso hemmen, wie angekettet oder eingesperrt zu sein.

Wenn ich mit Gruppen über diese Themen rede, kommen die Leute immer anschließend zu mir und sagen, sie seien froh, dass ich es lebendig herausgeschafft habe. Weil ich entkommen bin, empfinde ich es jetzt als meine Pflicht, darüber zu reden.

Als mir das alles damals passierte, hätte ich zu gern gewusst, dass es irgendjemanden da draußen gab, der zu diesem Thema etwas sagte. Wenn ich also meine Stimme erhebe, tue ich es für den Menschen, der leidet, so wie ich gelitten habe, und der genau denselben Wunsch hat.

Das heißt längst nicht, dass es mir leichtfällt, Vorträge zu halten oder in einer Diskussionsrunde zu sitzen oder auch nur vor kleineren Gruppen zu sprechen. Und es wird mit der Zeit auch nicht einfacher. Es ist schmerzlich für mich, das Erlebte mit anderen zu teilen. Aber ich zwinge mich dazu, und es ist ein Hauptbestandteil meines Genesungsprozesses geworden.

Vergessen Sie bitte nicht, dass ich dazu erzogen wurde, meine Gefühle beiseitezulassen, meine Tränen zurückzuhalten und mir lieber die Zunge abzubeißen, als zu reden. Jetzt richte ich bereitwillig die Aufmerksamkeit auf dieses Thema und unterweise andere in dem, was ich in mehr Missbrauchserfahrungen gelernt habe, als ich zählen kann. Es gab seelischen, körperlichen, sexuellen, verbalen Missbrauch, und natürlich wurde ich gefangen gehalten.

Um solch einen Vortrag durchzustehen, stelle ich mir die Menschen vor, die vielleicht zuhören. Ich denke an das, was meine Worte ihnen bedeuten könnten. Vor meinem geistigen Auge sehe ich eine Frau, die von ihrem Partner schikaniert wird. Sie hört mich, sieht ihr Leben allmählich aus einem anderen Blickwinkel und findet die Kraft zur Veränderung.

Im Geiste sehe ich eine junge Frau, die ihr Leben für wertlos hält, weil Leute ihr eingeredet haben, sie sei hässlich, zu fett, zu mager. Ich hoffe, sie hört mich und begreift, dass irgendjemand weiß, was sie durchmacht, und dieser Jemand sie versteht. Dann dreht sie sich vielleicht um und sagt: Ich liebe mich selbst, weil ich nun mal so bin, wie ich bin. Nichts, was du tust, kann mir das Lächeln aus dem Gesicht nehmen.

Ich denke an die Menschen, die noch nach Hause kommen müssen, so wie ich nach Hause kam. Und ich denke an die Menschen, die immer noch darauf warten, dass die Vermissten nach Hause kommen.

Ich warne Kinder und Teenager vor Männern, die vor der Schule oder dem Spielplatz auf der Lauer liegen. Ich schärfe ihnen ein, sie sollen »Feuer!« brüllen oder sich wehren oder sogar jemanden beißen und so die Aufmerksamkeit anderer erregen. Habt keine Angst, das könnte albern sein. Albern sein kann für euch Sicherheit bedeuten.

Und wenn euch keiner hört und ihr verletzt worden seid, habt keine Angst davor, euch jemandem anzuvertrauen. Es war nicht eure Schuld! Erzählt es also jemandem, dem ihr vertraut. Wartet nicht. Versteckt ihr den Schmerz, schützt das bloß denjenigen, der euch verletzt hat, und führt dazu, dass er oder sie noch andere verletzt.

Ich halte oft Vorträge über das Körperbild und die Kritik, die einige junge Leute manchmal ziemlich grausam austeilen. Alle Kinder, aber vor allem Teenager, sollen wissen, dass es nicht nur einen einzigen Schönheitsstandard auf der Welt gibt. Es gibt nicht nur die eine Art, wie man auszusehen hat, genau wie es nicht nur die eine Art zu denken oder zu handeln gibt.

Andere mögen dich kritisieren, oder schlimmer noch, sie mögen dich schikanieren. Aber das ist noch längst kein Grund, weshalb du so sein solltest, wie es andere von dir erwarten. Vieles von den schlimmen Dingen, die Leute sagen, um deine Gefühle zu verletzen, ist das, was sie an sich selbst nicht mögen.

Ich zitiere hier ein paar der Worte, die ich als Kind zu hören bekam: Du bist zu klein. Du hast eine riesengroße Nase, die du operieren lassen solltest. Du siehst aus wie ein Clown. Du bist zu fett. Was hast du dir bloß bei diesem Outfit gedacht?

Ich erzähle meinen Zuhörern, dass ich weiß, wie sehr das schmerzt. Aber wieso, um alles in der Welt, sollen wir denn alle gleich aussehen? Wieso sollen wir alle versuchen, den Bildern zu entsprechen, die wir überall zu sehen bekommen? Wie langweilig und seicht wäre die Welt, wenn wir alle gleich wären? Wir sollten stattdessen, so finde ich, all die verschiedenen Schönheiten feiern, die es gibt. Wir sollten uns ins Gedächtnis rufen, dass wahre Schönheit nicht nur bis kurz unter die Haut reicht.

Wenn du dich selbst liebst, solltest du diese einzigartige Weise lieben, wie du allein erschaffen wurdest. Du solltest nicht darauf hören, was andere sagen. Solange du dich selbst liebst, so sage ich immer zu Teenagern, spielt es überhaupt keine Rolle, was andere sagen. Solange du dich selbst liebst, bist du schön. Du bist einzigartig als Mensch. Vergiss das niemals.

Aber junge Leute spüren diese Art Kritik besonders tief. Ich erinnere mich, dass bei einer Veranstaltung ein zwölf- oder dreizehnjähriges Mädchen zu mir sagte: »Ich bin fett, ich bin hässlich, und ich bin nichts wert.« Ich wollte ihr nicht durchgehen lassen, dass sie so etwas über sich denkt.

»Also erstens«, erwiderte ich, »bist du füllig und wunderschön. Und zweitens bist du nicht wertlos. Du bist ein Rohdiamant. Du musst einfach ein bisschen Schmierfett nehmen und den Diamanten zum Glänzen bringen.«

Wir setzten uns zusammen und redeten. Sie sagte: »Ich will abnehmen, weil mich alle fett nennen.«

Darauf entgegnete ich: »Ich möchte, dass du das anders formulierst. Ich möchte, dass du sagst: ›Ich werde abnehmen, weil ich mich liebe. Ich mache das für mich und für niemanden sonst.‹«

»Weshalb sollte ich so was sagen?«, wollte sie von mir wissen.

»Weil du dir nie etwas wünschen solltest, bloß weil andere es dir eingeredet haben.«

Dann bat ich sie, mit mir zu singen. Ich stimmte »Amazing Grace« an. Sie fiel sofort mit ein. Als wir zu Ende gesungen hatten, wollte ich von ihr wissen: »Wie kannst du mir erklären, dass solch eine wunderschöne Stimme aus einem Menschen kommt, den du für hässlich hältst? Die Schönheit, die ich gerade in deiner Stimme gehört habe, kommt von deiner Seele. Und deine Seele macht dich außen so schön, wie du innen bist.«

Das ist es, was ich jungen Leuten bei Vorträgen zu sagen versuche. Dass ihre Schönheit in ihnen selbst beginnt.

***

Dies ist die Aufgabe meines Lebens – immer wieder über Gewalt und Missbrauch zu reden. Deren Folgen aufzuzeigen und Wege vorzustellen, wie man den Missbrauch verhindern oder beenden oder sich von ihm erholen kann. Auch wenn ich immer versuche, meine Botschaft auf das Publikum zuzuschneiden, vor dem ich spreche, gibt es doch drei Hauptbotschaften, die ich allen Zuhörern nahebringen will. Erstens: zuhören. Zweitens: den Mund aufmachen. Drittens: nach Anzeichen Ausschau halten.

Zuallererst zuhören. Das ist die Botschaft, die ich wieder und wieder Lehrern und Schuldirektoren, Polizeibeamten, medizinischem Personal nahebringen will. Ihnen und allen Menschen, die irgendeine Autoritätsstellung innehaben.

Von Gesetzes wegen sind diese Personen verpflichtet, jede Art von vermutetem Kindesmissbrauch dem Jugendamt zu melden, das seinerseits verpflichtet ist, der Sache nachzugehen. Die einzelnen Bundesstaaten haben verschiedene Gesetze über die entsprechende Vorgehensweise. Aber nirgendwo gibt es eine Art Protokoll, das Autoritätspersonen verbietet, Eltern aus dem Raum zu verweisen und mit den Kindern allein zu sprechen.

Wenn ich an die Lehrer, Sozialarbeiter und Ärzte zurückdenke, die im Prinzip nichts unternommen haben, wenn ich als Kind um Hilfe gebeten habe, kommt es mir so vor, als hätten sie alle gegen das Bundesgesetz verstoßen. Für mich bedeutet das, es war ihnen entweder egal, oder sie hatten entschieden, dass ich mir das nur ausgedacht hatte, oder sie wollten nicht mit hineingezogen werden. Was auch immer der Grund gewesen sein mochte, sie haben eben ihren Job nicht gemacht.

Aber genau sie sind die Personen, mit denen Kinder reden, wenn sie können. Sie sind die sogenannten Autoritäten. Sie tragen die Uniformen, die besagen, dass sie die Macht haben zu helfen. Uniform und Abzeichen eines Polizisten, weißer Kittel und Stethoskop eines Arztes, die Haube einer Krankenschwester, der Platz von Lehrern vorn am Pult, die die Macht haben, dich nach der Schule dazubehalten.

Dies sind die Menschen, zu denen Kinder aufschauen. Und wenn ausgerechnet diese Personen ihnen nicht zu Hilfe kommen, bedeutet es für die Kinder, dass keiner ihnen helfen wird. Dass sie sich selbst überlassen sind. Dass sie ganz allein dem Einhalt gebieten müssen, was ihnen angetan wird.

Wir müssen unsere Lehrer und Menschen in beratenden Berufen, unsere Sozialarbeiter und Polizeibeamten dahingehend ausbilden, dass sie den Kindern Sicherheit bieten. Die Kinder müssen sich sicher fühlen, wenn sie um Hilfe bitten. Wenn man das erreichen will, besteht der erste Schritt darin, ernst zu nehmen, was die Kinder erzählen. Man darf ihnen nicht sagen, dass sie nach Hause gehen und mit Mom und Dad reden sollen. Wenn Kinder bereit sind, über ihren Missbrauch zu sprechen, sollten die Eltern unbedingt den Raum verlassen. Nur so werden Kinder offen, frei und ohne Angst reden können.

Später kann man immer noch entscheiden, ob das Kind vielleicht übertrieben, sich etwas ausgedacht oder nur nach Aufmerksamkeit gesucht hat. So etwas kommt natürlich vor. Aber dies ist bei Weitem keine Sünde, die solche Schäden verursacht, wie es der Missbrauch tut.

Für ein Kind, das missbraucht wird, sind Sie, der Mensch mit Autorität, die erste Anlaufstelle auf dem Weg zur Beendigung des Missbrauchs. Wie ich heute weiß, wies ich damals deutliche Anzeichen eines Missbrauchs auf. Es hätte mein Leben verändert, hätte jemand mir geglaubt.

Ich weiß, die Einstellung und die Vorgehensweise von Menschen in Autoritätsstellungen ändern sich gerade. Und ich will Teil dieser Veränderung sein. Ich halte oft Vorträge vor Polizeibeamten und Sozialarbeitern, die es sich zum Ziel gesetzt haben, mehr und bessere Möglichkeiten zu finden, Augen und Ohren offen zu halten. Sie wollen besonders auf Kinder achten, die ähnliche Probleme haben, wie ich sie hatte. Ich wünschte, mehr Ärzte, Schwestern und Pfleger und mehr Lehrer könnten einige der Workshops zu diesen Themen besuchen, an denen auch ich teilnehme.

Aber zu Erwachsenen sage ich: Hört auf die Kinder. Nicht nur auf das, was sie sagen, sondern auch auf das, was sie nicht sagen. Achtet auf die Art, wie sie über ihr Zuhause und ihre Familie reden. Fragt, wie sie sich fühlen. Beobachtet ihre Körpersprache. Und hört wirklich gut zu.

Ein Kind, das in der Schule gemobbt wird, ist von den Mitschülern schon so sehr abgeschnitten, dass es wahrscheinlich nicht reagieren wird, wenn man fragt, ob es gemobbt wird. Bitte belassen Sie es nicht dabei. Akzeptieren Sie ein »Doch, es geht mir gut« nicht als Antwort. Eines müssen Sie mir glauben. Wenn Gedanken und Gefühle in einem Kind »gemobbt« werden, kann das gefährlich sein, sowohl für das Kind als auch für den, der das Kind mobbt.

Es ist immer eine gute Idee, dem nachzugehen, wenn ein Kind behauptet, es werde missbraucht oder gemobbt. Auf jeden Fall ist das besser, als seine Worte einfach abzutun. Abtun kann man sie später immer noch. Ein Lehrer mag beschließen, dass die Blutergüsse an einem Kind in seiner Klasse nur daher rühren, dass es zu Hause für schlechtes Betragen bestraft wird. Aber ein Lehrer, der das tut, versäumt etwas.

Das Gleiche gilt für den Notarzt, der »zu beschäftigt« ist, um Fragen zu stellen, wenn ein Kind am ganzen Körper grün und blau geschlagen ins Krankenhaus gebracht wird.

Wenn ich vor Leuten in solchen Autoritätsstellungen Vorträge halte, sehe ich es nicht als meine Aufgabe an, sie an ihre Pflichten zu erinnern. Ihre Pflichten kennen sie. Meine Aufgabe ist, ihnen zu berichten, wie ein Kind sich fühlt, wenn Erwachsene, die in der Lage wären zu helfen, ihre Pflichten vernachlässigen oder sich einfach aus der Verantwortung stehlen.

Den Kindern selbst sage ich: Hört auf euer Bauchgefühl, vor allem wenn ihr meint, dass etwas nicht in Ordnung ist. Das natürlich auch, wenn ihr einfach nicht sicher seid. So sage ich ihnen zum Beispiel: Ihr geht vielleicht durch eine kleine dunkle Seitengasse, weil es der schnellere Weg zu eurem Ziel ist. Aber dann sagt euch womöglich euer Gefühl, dass ihr umdrehen sollt. Wenn das passiert, dann tut, was euer Bauchgefühl euch sagt. Es ist besser, länger unterwegs zu sein und mehr Zeit zu brauchen, als in einer Situation festzustecken, in der ihr nicht sein wollt.

Zuallererst also das Zuhören. Dann, zweitens, unbedingt den Mund aufmachen und über das Erlebte sprechen. Kinder wollen oft anderen erzählen, was sie durchmachen. Diesen Kindern sage ich: Erzählt es immer wieder. Wenn euch beim ersten Mal keiner zuhört, habt keine Angst. Erzählt es ruhig wieder und wieder und wieder, bis endlich einer zuhören will. Denkt immer daran: Wird euch wehgetan, ist das nicht eure Schuld! Also wartet nicht. Wenn ihr den Schmerz verbergt, nehmt ihr damit nur denjenigen in Schutz, der euch wehtut. Und so kann diese Person auch noch anderen Schmerz zufügen.

Erwachsene zögern häufig noch mehr als Kinder, ehe sie den

Mund aufmachen und über Erlebtes sprechen. Frauen in Beziehungen, die für sie schädlich sind, haben oft Angst, darüber mit jemandem zu sprechen, oder sie schämen sich. Sie befürchten, dass ihr Partner davon erfährt und seine Wut an ihnen auslässt, indem er sie noch stärker kontrolliert oder ihnen noch schlimmere Prügel verabreicht. Oder die Frauen haben Angst, der Mann könnte es an ihren Kindern auslassen. Oder es ist ihnen peinlich, dabei ertappt zu werden, dass sie sich gerade diesen Mann als Partner gewählt haben.

Sagen Sie es trotzdem jemandem. Egal, mit welchen Folgen Sie rechnen. Egal, wie schuldig oder beschämt oder dumm Sie sich vorkommen. Zögern verschlimmert nur die Folgen des Schweigens. Ihr Zögern gibt dem Mann, der Sie missbraucht, die Gelegenheit, noch mehr Schaden anzurichten, und macht die ganze Lage nur schlimmer.

Noch einmal: Wenn der Erste, dem Sie sich anvertrauen, Ihnen nicht glaubt, vertrauen Sie sich einem anderen an. Sprechen Sie so lange, bis jemand Ihnen Glauben schenkt und Ihnen zu Hilfe kommt.

Im Jahr 2017 meldeten sich Frauen und Mädchen so tapfer zu Wort und sprachen über Missbrauchs- und Gewalterfahrungen, die sie als Kind erlebten, oder über sexuelle Belästigung, die ihre beruflichen Träume zerstörte. Von diesen Frauen und Mädchen haben wir so viel darüber gelernt, welche Macht davon ausgeht, wenn man seine Stimme erhebt. Ein leises anhaltendes Grollen kann zu lautem Donnern werden.

Frauen in mittleren Jahren haben über Missbrauch in der Kindheit gesprochen. Sportlerinnen haben über Trainer oder Vereinsärzte geredet. Viele Frauen haben von Missbrauch durch Verwandte berichtet. Sie alle haben dazu beigetragen, dass es für missbrauchte Kinder heute einfacher ist, den Mund aufzumachen und zu reden.

All diese Frauen und Mädchen beglückwünsche und lobe

ich. Ich hoffe, sie werden gemeinsam mit mir weiterhin unsere Geschichte erzählen, wo immer und wann immer jemand da ist, der zuhört. Und das so lange, bis sich endlich etwas ändert. Denn wenn es um Missbrauch und Gewalt, gleich welcher Art, geht, ist das Schweigen der große Möglichmacher. Bitte schweigen Sie nicht länger. Sagen Sie »Me too«. Machen Sie den Mund auf und reden Sie.

Zuhören, den Mund aufmachen und schließlich nach Anzeichen Ausschau halten. Statistiken besagen, dass die meisten Täter, die Frauen oder Kinder missbrauchen, selbst missbraucht wurden. Sie bekamen keine Hilfe. Und sie waren nicht in der Lage, damit umzugehen. Deshalb verfallen sie darauf, anderen die gleiche Grausamkeit anzutun, die sie erfahren haben. Aber was auch immer die Ursache sein mag, man wird nach dem stattgefundenen Missbrauch für gewöhnlich feststellen, wo die Tat ihren Ursprung hatte. Verräterische Anzeichen gibt es immer.

Das gilt auf jeden Fall für Anzeichen von Missbrauch bei Kindern. Kinder, die sich zurückziehen, die in der Pause auf dem Schulhof am Zaun lehnen, sich von anderen Kindern und deren Aktivitäten fernhalten, könnten durchaus Missbrauchsopfer sein. Dasselbe gilt für Kinder, die sich genau entgegengesetzt verhalten, die zu aggressiv, zu aktiv sind. Wenn die Leistungen in der Schule plötzlich nachlassen, kann auch das ein Anzeichen sein. Wenn ein Kind ängstlich oder deprimiert wirkt, ist auch das womöglich ein Anzeichen.

Häufiges Fehlen in der Schule ist ein Anzeichen, genauso wie ein Kind, das anscheinend gar nicht mehr nach Hause gehen will, uns auffallen muss. Ein Kind, das die ganze Woche dieselben Sachen trägt und ungewaschen wirkt, kommt womöglich aus einer Umgebung, in der Missbrauch geschieht und keiner auf es aufpasst.

»Unangemessene« Kleidung ist ein weiteres Anzeichen. Kinder in dicken Pullovern, mit Kopfbedeckungen oder ähnlich seltsamer Kleidung, mit der sie sich verhüllen, oder Kinder, die nach dem Schulsport nicht unter die Dusche gehen, wollen womöglich Wunden verdecken. Entweder, weil sie zu Hause geschlagen werden, oder weil sie sich ritzen.

Das war bei mir der Fall. Ich wollte verbergen, dass ich mich ritzte. Deshalb trug ich weite Pullover, ganz gleich bei welchem Wetter. Als ich schließlich mit dem Ritzen aufhörte, nahm ich Gummibänder, die ich mir gegen die Haut schnipste. Ich trug ein ganzes Bündel davon am Handgelenk, damit ich sie immer parat hatte. Mit dem Gummiband zu schnipsen war eine Aktion, die ich beherrschen konnte. Es bedeutete, ich konnte meinem Körper selbst Schmerzen zufügen. Die Schmerzen kamen dann nicht mehr von dem Mann, der mich missbrauchte. Gummibänder am Handgelenk eines Mädchens könnten also auch ein Anzeichen sein.

Bei Erwachsenen sind die Anzeichen vielleicht schwerer zu deuten. Sie haben mehr Möglichkeiten oder mehr Übung, eine Fassade aufrechtzuerhalten. Sagen wir zum Beispiel, Sie besuchen eine Freundin, und sie bekommt ständig Anrufe oder SMS-Nachrichten von ihrem Ehemann oder Partner. Wo bist du? Mit wem bist du zusammen? Wann kommst du nach Hause? Um wie viel Uhr?

Das mag irgendwie romantisch erscheinen. Als könnte er es nicht ertragen, auch nur für kurze Zeit von ihr getrennt zu sein, und könnte kaum abwarten, bis sie wieder zusammen sind. Aber wenn er ständig anruft, einmal in der Stunde vielleicht – wieso bist du noch nicht hier? Komm nicht zu spät. Komm ja nicht zu spät –, dann ist das nicht mehr romantisch. Es ist Gewalt. Es zeigt, wie er Kontrolle über sie ausübt.

Oder sagen wir, Sie wollen einen Mädelsabend organisieren und mit Ihren Freundinnen ausgehen. Da sagt eine Freundin, sie muss genau wissen, wie viel es kosten wird, damit sie die exakte

Summe Bargeld mitnehmen kann. Nein, eine Kreditkarte hat sie nicht. Die hat bloß ihr Partner. Und sie verfügt nur über ein begrenztes Taschengeld, das er ihr gibt. Außerdem braucht sie eine Mitfahrgelegenheit, denn sie hat nicht den Zugang zum Auto der Familie. Am Ende beschließt sie, lieber gar nicht mitzukommen.

All das sind Warnsignale. Kein Geld und kein Auto, das bedeutet, sie ist nicht mobil, und das wiederum bedeutet, sie hat keine Freiheit. Genauso gut könnte man ihr die Füße fesseln. Allein, aus eigener Kraft, kann sie sich nicht bewegen. All dies können Anzeichen exzessiver Kontrolle sein.

Auch Täter, die Gewalt und Missbrauch ausüben, tragen im Grunde eine rote Fahne vor sich her. Ein frühes Warnsignal, das auf einen Täter hindeutet – und das schmerzt mich wirklich besonders –, ist Gewalt gegen kleine Tiere. Schon Kleinkinder können leicht Kontrolle über Frösche, Hasen oder junge Katzen erlangen. Wenn sie diese Kontrolle auf grausame Art und Weise ausüben, sind sie bereits gefährdet. Wenn niemand eingreift und zu ihnen durchdringt, wird das Ganze eskalieren. Sie machen mit größeren Tieren weiter – und dann mit Menschen.

Den schrecklichen Beweis dafür habe ich in meinem eigenen Leben erfahren. Meine Verwandten quälten zunächst kleine Tiere, dann ihre eigenen Hunde, danach ihre eigenen Kinder. Ariel Castro tötete meinen Welpen, aber er hatte schon lange davor Tiere gequält. Er war gewalttätig gegenüber seiner Frau. Er war gewalttätig gegenüber uns. Keiner war da, der ihm Einhalt geboten hätte. Also drehte sich die Gewalt in einer Spirale immer weiter und weiter nach oben.

Wenn Sie sehen, dass Kinder Tiere grausam behandeln, was im Übrigen auch gegen das Gesetz verstößt, ist es höchste Zeit, jemanden zu verständigen oder etwas in Bewegung zu setzen. Es muss etwas unternommen werden, das diese Kinder von der Grausamkeit weglenkt und abbringt von dem Ziel, zu dem ihr Verhalten fast sicher führen wird.

Ich weiß, manchmal sieht es so aus, als wäre alles ein Anzeichen für Gewalt und Missbrauch. Und wenn Sie weder die Autorität noch die Ausbildung eines Polizisten oder Sozialarbeiters haben, können Sie kaum wissen, wie Sie auf das, was Sie hören oder sehen, reagieren müssen.

Sie sind zum Beispiel in einem Bus unterwegs und sehen ein Kind mit blauen Flecken. Sie überlegen, ob der Junge womöglich vom Fahrrad gefallen ist oder ob er von einem Elternteil geschlagen wird. Was ist dann für Sie als Individuum und als Fremder die Pflicht? Das ist nicht leicht zu sagen.

Trotzdem. Vorsicht ist besser als Nachsicht. Wenn Ihnen etwas auffällt, sagen Sie es. Das gilt vor allem für Leute in einer Autoritätsposition. Denn gerade ihnen ist das Standardvorgehen in solchen Fällen ziemlich klar.

Von meinem Standpunkt aus betrachtet, ist in der Hölle ein ganz besonderer Platz für Leute reserviert, die etwas gesehen oder einen Verdacht auf Kindesmissbrauch haben und die dann nichts unternehmen.

***

Immer ein Tag nach dem anderen. Nach der Dunkelheit gehe ich mein Leben immer einen Tag nach dem anderen an. Wer unter Ihnen eine eigene Phase der Dunkelheit überlebt hat, weiß sicher, was ich damit meine.

Immer einen Tag nach dem anderen rufen wir uns ins Gedächtnis, nie kleinzureden, was wir durchlitten haben, und nie den Schmerz zu leugnen. Jeden Tag rufen wir uns ins Gedächtnis, wie tief wir in uns hineintauchen mussten, um genug Hoffnung zu finden und an diesem einen Tag ums Überleben zu kämpfen. Das schaffen wir auch noch einmal, wenn es sein muss.

Immer einen Tag nach dem anderen rufe ich mir ins Gedächtnis, dass mich nicht meine Vergangenheit als Mensch ausmacht und dass ich die Macht habe, den Dingen eine Wende zu geben.

Jeden Tag gehe ich neuen, aufregenden Erfahrungen entgegen, wenn ich durch meine Tür nach draußen trete. Aber ich rufe mir ins Gedächtnis, wie es war, als das Hinausgehen mir noch Angst machte. Und wie ich fürchtete, ich käme vielleicht nie mehr zurück.

Immer einen Tag nach dem anderen kämpfe ich darum, verzeihen zu können, damit ich mein Herz öffnen kann. Und ich kämpfe darum, nicht zu vergessen, dass es dauern kann, bis ich verzeihe.

Jeder Tag ist ein Kampf. Und jeder Tag ist eine Lernerfahrung. Jeden Tag müssen wir, die wir die Dunkelheit überlebt haben, uns versprechen, uns selbst nicht aufzugeben. Wenn wir einen Fehler machen, müssen wir daraus lernen und mit uns selbst nachsichtig sein. Jeden Tag müssen wir uns ins Gedächtnis rufen, dass wir keine Schuld an dem haben, was wir durchgemacht haben.

Wir können glücklich sein. Ich konnte feststellen, dass das Licht, in das ich nach all der Dunkelheit trat, so viele Möglichkeiten zum Glücklichsein bietet. Nur mit meinem Schatz zusammen zu sein, zu zeichnen, wonach mir der Sinn steht, zu schreiben, was und wann ich schreiben möchte, jeden Tag hinten im Garten mit meiner Tasse Kaffee zu beginnen, einfach nur wahrzunehmen, was ich höre, was ich sehe und um mich herum spüre …

Danksagung

Ich möchte zunächst allen für die Liebe, die Unterstützung, die Spenden, die Geschenke und die Gebete danken. Dank all dieser Menschen konnte ich ein neues Leben beginnen. Sie alle sollen wissen, dass ich gesund und glücklich bin. Ja, ich bin durch die Hölle und wieder zurück gegangen. Aber ich habe überlebt. Ich lasse nicht zu, dass die Situation mich bestimmt. Ich bestimme die Situation. Und ich hoffe, ich kann andere Überlebende inspirieren, dasselbe zu tun.

Meiner Literaturagentin Lacy Lynch spreche ich meinen Dank aus und auch meiner PR-Managerin Lorraine Schuchart. Und meiner Anwältin Christina Evans. Mit ihrer Hingabe, ihrer Führung und ihrer Unterstützung habe ich diese Geschichte erzählt.

Mein Dank geht auch an das Team von Dupree/Miller: Geschäftsführer Jan Miller, Shannon Marven, Nena Madonia, Donald Griffin und an die übrigen vom Team für ihre Unterstützung und ihr frühes Eintreten für mich und meine Sache.

Auch dem Team bei der Hachette Book Group möchte ich danken: Amanda Murray, Georgina Levitt und Mollie Weisenfeld.

Ein herzliches Dankeschön an Susanna Margolis und Lorraine Schuchart, die mir halfen, dieses Buch zu schreiben.

Meine Anerkennung gilt dem gesamten Team von Prosper for Purpose. Gut zwei Jahre lang haben sie mich geleitet und unterstützt. Ich danke Hahn Loeser & Parks, die mir halfen, mein Ratgeberteam zusammenzustellen.

Dieses Buch wäre nicht möglich gewesen ohne meinen sicheren Kreis, meine wahren Freunde. Danke, dass ihr an mich geglaubt habt, dass ihr da wart, als ich euch brauchte, dass ihr mich so akzeptiert, wie ich bin. Ich fühle mich wirklich gesegnet, euch in meinem Leben zu haben.

Und dann ist da noch die Liebe meines Lebens. Du spielst eine wichtige Rolle in meinem Leben. Du hast mir zur Seite gestanden, trotz der Hindernisse, die sich mir in den Weg stellten. Du hast immer an mich geglaubt, vor allem, wenn andere das nicht taten. Du akzeptierst mich, ohne mich zu werten. Du liebst mich bedingungslos. Ich bin wirklich gesegnet, dass ich dich habe und mit dir meinen Sonnenaufgang und meinen Sonnenuntergang teilen kann.

Quellen

[1] »Healing the Deepest Pain«, Soul Injury, 15. Februar 2015; www.soulinjury.org/healing-the-deepest-pain [06.02.2019]

[2] National Center for Missing and Exploited Children; www.missingkids.com/home [06.02.2019]

[3] »Sexual Violence«; https://www.cdc.gov/violenceprevention/sexualviolence/index.html [06.02.2019]

[4] »Statistics«, National Coalition Against Domestic Violence; https://ncadv.org/statistics [06.02.2019]